治安維持法体制と闘った経済学者

辰巳経世著作集

■奴隷制論
■ファシズムの正体
■資本論読本

鯵坂 真 編

関西大学出版部

【本書は関西大学研究成果出版補助金規程による刊行】

辰巳経世著作集・序文

辰巳経世（１８９９～１９４２年）は、苦学しながら、関西大学経済学部を卒業し、直ちに関西大学の「千里山学報」の編集主幹に任命され、続いて専任講師に採用され、教壇に立ったが、同時に労働運動に関心を持ち、大阪労働学校の講師などを務めた。

１９３０年に関西大学の学生ストライキが起こり、これを支持したかどで、免職された。しかし彼は学問研究を継続し、治安維持法違反で検挙されたりしながら、『資本論』の研究や奴隷制度の歴史研究などをつづけた。１９３３年に戸坂潤らによって唯物論研究会が発足すると、これに加盟して活動、機関誌『唯物論研究』に数編の論文を発表している。同時に唯物論全書に単行本『奴隷制』を執筆することが決まっていたが、（『唯物論研究』に宣伝文が出ている）それの完成を見ることなく、１９４２年に持病の肺結核が悪化してその生涯を閉じた。彼の同級生で共にその才能を嘱望されていた森川太郎は戦後、関西大学の教授となり，学長をも勤めたのであるが、辰巳がもし存命であったならば、森川と同様な活躍をしていたに違いないと思われるだけに、彼の夭折は実に痛恨の極みである。治安維持法体制の犠牲者のひとりといえる。

辰巳経世の旧宅は、吹田市の千里山にあり、夫人の清水チエさんがここに戦後も住み続け、地域住民運動などに貢献されてこられた。辰巳夫妻は子宝に恵まれなかったので、チエさんの遺言によりその没後、この家屋と敷地は日本共産党大阪府委員会に寄付され、「千里山婦人の家」として、現在も地域の婦人運動に活用されている。この家の書庫に辰巳経世の蔵書やノートなど遺品がかなりの量で残されていた。この遺品の管理を苦慮された「千里山婦人の家」の依頼により、関西勤労者教育協会の「戦前の出版物を保存する会」が、この遺品の整理を手掛けてきた。

その整理の過程で，いくつかの原稿用紙の束が見つかった。その文章を読んでみると、古代奴隷制についての原稿が多いことに気付かされた。これは戦前の唯物論研究会の企画として出版される予定であった唯物論全書の一冊『奴隷制』のための原稿に違いないと思われた。まだ完成には至っていないが、ほぼ大枠は出来上がっていたと思われるので、何とかこれを上梓して世に出すことは出来ないかと、私たち保存会は考えた。しかし現在の出版事情を考えるとさまざまな困難が予想されたが、関西大学出版部のご協力を得て、学校法人関西大学の研究成果出版補助金を受けることができることとなり、ここに出版の運びとなったことは、まことに喜びに堪えない。

奴隷制関連の論文のほかに、1932年に出された『ファシズムの正体』と、1935年に出された『資本論読本』も出てきた。前者は当時の労働運動の混迷を憂えて書かれたものであり、当時の社会情勢を反映した論考である。後者はこのような早い時期に『資本論』の解説書を刊行した力作である。これらを本書に納めて広く現代の研究者に提供することは意義あることと考え、収録することにした。

80年ほども前、戦前の治安維持法体制下で、このような社会科学の基礎的研究を続けて来られた辰巳経世の学問的情熱とこれを支え続けて、その没後も遺品・原稿などを守り続けて来られた清水チエ夫人ならびに関係者のご努力に、深い敬意と感謝の気持ちを捧げるものである。

なお私たち保存会が、辰巳経世の遺稿を整理する作業の中で、知り得たその生涯と業績を、２０１５年12月に『辰巳経世　小伝』として刊行した。その中の「辰巳経世の生涯と業績 —— 東の空に暁星はまたたく」（木津力松氏執筆）が極めて詳細な力作であるので、これを本書にも収録させていただくことにした。辰巳経世の伝記的側面はこの論文をお読みいただきたい。

関西勤労者教育協会の「戦前の出版物を保存する会」の会員のうち、原稿を整理し、それをデータ化するなど、本書の作成にご助力いただいた方々は、木津力松・福田泰久・中田進・国富成二・坂元圭子・辻壽夫・橋本節男・丸尾忠義・松村赳・山田忍・山田千賀子の各氏である。お名前を記して感謝申し上げる次第である。

２０１８年6月

鯵坂真

凡例

（1）本書の第一部は、奴隷制についての辰巳経世の論文集である。そのうち（1）（2）（3）は、雑誌『唯物論研究』に掲載されたものであるが、（4）（5）（6）（7）（8）は辰巳経世の旧宅の物置で、原稿用紙に手書きされた状態で発見された。

（2）本書ではなるべくそのまま収録することにしたが、現代の読者のために、現代仮名遣いに改め、また旧字体は新字体に改めた。

（3）明らかな誤記と思われるものは訂正した。

（4）支那という国名は中国と直した。ただし『辺境支那』など雑誌名（固有名詞）はそのまとした。

（5）「支那 rev」などの表現は「中国革命」と思われるので、そのように改めた。伏字は努めて復元した。復元不能な伏字は「……」とした。

（6）印度という国名はインドと直した。

（7）本著作集中、特に第一部奴隷制論には、今日の社会的見地に照らして、不適切と思われる表現があるが、時代背景等を考慮して、原文のまま表記した。

鯵坂真 編

『辰巳経世著作集 ――治安維持法体制と闘った経済学者――』目次

第一部　「奴隷制論」

（1）狩猟部族と奴隷制度（上）

――主として Nieboer, H.J., Slavery as an Industrial System に依拠しつつ

（一）

『……それ（奴隷制度――辰巳）は発展の一定段階において、あらゆる国々の民族が、採用しかつやがて打開すべき諸制度の一つである』（パジョット）。[1]『いかなる民族と謂えども、かついかなる発展過程を辿る場合といえども、奴隷制度を経過せざるはない』（グリュンベルク）。[2]『諸国民のごく原初にまで逆って、彼らのすべてに影響を与えたる、このほとんど普遍的な災禍（奴隷制度――辰巳）は、あらゆる民族がより高度な文明の域に達するに至るまでに、是非とも横ぎらなければならぬ一進化過程として考察さるべきではなからうか』（ツールマーニュ）。[3]最後に、『……すべての人類社会の数千年来の経過の中において』、とレーニンは、一九一七年の夏ある場所でなした『国家に関する講演』において言っている、『何らの例外もなく、われわれは次のごとく、この発展の合法則性、合規則性、およびその順序を示しているところの、最初は無階級の、すなわち貴族の存在していない太初的、家長制的原始社会があり、次に奴隷を基礎とした社

会、奴隷所有者の社会となったのである。近代的文明の全欧州もまたかくのごとき段階を経過して来たのである。二千年前には、奴隷制度が全然支配的であった。その他の大部分の国、大陸の殆んど大多数もこの時代を経過した』(4)。以上の諸見解は、大体において、次の点に一致している。すなわち、奴隷制度は人類進化過程における必然的にして普遍的なる存在である。

(1) Bagehot, W, Physics and Politics, p.72
(2) Grünberg, Unfleiheit——Nieboer, H. J., Slavery as an Industrial System における引用。
(3) Tourmagne, A., Histoire de l'esclavage ancien et moderne, 1880, p. 3.
(4) レーニン、『国家と革命』——大田黒訳二二八—九頁。

奴隷制度に関する代表的な文献のほとんどすべてにおいて、あるいは明白に、あるいは暗々裡に承認されている右の見解に対しては、最近若干の異論がある。一例として、丁迪豪は郭沫若を批判して次のごとも言っている。『マルクスおよびエンゲルスは、いかなる社会の発展も必ず奴隷制の段階を経過しなければならぬとは、かつて主張したことはない。マルクス、エンゲルスの文献の中にも、またかかる語句を見出すことはできない』。『幾多の野蛮民族は、奴隷制を経過せずして封建制に発展しており、近代国家の中でも、ドイツおよびイギリスはかつて奴隷制なる段階を経過していないのである』。『それ故にこそ彼（郭沫若——辰巳）は、誤って奴隷社会をいかなる民族の歴史発展においても必ず経過しなければならない段階とし、中国歴史を誤認して「云々」といっているが、それは非常な誤謬である』（丁迪豪『支那奴隷社会史批判』——「歴史科学」第三巻、五号、一一二—三頁）。私はしかし、ここでこの種の論争に、直接参加しようとするものではない。

（二）

モルガンに従えば、彼のいわゆる『未開時代の上期において、俘虜の運命となったところの奴隷制度は、未開時代の下期にある諸部族間にはまだ知られていなかった』。しかしていわゆる未開時代の下期は、『製陶技術の発明もしくは実行』とともに始まる。製陶技術に先だって、すでに『生活資料のある程度の支配とともに村落生活が始まって』おった。この時代は、『東半球にあっては家畜の飼育とともに、西半球にあっては灌漑耕作および煉瓦並びに石造建築とともに』終っている。(1) 従って奴隷制度は、モルガンに従えば、かなり進歩した時代にいたって、はじめて存在するものである。

『狩猟時代にあっては、未開人の戦士はその打ち負かした敵を奴隷にしないで殺してしまう。ただ被征服部族の婦女のみは、これを捕えて行って、妻あるいは婢として占有することがあり得るに過ぎない。けだしこの時代にあっては、家内労働はほとんどすべて女性が負担するからである。牧畜時代には、奴隷はただ売却の目的でのみ捕えられ、稀な例外として、家畜の監視や、この段階において営まるるごくわずかの耕作のためにも要求せられる。奴隷の労働が、漸次主人のために食物を供し、かつ同時に、彼をして骨の折れる仕事から免れしめるために用いらるるにいたるのは、定住生活が一般化し、農業上の開墾が大規模に行われ、しかもなお好戦的習俗が存続する場合においてである。奴隷制度は、社会進化途上におけるこの段階の、普遍的かつ不可避的随伴物であったようである』（イングラム）。だが彼は、『神政制度が樹立しておった』ところの社会をもって、その例外としている。(2)

『……下記の野蛮人には奴隷は無価値であった。したがってアメリカ・インディアンにもまた、征服した敵をば、より高き段階において行われたのとは全然別な方法で取り扱ったのである。男子は殺されるか、または兄弟として勝利者の部族に編入された。人間の労働力はこの段階においては、まだその生計費以上に何ら注目に値する剰余をも供給しなかった。牧畜、金属加工、紡績および最後に田野耕作が行われるにいたって、事態は変化した。以前はあのように容易に得られた妻が、今や交換価値を得て売買されるようになったごとく、労働力についても、殊に畜群が全く家族の財産に移ってからは、同様なことが起った。家族は家畜と同じように急速に増加しなかった。家畜を見張るために、以前より多くの人間が必要となった。それには俘虜となった敵人が用いられる。その上彼らは家畜それ自身と同様に、繁殖させられたのである』(エンゲルス)[(3)]。

『社会の階級への分裂の第一の形態、すなわち奴隷制度が現れたとき、農業労働の最も粗野な形態に専心する人類の一定階級が、ある程度の剰余を生産する可能性ができたとき、そしてその剰余が、奴隷のぎりぎり一杯の生活のために、もはや絶対的に必要でなくなって、それが奴隷所有者の手に帰するにいたったとき、かくて奴隷所有者なるこの階級の存在が確立されるにいたったとき——かつこれを確立せんがために、国家の出現は必然的なものとなった』(レーニン)[(4)]。

社会のいかなる発展段階において、奴隷制度が発生し、存在し得るかに関して、諸家の見解はほぼ一致している。すなわちそれは、社会の生産力が、人類のある部分がその労働の生産物をもって彼ら自身のぎりぎり一杯の生活を支えてなお剰余を残し、この剰余をもって他の部分を養い得るほどに発達している場合であり、定住生活、村落生活が一般化してからであり、そしてそれは農業が主たる生産領域、生存手段たるにいたった段階においてである。それ以前の発展段階にあっては、奴隷制度は全く知られないか、あるいはごく稀な例外にすぎない。

ところで、これらの見解の具体的、実証的基礎づけたり得べき文献は甚だ稀である。特にマルキシズムの陣営においては、今までのところ、ほとんど皆無と言ってよい（勿論それには種々の理由があるであろう、そしてその研究はむしろ今後に残されているものと言えよう）。この方面の研究において、われわれはいわゆるリッツン・ヒストリーを利用することは全然できない。それは奴隷所有制社会、もしくは少なくとも奴隷制度が、すでに相当長く存続するところの社会から始まっているからである（例えばギリシャ史、ローマ史等）。ただ人類学的、あるいは人種誌学的研究のみがこの目的に役立ち得る。この意味において、私はNieboer, H.J., Slavery as an Iudustrial System, 1910 が一考に値すると信ずる。

(1) Morgan, I. H., Ancient Society, pp. 80, 10, 13, 11——山本訳一一三、一四、一九、一五頁。
(2) Ingram, J K., A History of Slavery and Serfdom, 1895, pp. 1, 2——辰巳訳二頁。
(3) エンゲルス、『家族、私有財産及び国家の起源』——邦訳岩波文庫版七三頁。
(4) レーニン、前掲書二三四頁。

（三）

H・J・ニーバーは前掲書において、現に人類学的諸研究の結果、その経済生活の諸特質が比較的明確に知られておるところの野蛮もしくは未開諸部族から、全世界における代表的なもの数百を挙げ、これらを後に見るごとき若干部類に分ち、その各々の部類における奴隷制度の有無を点検しておるのであるが、彼はまず、Lippert, Lamprecht. Dimitroff, Wagner, Tylor, Shencer, Mommsen, etc. における、人類社会の経済的発展と奴隷制度との関係に関する諸見解を引出し（pp.167–174）、これらの著者たちの多くが、いわゆる経済発展階段説に準備しておるということ、わけてもかつて広く承認せられ、特にF. Listによって定式化されたところの、人類社会が狩猟、牧畜、および農業の順序を経て発展したものだという学説に依拠しておるということを指摘している。ところでニーバーに従えば、この階段説はすでに衆知のごとく、現今においてはほとんどその科学的意義を失っており、しかもその後相当の発展を見た他の諸経済発展階段説中、現になお多大の程度にその真理性を承認せられておるものにしても、当面の研究の準拠として適当に役立ち得るものはほとんど皆無である。だから彼は、『かくてわれわれは、経済的発展の諸段階を区別することは不可能であり、ただ経済的状態を区別し得るにすぎぬ』となし、彼自身の分類を次のごとく示している。（pp. 175–9）

（一） 狩猟および漁労（Huntimg and fishing）。

（二） 遊牧（Pastoral nomadism）。

（三） 農業（Agriculture）。

（イ） 第一農業部類（The first ugric group）。

（ロ） 第二農業部類（The second――）。

（ハ） 第三農業部類（The third――）。

いうところの狩猟および漁労生活を営む諸部族の中には、全然農業および牧畜を知らないもののみが包含せられておる。時とすると、ごくわずかの程度に農業を営んでいるが、ほとんど全く狩猟、漁労または野生植物の採取によって生活をしておるというがごとき部族もあり得る。かくのごとき部族は、著しくいわゆる狩猟（以下単に「狩猟」という語のみを用いることがあっても、多くの場合それは「狩猟および漁労」の意である）部族に類似している。だがニーバーはこの種の部族を全部この部類から除外している。その理由は、この種の部族をも狩猟部族と呼ぶならば、これと他の農業部族とを区別することが極めて困難となり、かつ、かくのごとき部族は、真の狩猟部族に正確に相等しき経済状態にあるのではないから、というのである。結局彼はこれを農業グループの中に入れている。

いわゆる遊牧部族は、ニーバーに従えば、主としてその飼育する獣類の乳および肉で生活しているものである。この種の部族の大部分は、ごくわずかの程度に耕作をもかね営んでいる。他面多くの農業部族もまた同時に若干の家畜を飼育している。そこで彼はこの両者の間の分界線を次のごとく決めている。すなわち、遊牧部族はただ全部族またはその大部分が牧畜のために流浪しているほどに、その生活が牧畜に依存しているもののみを含み、かなりの程度に家畜を生活に利用してはいるが、しかし固定せる住居を有するものを農業部族に属せしめている。

農業部族は、前掲の表で明らかなるごとく、更に三分せられている。けだし一言に農業部族と呼ぶときは、その中に随分著しく生活特徴を異にするものが包含せられることになるからである。かくのごとき意味から、他の若干の著者たちによっても、農業部族を特殊の標準から再分する試みがなされている。例えばグロスは、これを低度農業と高度農業とに二分している。[(1)]だが彼はその低度農業部族の中に、ほとんどすべての未開農業部族を包括しているから、ここに必要な分類としては役立たない。またハーンは耨耕《どうこう》農業（Hackbau）一般農業（Ackerbau）および園芸農業（Gartenbau）の三分類を設けているが、[(2)]いわゆる耨耕農業は、ほとんどすべての未開農業部族によって行われており、かつこの分類は純技術的見地からのみなされているが故に、同様にこの際の目的に役立ち得ない。ここで必要なのは社会生活において、農業が占める重要性にもとづく分類でなければならぬ。すなわち一部族が、どの程度にその生活を農業に依存せしめておるかが問題であり、この見地からのみ、耕作に奴隷が必要とされるか否かが明らかにされ得るというのである。

(1) Gross, E, Die Formen der Familie und die Formen der Wirtschaft, 1896. P. 28―ニーバーにおける引用。
(2) Hahn, E., Die Haustiere und ihre Beziehungen Zur Wirtschaft des Menschen, 1896, pp. 388 sqq. ―同上。

かくてニーバー自身の分類における第一部類の農業部族とは、農業がその生活において従属的な地位しか占めず、大部分他の資源、すなわち狩猟、漁労、もしくは野生植物の採取に依存しているものをいう。第二部類の農業部族とは、かなりの程度に農業を営んではいるが、しかもなお全然狩猟その他なくしては生活し得ない程度のものをいい、第三すなわち最高部類の農業部族とは、農業が主たる生活手段となり、よし狩猟その他を兼ね営むにしても、それはそれなくとも全体生活に大した影響を蒙ることなきほどに従属的な地位をしか占めないものをいう。だがこれだけでは、まだその分類の基準がかなり曖昧であることを免れない。この欠陥は彼自身によっても認められ、その更に、補助的意味において、各部類の諸特質が次のごとく附加せられている。すなわち、第一部類にあっては、(一) 婦人のみが農業に従事し、(二) 著しく流浪的で住居がしばしば移転せられる。第二部類にあっては、(一) 固定住居を有し (但し魚類または野生果物の豊饒《ほうじょう》にもとづく場合は含まぬ)、(二) 土地が灌漑せられる。第三部類にあっては、(一) 土地に肥料を施し、(二) 輪作を行い、(三) 家畜を農業に使役し、(四) 農業生産物を輸出する。

（四）

前述のごとく、ニーバーは幾多の人類学者ないし人種誌家たちの諸報道、諸記述を資料として、彼の研究を進めているのであって、彼自ら、『本書はその内容を人類学的研究に限っておるから、われわれは未開諸部族に関する研究により供給せられた資料の助けを借って、この問題を解明しよう』と言っている。ところで、『われわれの専門に対する素人には――と彼は言う――今なし遂げようとしている仕事が、きわめて容易なものに思えるかも知れぬ。すなわち、われわれはただある部族に関する人類学的文献を調べ、奴隷制度について記述されているかどうかを見さえすればよい。もしそれが肯定的意味で記述されているならば、奴隷制度は存在するのだし、もし否定的意味で記述されているか、あるいは全然記述されていないならば、奴隷制度は存在しないのだと。しかし人類学的諸文献に慣れている人は、誰でもそれがこんな大ざっぱな仕方で利用さるべきものでないということを知っている。人類学者たちの説明は、非常な警戒と綿密な鑑定とを経ずしては、受け容れてはならないのである』（pp. 41, 42――邦訳、「社会事業研究」昭和七年十二月号、六四頁）

（1）　筆者はかつて植田正雄なる訳者名で、大阪社会事業連盟発行、「社会事業研究」誌上に、本書の一部分を連続訳載した。すなわち Ch. I.―Definition and Distinction from Kindred Phenomena を、『奴隷制度の意義およびその類似諸現象との差異について』なる題下に、昭和七年五月号から十一月号まで Ch. II―Geographical Distribution of Slavery を、『現存世界における奴隷制度の分布状態について』なる題下に、同年十二月号から翌八年三月号まで、但し後の方はこの最後の月に、大阪府社会課内に起こったある出来事に関連して、遺憾ながらその後続載することができなくなった。ともあれ、既載の部分に関する限り、その便宜ある人は参照されたい。以下邦訳・・・・は同誌の号および頁である。

第一に、いうところの人類学者たちは、奴隷制度をどう理解しているか、『奴隷制度が存在すると記述せられている場合、これがその存在の充分な証拠であろうか。第一章で到達したわれわれの定義は、普通の言語学の限界内にある。従って、われわれの報道者たちは、おそらくわれわれがそれに付随せしめているのと同じ意味でこの言葉を用いているであろう。しかし、やがてわれわれの検討によって明らかになるであろうごとく、「奴隷」および「奴隷制度」なる言葉が、その真実の意味と全く異なったあるものに適用せられている場合が少なくない。かくて単に「奴隷制度」という言葉によって与えられている以上の証拠をもとめなければならないことになる』(P. 42, 邦訳同上號六五―六六頁)。

まず『第一章で到達したわれわれの定義』とは何であるか。彼は同章第一節ないし第三節(pp.3-9, 邦訳昭和七年五、六月號)において、Ingram, Spencer, Lippert, Leotourneau. etc のオリティズを引照しつつ、奴隷制度の意義を詳細に論究し、更にこれをより明らかならしめるため、同章第四節以下(PP. 9-40, 邦訳同年六―十二月号)において、しばしば混同されがちな、他の諸類似現象と奴隷制度との区別について詳述している。だがわれわれはここで、この問題にながく止まっておることはできない、ただ彼の結論だけを抽《ぬ》き出すに止める。『われわれは――と彼は言う――奴隷のことを、他の人間の財産または所有物であり、その人間のために働くことを強制せられている一人間である、と定義することができる。』(p. 8, 邦訳昭和七年六月号三六頁)。彼は一定の理由から、この定義を更に簡素化して、『かくて奴隷制度とは、或人間が他の人間の財産または所有物であるという事実である』と言っている。(p. 9 邦訳同上号三七頁)。簡単化の理由とはこうである、『われわれの定義に関する簡単化にはこういう権益がある、すなわちある国に奴隷制度が存在するかどうかを研究するに当って、われわれは隷従者に賦課せられている労働が存在するかどうかを問う必要はない。このことが充分に現れていない場合でも、われわれは、「奴隷制度がここに真実に存在するかどうかを知らない」などという必要はない。これこれの国では、ある人々が他の人々の財産である（勿論われわれがすでに指摘したように、きわめて稀で、かつ見分けることが容易であるところの、単なる肉体的所有（食人を目的とする俘虜の保有のごとき――辰巳）の場合は除いて）ということを聞きさえすれば、われわれは彼らが何らかの種類の強制労働を遂行しているものと信ずることができ、従って彼らを奴隷と呼んで差支えないのである』（p.9. 邦訳同上号三七―八頁）。

註　ちなみに奴隷または奴隷制度の意義に関するマルクス、エンゲルス、レーニン等の記述の若干を抽《ぬ》き出してみよう。マルクス――『奴隷は彼の労働（力）を奴隷所有者に売ったのではない、それはあたかも牛が彼の勤労を百姓に売っているのではないのと同じことだ。奴隷はかれの労働（力）と一緒に、一まとめにして、彼の所有者に売られる。彼は一所有者の手から、他の所有者の手に譲渡され得る一つの商品だ。彼自身が一つの商品であって、その労働（力）は彼の商品ではない』（『賃労働と資本』、川上訳二九頁）『賃労働制度においては、労働力は労働者自身によって販売され、奴隷制度においては、それは第三者によって販売される』（「資本論」第一巻、邦訳改造社版五二六頁）。『彼（労働力の販売者たる自由な労働者――辰巳）は奴隷や、農奴などのごとく、直接に生産機関の一部となっているものでなく・・・』（同上七〇八頁）。

エンゲルス――『・・・そして更に、（旧世界の――辰巳）正史のはじめにおいては、畜群はすでにいたるところで、野蛮の工芸品。金属器、奢侈品および最後に人畜――奴隷――と全然同じく、家長の特有財産として見受けられることも確かである』（『家族、私有財産および国家の起源』、邦訳岩波文庫版七三頁）。『・・・されば当時の社会の習慣に従って、それ（家族――辰巳）はまた新しき食料資源たる家畜の所有者であり、後には新しき労働手段たる奴隷の所有者であった』(同上七四頁)。
レーニン――『奴隷所有者は、ただにすべての生産手段、土地、道具――この道具は当時なお極めて貧弱であり、原始的であったとしても――を所有していたのみならず、彼らは人間をも所有していたのである。この集団が奴隷所有者と名づけられ、自ら労働し、しかもその労働を他人のために行うものが、奴隷と呼ばれたのである』(前掲書二二九頁)。『奴隷所有者は奴隷をその財産と見なし、法律はこの見解を保証し、奴隷をば完全に奴隷所有者に属する商品と見なした』(同上頁)。『だが最も基礎的なことは、奴隷が人間とみなされなかったこと、奴隷はただに市民として考えられなかったのみならず、人間としても取り扱われなかったことである。ローマ法は奴隷を物と見なした』(同二三六頁)。『奴隷は何らの権利をも有せず、被抑圧階級として止まり、人間としては考えられなかった』(同二三七頁)。『奴隷制度の社会にあっては、奴隷の完全なる無権利が一般に行われ、奴隷は人間としては認められなかったのである』(同二三八頁)。

(五)

かくてニーバーが、人類学的文献から一定の結論を導出するに当って、その『結論に可能なる最高限度の確実性を賦与するであろう』ところのものとして、厳守すべき諸準則を次のごとく定めている(pp. 41――47, 邦訳昭和七年十二月号六四――七一頁)。
まずわれわれが人類学的諸文献において遭遇し得べき場合は次の四つである。
第一　奴隷制度が存在すると記述せられている場合。
第二　奴隷制度が存在せずと報ぜられている場合。
第三　奴隷制度について何の記述もない場合。

第四　記述が曖昧にして存否いずれであるか疑わしい場合。

第一の結論の確実性を強化するためには、次の諸項が考慮されなければならぬ。
（イ）もしある部族において、他の人間の財産と考えられている人間のあることが充分明瞭であるならば、われわれは奴隷制度が存在するか否かを疑うを要しない。
（ロ）当該部族内において人々が売買せられるという事実は、奴隷制度の存在を非常に確実ならしめるいま一つの場合である。但し婦人が妻女として売買せられる場合は勿論除外しなければならぬ。また例えばアフリカの専制君主が、その従民をアラビアの奴隷商人に売却するがごとき売買は、その部族内に奴隷制度が存在することの証拠とはならない。
（ハ）記述事項が問題の奴隷制度の性質を決定するに充分でない場合といえども、数人の著者たちが、相互に独立に奴隷制度の存在を記述している場合は、誤謬の可能性が著しく少ないと言える。
（ニ）当該著者または著者たちの、一般的信用を考慮に入れなければならぬ。

第二の場合には、奴隷制度の存在しないことがきわめて確実と見てよい。けだし奴隷制度はむしろ観察し易い現象であり、しかも人類学者たちは一般に、この言葉を、制限せられた意味よりも、むしろ余りに広すぎる意味において用いがちだからである。

最大の困難に遭遇するのは、第三の場合においてであって、この場合には最大限度の注意を払う必要がある。

（イ） 名称の如何にかかわらず、他の人々の財産と考えられている人々の存在が明瞭である場合には、その結論もまた明白である。
（ロ） 奴隷制度の存否に関係深き若干の事実に関する記述は、ある程度まで判断の根拠たり得る。例えば、奴隷制度の主たる源たる戦争の有無、俘虜の運命に関する記述、社会階級の有無、あるいは若干の階級が列挙されていてその中に奴隷を見出さない場合、男女間の分業に関する記述、等々。これらは、一つ一つとしては十分に信頼し得べきものではないが、綜合すれば、高度の確実性を賦与するものである。なお信頼するに足るべき一人類学者が、当該部族の社会生活の全貌を綿密に報道している場合に、むしろ観察し易い奴隷制度を、それが存在するにもかかわらず、これに関説しないことはありがたいことである。同様の論証は、同一部族について、数個のこういう記述がある場合に、一層強固となる。つまりこういう場合には、奴隷制度が存在せぬと見て、大して誤りないのである。

第四の場合にはわれわれは特定の一部族が所属する集団《グループ》（ここで「集団」という言葉は、人類学的または言語学的にではなく、社会学的意味に解するを要し、かつその適用を幾分限定しなければならぬ）の状態を考慮にいれることができる。一集団の一般的記述にも、奴隷制度について何の記述もない場合があり得るし、またこの集団に属する他のすべての部族が、少しも奴隷をもっていないことが明らかである場合があり得る。そこで、もしその同じ集団に属する特定の一部族についてわれわれの得ている報道が、依拠するに充分でないならば、この部族は当該集団の他の諸部族と同一状態にある筈だという、換言すれば、この部族は奴隷を有しないという、強固な一推定が可能な訳だ。同様の諸条件の下に、われわれは一奴隷保有集団に属する一部族が、奴隷を保有するものと推定してよい。

註　ニーバーが奴隷制度の存否の結論を導き出している未開諸部族の諸特質が、現瞬間に関するものであり得ないのは勿論、必ずしも彼がこの著書を描いた時期に関するものであることも要しない。その諸部族がはやくに死滅している場合もあり得るし、かつて奴隷制度の存在した部族において、はやくにそれが廃止されているものもあり得よう。しかしそういうことは、彼の研究目的から言って問題でないのみでなく、われわれにとってもさしづめ関心の外にある。――（未完）――

(1)　狩猟部族と奴隷制度(下)

(一)

われわれがすでに見たような、相当に周到かつ妥当な用意の下に、[(1)] ニーバーは人類学的ないし人種誌的諸文献にもとづき、現存世界のほとんどすべての未開部族の生活状態を検討し、これらを奴隷制度の存在が明確なる場合、存在せざることが明確なる場合、存否いずれとも断定しがたき場合に三分し(Part I, ch. II, pp. 41—166)、更にそのうち奴隷制度の存否の明確なるもの——三三八部族——を、前述せる準拠に従い狩猟部族、遊牧部族、農業部族(第一,二,三部類)等に分類して、一定の結果を表示している(Part II. ch. I. pp. 169—189)。

(1)　ニーバーは彼の著書の第一版に対する Dr. Tonnies の批判に答えて次のごとく述べている、『ドクター・テニーズは、本書の第一版に関する彼の批評において、われわれが旅行者たちの皮相な報道にもとづいて、奴隷制度の存否を結論しているのではないかという疑惑を表明しているが、以下の章句および本章全体は、われわれが、その結論が依拠するところの未開諸部族に関する旅行者たちおよび他の著者たちの報道に、厳密な検討を加えることに全力を尽くしたということの充分な証拠であると思う。われわれがこの点について成功しなかったような特殊な例があるかも知れぬ、しかしわれわれはその結論が、全体として確固たる根拠にもとづくものであると信ずる。しかして、その証拠としてただ一つの事実をも挙げていないドクター・テニーズの反対は、われわれには充分根拠あるものと思われない』(p. 42 脚註)

さて狩猟部族――その中に漁労部族の包含さるること既述の通り――にして奴隷制度の存否が明確なるものは、前記の表示に従えば八十八部族であるが、このうち存在せざることの明確なるものが圧倒的に多数を占めて七十部族であり、存在することが明らかである場合は漸く北アメリカ十五部族、南アメリカの二部族、シベリアの一部族、合計十八部族に過ぎない。結局狩猟部族の間には、大体において奴隷制度は存在せず、その存在はむしろ例外的であるということになる。この事実は多くの論者が主張するごとく、この種の部族もしくはこの種の発展段階の経済的特質が、奴隷制度存在の条件を欠くという結論が正しいことを一応肯定せしめるに足る。ただしかし、よし僅少なる例外的場合にすぎないにもせよ、兎も角この種の部族中に若干奴隷を保有するものがあるという事実は、また右の結論を絶対的なものと断定するのに、なお何らかの問題を残すものと言わなければならぬ。しかしこの問題の解明は暫く後頁に譲り、まず何故に狩猟部族は一般に奴隷を所有しないかの検討から始めよう。

ニーバーに従えば、奴隷はこれを族外奴隷〔制〕(extratribal slavery) および族内奴隷〔制〕(intratrival slavery) の二種に分つことができる。前者は征服あるいは掠拐によって他部族より獲得せるものであり、後者は債務奴隷または罪罰奴隷のごとく、本来自己が属する部族内において、あるものが他のものの奴隷とされる場合である。まず族外奴隷の場合について見るに、かくのごとき奴隷の保有が、狩猟部族にとって極めて困難もしくは不可能なることは明らかである。けだし狩猟生活は一般に、同時に流転生活である。狩猟部族は獲物を得んがために、普通、非常に広大な地域を駈け廻らなければならぬ。この生活様式は、一方において、彼らをして所有奴隷の逃走を監視することを著しく困難ならしむると同時に、他方奴隷たちにとって、逃走を極めて容易ならしめ、かつその機会を極めて頻繁ならしむるものである。しかも奴隷が当該部族の主要生産領域たる狩猟に使役されていると想定するならば、この事実は一層顕著である。以上のことは族外奴隷に関する限り、奴隷制度が狩猟部族の間に存在し得ざる一般的理由と見て差支えないであろう。

だがこの種の部族において、族外奴隷が保有され得ないことの一般的理由として、ニーバーはいま一つの事実を挙げている。それは、この種の部族が極めて小さいということである。ヒルデブラント、シュザーランド等がそれぞれ諸例証を挙げて述べているごとく[1]、この種の一部族の属員は、最も多い場合でも三百人位を出ない。かくのごとき狭小な組織が、他部族より獲來れる奴隷に対して行使し得べき強制力は言うに足りない。すなわち、一面極めて少数の異部族奴隷をその内に包容することさえ、奴隷保有部族にとって不断の危険を意味するのみでなく、他面かくのごとき狭小なる部族の支配圏から逃脱し去ることは、常に奴隷にとって容易なことだからである。

(1)　Hildebrand. R., Recht unt Sitte auf den primitiveren wirtshaftlichen Kulturstufen. pp.1, 2.. Sutherland, The origin and growth of the moral instincts, p. 360.

狩猟部族の流転的生活様式は、しかしながら族内奴隷の存在を妨げるものでなく、またこの種の奴隷制度は、部族集団の狭小ということとも必ずしも両立し得ないものではない。従ってこの種の奴隷制度もまた狩猟部族内に存在しないという事実は、なお別個の理由から説明されなければならぬ。われわれはまず次の事実から出発する必要がある。すなわち、この種の部族内において、すでに、一般に、男女間に明白な分業が成立している。だから族内奴隷が男子専業領域において使役され得るか否か、あるいは女子専業範囲に入り込み得るか否かを考察することによって問題は明らかとなるであろう。[(1)]

(1)　奴隷制度がある程度以上に発達している場合には、自由民（男女いずれも問わず）とは全く異なる奴隷特有の生産領域がしばしば存在し得るということから、われわれが今問題にしている段階においても、男女の各専業範囲外に、奴隷にのみ与えらるる第三の専業範囲があり得ると考えてはならない。その発生当初にあっては、奴隷はまずすでに存在する生産領域、すなわち自由民が携われる生産領域においてのみ使役され得るにすぎない。

さて、一般に狩猟部族の間における男子の生産領域は（特殊の場合たる戦争以外）ただ狩猟あるのみである。しかるにこの狩猟は、多くの場合ドラッヂャリーではなくて、むしろスポーツである。かくのごとき断定を基礎づくべき資料は、彼らの生活を描けるほとんどあらゆる述作から引き出され得る。何らかの獲物を認めた場合、彼らは文字通り脇目もふらずそれに突進し、全精力を打ち込んでその獲得に努力する。しかのみならず、狩猟に当って勇敢であり、有能であるものは、この段階にあるほとんどの部族においても、あたかも好戦国民の間において、戦場で大功をかち得る戦士と同様の尊敬と名誉とを、他の全部族員から捧げられる。例えば Tanner の Ottawa に関する、Bonwick の Tasmanian、Blumentritt の Dumagas、Jones の Ojibway、Dawson の Western Victorians に関する等々極めて多くの報道が、いずれも一様にこの事実を伝えておる。狩猟における最有能力者は最も美しき、もしくは最も多くの妻女をもつことができ、反対に無能者はいずれの意味においても貧乏くじを引かなければならぬ。上述の事実から、一面何らかの事情により一般部族員たる権利を剝奪された人間が、人々の全精力を奪うに足るような興味ある仕事を与えられるというがごときことのあり得ないのは明らかであり、他面狩猟において相当に役立ち得るようなものが（それはその程度において全部族員から尊重せられ、名誉を捧げらるるものなるが故に）、奴隷に貶さるるがごときことのありがたいのも明らかであり、更にまた、狩猟において大して役に立たない無能者を、その仕事にたずさわらせるということもあり得ないのである。同様のことは、すでに述べた族外奴隷の場合にも当てはまる。

狩猟部族における婦人の主要職分は、『小屋を建て、薪水を採り、根茎その他これに類する食物を集め、籠を作り、食物を調理し、子供の世話をする等』である。[1] 奴隷をこの種の生産領域に使役するとせんか、第一に、この場合にもまた、流転的生活様式やその仕事の性質は、同様に彼らの逃脱を極めて容易ならしむるものであり、殊に屈強な男子が悉く狩猟のために駆け廻っておるとすれば尚更そうである。加うるに、男子たちはその妻たち（この種の部族にあっては一般に男子から賤視されている）の利益のためのみに、苦労して奴隷を保有することを好まないであろう。更にわれわれは、かくのごとき小部族は、狩猟および戦争のために有能な男子を著しく必要とするが故に、比較的有能な子供（奴隷の監視に役立つような）は、はやくから妻たちの手許に残さないで、その方面に連れて行くことを考慮に入れなければならない。しかして最後に、戦争が頻繁に行われる場合には（事実この種の部族間においては一般にそうである）婦人たちでさえ、ややもすると足手まといとして棄て去られるのであるから、いわんや奴隷たちはすぐ遺棄されるであろう。

(1)　Dawson, J. Australian Aborigines, p. 37.

以上の諸理由から、婦人の事業範囲において使役せらるる男子が存在し得るのは、ただその部族が平和な環境裡に住んでおるか、その諸隣族よりも決定的に優勢であり、それらから何らの脅威も感ずる必要のない場合に限らるる。例えばクランツに従えば、幼年時に母親があまり甘やかしすぎたために、航行することのできないグリーンランド人の若者は（この部族は漁労部族である）他の部族民によって、『あたかも下僕のごとく使役せられ、その習熟せる婦人向の仕事を当てがわれる』。(1) ボーアスに従えば、中部エスキモー人の間では、『狩猟に従事し得ない不具者は、婦人と同種の仕事にたずさわる』。(2) タンナーもまた、婦人と全く同様に振舞い、しかも他の同部族民によって妻（男色）として所有されているオジブウェー人の男子のことを報じている。(3) 以上のどの場合においても、婦人の仕事に従事しているこれらの男子が奴隷でないことは明らかである。だがこの種の部族——平和的環境にあるか、決定的に優勢にして隣族の脅威を感じないような部族において、もし婦人の専業範囲が多々益々多くの労働を要求するならば、かくのごとき場合には、よし極めて例外的な場合にすぎないにせよ、ある程度の奴隷制度の存在が可能であること、後に見るところのごとくである。

(1)　Crantz , D., Historie van Groenland, I. pp,185, 211, 215.

(2)　Boas, F., The Central Eskimo, p.580.

(3)　Tanner, J., Denkwürdigkeiten über seinen dreissigjährrigen Aufenthalt unter den Indianern Nord-Amerika's, p.68

（二）

広義の狩猟部族を、更に狭義のそれと漁労部族とに分けて考察するならばわれわれが右に見た奴隷制度の存在を妨ぐる諸原因が、前者に対するほどには後者に当てはまらないことは明らかである。第一に漁労部族は、必ずしも狩猟部族（狭義）のごとく流転生活を営まなければならぬとは限らず、かくて定住生活が一般的である場合には、なさるべき家内的業務もより多く、奴隷もそうたやすくは逃走し得ない。加うるに、主人が奴隷を自分と同じ舟に乗せて適宜これを監視しながら働かせることも困難でなく、殊に舟を漕ぐことは、かのローマで度々見られた船艘奴隷と軽々しく同一視してはならないが、むしろ非自由労働者の仕事として適当でさえある。以上の理由から、すでに挙げた広義の狩猟部族中の奴隷所有部族および非所有部族のうちに、それぞれ狭義の狩猟部族と漁労部族とがいかほど包含されているかを検することは、当面の問題を解く上に極めて便利である。(1)

(1)　ただ厄介なことは、例えばオーストラリアの若干部族に見るごとく、著しく果実、根茎、草葉等を食用に当て、しかも同時に陸上の小動物や、小両棲動物、小魚等をも食用にしている部族は、厳密にいずれの部族とも決めがたい。だがニーバーは、この種の部族が定住生活、奴隷監督の容易、舟漕ぎのごとき奴隷に適せる仕事等、漁労部族に帰せらるべき特徴を欠くという理由から、一応これらを狩猟部族に包含させている。

さてすでに見たごとく、広義の八十八狩猟部族中十八部族が奴隷所有部族であるが、このうち更に狭義の狩猟部族は僅かに五部族にすぎないで、残余は漁労部族である。また七十の非奴隷所有部族中漁労部族は漸く十五部族にすぎず、残余は狭義の狩猟部族である。結局五狩猟（狭義）部族と十四漁労部族とが奴隷を所有し、五十四狩猟部族と十五漁労部族とが奴隷を所有せず、(1)割合で示せば狩猟部族の八・五％と漁労部族の四八％とが、奴隷所有部族であることになる。以上の観察をもってしても、狩猟部族は奴隷制度に極めて不適合であるが、漁労部族にあっては必ずしもそうでないことがうかがわれる。しかしなお問題が残る。すなわち、何故若干の狩猟部族が、よし極めて例外的であるにせよ、奴隷を所有しており、また漁労部族の間において、これを有するものと有せざるものとがほぼ相半ばしているかということである。

(1)　ここでは奴隷所有部族が 5＋14＝19 となって前の表示のと相違するが、それはピュージェット海峡附近の部族が、そのうちの若干が狭義の狩猟部族にして他は漁労部族であるという理由で、二重に計算されているからである。また非所有部族数も 54＋15＝69 で、これまた表示の 70 と異なるが、それはチェピュイアン部族（非所有部族）が省かれているからである。この部族についてパンクロフトは、『彼らの食物は主として魚類と馴鹿とであり、後者は罠を用いて容易に獲ることができ・・・魚類は彼らの居住地域の湖や河川に極めて豊富である』（P.188）と言っており、いずれの部類に入れるべきか不明である。

ところで、特にわれわれの注目に値することは、右の奴隷所有部族の大部分（Abipones, Tehuelches, Kamchadales を除く）が、いずれも大体同一なる条件の下に、すなわちベーリング海峡からカリフォルニアの北境にいたるまでの、太平洋沿岸に居住しておるということである。そこで、われわれはすべてこれらの諸部族の間に、奴隷制度が存在するということは、ほぼ同様の原因にもとづくものと想像してよいであろう。従って、これらの諸部族の経済生活を研究するならば、われわれは恐らくその原因を発見し得るであろう。同時に右の例外三部族についても、彼らの間に奴隷制度が存在するのも同じ理由によるのか、あるいは彼ら特有の原因にもとづくのであるかも、この考察過程において明らかとなるであろう。(1)

(1)　太平洋沿岸の奴隷所有部族は次のごとくである。アユリーツ、アトカ・アリューツ、コニアガス、トリンキッツ、ハイダス、チムシアン、クッキウトル、ビルバラス、アーツ、ピュージェット海峡附近居住部族、フィッシュ・インディアンズ、タキュリーズ、アトナス、シミルカミーム、チヌークス。

北アメリカの太平洋沿岸において、奴隷制度の存在に好都合と考えられる諸事情を挙げると、左の通りである。

第一、食物が豊富であること。例えばアリューツは干魚の一番良い部分だけ食べて、他は捨ててしまう（Wemiami-now, p.214）。ハイダスは獲物が豊富であるのに狩猟をしない。無限に豊かな魚類より食料を得ているからである（Bancroft, p.161）。タキュリーズは、『極めて僅かの労力で食物を獲ることができる』（Ibid., p.122）。ビュージェット海峡附近居住部族についても、『大洋、河流、森林等における非常に豊富な自然性食物』のことが報ぜられている（Ibid., p.213）。トリンキッツは食物を得るのに大した辛労を要しない。干潮時には無数の水棲動物が干潟に残っており、彼らは苦もなくこれらを蒐《あつ》め得る（Holmberg. I, pp.17, 22）。ポール・ケーンの語るところによれば、『コロムビア河下流のインディアンズは、鮭をほとんど唯一の食料として用いる、二ヶ月の漁業は、優に一年間の彼らの生活を支うるに足る』（p.314）。その他太平洋沿岸に住む諸部族に関して、同様の報道に接すること多く、また特にこの種の報道を欠く場合といえども、いずれも定住生活を営み、かつ比較的大集団をなしている事実から同様の状況を推測してよいであろう。これらの場合労働の生産力は、労働者の直接消費の欲求を充たすに必要なよりも、遥かに多くのものを生産することを得るが故に、ある者による他の者の労働の搾取――奴隷制度の主要特質が従って可能である。

第二、これらの諸部族の大部分が主として漁業により生活しておること（前項参照またこの種の生活様式が奴隷制度の存在を可能ならしむる理由はすでに見た）。加うるに食物の種類が極めて多様である。例えば、コニアガスは鮭、鱈、鯨、海豹、鹿、馴鹿、水禽（みずどり）等々を捕えて食用に供する（Brown, R., pp 76-78）。ハイダスは豊富な獲物（狩猟による）や魚類を有するが、なお鳥類や各種の植物性食物をも食する（Bancroft, pp. 161-163）。トリンキッツは魚や種々の獣肉や、種々の植物、貝類等を食する（Knause, pp.155, 159, 181; Holmberg, I pp.22-24)。アーツは魚類、根茎、漿果（水分に富んだくだもの）類等を食し、また鹿狩りもする（Sproat, pp.53, 89）。タキュリーズは魚類（主として鮭）、若草、漿果、小動物を常食とする（Bancroft, p.123）。その他の各部族も大同小異である。食物の種類が多いということは、ただそれだけではわれわれの問題解決に大して役立ちはしない。けだしオーストラリア人にしても、極めて雑多なものを食用に供しており、ただそれらが豊富でないというにすぎないからである。しかしこのことは他の諸条件と結合して、これらの諸部族が奴隷を所有することを可能ならしむるに役立っておるのである。すなわち、多様な食物が獲られる場合には、それらの一種もしくは数種を獲得することが、奴隷に課すべき仕事としてふさわしいものであり得る機会が多いわけである。

第三、彼らは一般に、固定住居を有しかつ比較的大なる集団をなして生活しておる。かくのごときことが可能であるのは、彼らが冬季のための食物を蓄積し得るからである。例えばコニアガスは『二種の家を建てている。一は大きくて冬季の村落住居に当て、他は夏季の狩猟用の小屋である。前者はかなり大きくして三四家族を容するに足る』。彼らはまたカシム（Kashim）と称する公会堂のごときものをもっておるが、それは『彼らの居住に適するように建てられており、三四百人が居住するに足る』。夏季中非常に多くの魚が乾燥せられ、冬季の食用として家屋内に貯蔵せられる（Bancroft, pp.74, 75; Holmberg, I p.90）。トリンキッツもまた冬季中、村落の堅固な家屋に住んでおるが、大きいのになると三十人ぐらいが居住し得る。彼らもまた冬季のために鯡（にしん）、鰤（はららご）、獣肉等を干して置く（Krause, pp.123, 155; Bancroft, p.104; etc.)。ハイダスの住居も大体トリンキッツのと同様であるが、それよりもっと大きく、もっと立派である。『魚を漁ると、それを婦人たちのところへ運び、これを干して冬季のために貯蔵するのが彼女らの仕事である』（Krause, p.307; Bancroft. p163)。ビュージェット海峡附近の住民は、実に堅固で立派な家屋をもっている。『そのあるものは長さ百呎に余り、その中に非常に多くの部屋があって、随分多くの家族が住んでおり』、ちょっとフーリエのファランジを想わせるものがある（Bacroft, 211-213)。タキュリーズも毎年冬季は村落生活をなし、四月になると湖水に行って小魚を漁り、その収穫が思わしくなければ、村に帰って、予め用意して置いた干魚や、漿果や、草類で生活する（Ipid., p.123)。アーツは、戦争の場合には、五百ないし一千人の軍隊を動員し得るような有力な部族であるが、冬季用のために各種の魚類を乾燥貯蔵するを常とする（Brown, pp.132, 134, 151; Sproat, p.87)。その他の諸部族においても、この種の生活様式はほぼ同様である。しかしてこの種の条件は奴隷制度の存在に極めて好都合である。定住生活は奴隷の逃走を困難ならしめる。大集団をなして住んでいるということは、自由民たちの間に高度の組織をもたらし、従って奴隷に対する強制力の存在を可能ならしめる。更に食物の貯蔵は、余剰労働を必要とし、かつこの種の労働は奴隷をしてなさしむるに恰好である。けだし、それは大して多くの熟練を必要とせず、主として家の内部または附近でなさるるが故に、その監視もまた容易だからである。

（三）

太平洋沿岸居住諸部族にほぼ共通し、奴隷制度の存在に好都合と考えられる事情の第四は、彼らの間では、商業および産業が高度に発達しておるということである。ケーンはイオクッス（ioquas）について語っているが、それは『フラッタリー岬において、しかもそこだけで夥しく発見せらるる一種の貝殻であって、この貝殻が貨幣として使用せられ、その附近に居住するあらゆる部族は、これを交換用具として盛んに取引を行っている』（Kane, p.238）。アリューツの間では、『捕鯨は若干の特定家族の専業となっており、一種のクラフト魂が父子相伝の状態にある』（Bancroft, p.90）。コニアガスは、『戦争や狩猟よりも、むしろ労働や商業に適している』。彼らは実に立派なボートを作り、男も女も種々の商業に熟達しておる。彼らは交換によって他の部族から獲る（Ipid., p.86; Holmberg, I pp.99, 103, 79）。トリンキッツの中には専門的な曲木細工人や、鍛冶屋、銀細工職等がある。婦人は非常に編物に熟達している。極めて立派な丸木舟が作られる。彼らは前から捕鯨に銛を用いておった。商業はすでに白人到来以前から高度に発達していた。彼らは同沿岸の遥かに遠隔の地域の居住民や、奥地の諸部族とさえ交易しておった。奴隷貿易は以前には随分大規模に行われておった（Krause, pp.159, 173, 181, 188, 186; Holmberg, I pp.26, 29）。ハイダスの作った大きな精巧な丸木船は、広い範囲に亘って賞揚せられておる。彼らはしばしば売るためにそれを製造する。彼らは価値基準を有している。すなわち以前は奴隷または銅片がそれであったが、今では毛布を用いている。彼らの家は立派に飾られている。彼らは『各種の道具の製造に熟達していることで有名であり、殊に石材や象牙への彫刻に長じており、この点では北米諸部族中随一である』（Krause, pp. 306, 307, 313; Swan, pp.2, 3; Bancroft, p.165）。チムシアンは前には奴隷の仲買を業とした。南方諸部族は奴隷を誘拐または捕獲してチムシアンに売り、後者はこれを買って、更にトリンキッツや奥地のチンネー人に転売した。『フォート・シムプソン附近居住部族の各酋長は、それぞれ一人の工匠を有しており、この工匠の仕事は丸木舟の修繕、仮面（マスク）の製造等であった』（Niblack, p.252; Bancroft, p.166）。アトナスは『銅細工の技術に長じており、かつ周辺の諸部族と商業関係を結んでおる』。彼らはその奴隷を他部族から購う（Bancroft, p.135）。ビュージェット海峡附近の諸部族は、彩色され、磨きのかけられた美しい丸木舟をもっている。富裕者の家屋は厚板で造られているが、それは骨製の楔を用いて木を裂いて得たものである。『彼らが他の諸部族と交易するに当り、またその富を評価するために、一般には価値単位として毛布を用いるが、ヒアクワ（Hiaqua）と称する。フラッタリー岬頭の随分深いところで獲れる、長い白い貝殻もまた広く貨幣として使用せらるる。その価値は長いほど大である。各種の品物を売買するための一種の年市《フェーア》が、祭礼を兼ねて、バジャダ崎という所で催される』。『奴隷は戦争や掠拐によって獲得せられ、北方諸部族に向かって売却せられる』（Ipid. pp.211, 216–218）。タキュリーズの間では、一八一〇年までヒアクワが流通手段であった（Ibid. p.122）バンクロフトに従えば、チヌークスは、『常に好戦的よりもむしろ商業的部族であった』。『彼の元来の流通手段および価値基準はヒアクワであった』。彼らはその奴隷を『戦争によって、もしくはより一般的に交易によって』獲得する。スワンに従えば、チヌークスは『冬季中、白人に売るための非常に多くの諸商品の制作に従事する』。一種の小貝殻が貨幣として彼らの間に流通している。『彼らの奴隷は北方インディアンから購わるるか、あるいは盗奪または戦争の俘虜から得られ、かつ多くの場合更に南方諸部族に転売される』（Ibid., pp.238–240; Swan, pp.164, 158, 166）等々。

上述せるごとき商業および産業の発達は、ニーバーに従えば、以下の諸項に略示するがごとき方途において、奴隷制度の存在を可能にし、その発達を促進する。

（イ）　奴隷貿易は奴隷保有を便利ならしむる。戦争の俘虜は普通彼ら自身の隣接部族に帰属するにいたるから、遠隔の地から輸入せられた買得奴隷よりも、その故国へ逃げ帰る機会が遥か多い。買得奴隷は、よしその主人の許から逃脱しても、すぐまた同じ太平洋沿岸の他の奴隷所有部族のために捕獲せらるるであろう。われわれはだから、コニアガスが成年俘虜を奴隷として保有しないで、交換の方法で男性奴隷を獲得する理由を、たやすく理解し得る。[1] 同様にケーンに従えば、ヴァンクーバー島付近のカウィッチンズの一酋長は、『多くの俘虜を捕らえては、常に遥か北方の部族に売却し、かくて彼ら自身の部族へ逃げ帰る機会を少なからしめる』[2]。

（ロ）　漁業用具の高度の完成（丸木舟、網、銛等）の域に達しておる場合には、漁労の収穫はより大であり、従って漁労奴隷の労働の生産物は、それがもっと粗朴な仕方で営まるる場合よりも、彼の欲望充足の必要量を超過する部分が大である。換言すれば、労働力の余剰、従ってそれの搾取の可能性がより大である。

（ハ）　自由民が商業や産業に専ら没頭すればするほど、より粗朴な仕事（漁労、船漕ぎ、食物調理等）をなさしむるために、奴隷を必要とすることが大である。商業自身もまた、商品を運ぶとか、船を漕ぐとかいうがごとき賤役を要求する。

（ニ）　部族内商業――それが行われている場合には――のいま一つの効果は、定住生活および食物の豊富と相まって、これらの諸部族が狩猟部族ほどに、しかく好戦的でないということであろう。すなわち、その故に彼らは、『その利用し得べき一切の精力を戦争に使用するを要せず、戦争に従事せざる男性奴隷を保有することができる』（ニーバーの言そのまま）。われわれはすでに、コニアガスが『戦争および狩猟よりも、むしろ労働および商業に適しており』、チヌークスが『常に好戦的よりもむしろ商業的部族であった』ことを見た。他の諸部族に関しては、戦争が極めて頻繁であるかどうかということが、明らかに報道されてはいないが、人類学的諸文献を通じてわれわれの受くる印象は、シュー、オジブウェーその他同種の部族の間におけるがごとく、そう頻繁ではないらしいということである。

(1) Holmberg, I p.79.
(2) Kane, p.220.

第五、財産および富が高度に発達していること。シュモラーは言う。『われわれはいまや、村落を有し、或程度の発達せる交通機関、すなわち、犬橇（いぬぞり）、馴鹿（となかい）等を有し、狩猟および漁労に関するある種の社会的組織を有し、装飾物および奴隷を有し、富者と貧民の区別を有する若干の定住狩猟および漁労部族の例のあることを知る、例えば北部カリフォルニア、北部アジア、カムチャッカ等においてそうである』と（Grundriss, I p.195）。コニアガスの間では、『ある個人が有名たらんとの野心をもつ場合には、饗宴が催される』。彼等の間では、ある人間の富は、前にはその所有する猟虎（らっこ）の皮の数によって決せられた（Bancroft, p. 84; Holmberg, I p.112）。トリンキットの間では、私有財産は衣類、武器、道具、狩猟領域、商業路等を包容する。貴賤は出自よりもむしろ富に依然する（Krause, pp.167, 122）。ハイダスに関してバンクロフトは言う。『身分および権力は、道具、妻および奴隷より成るところの富に、主として依存する。この部族中で最大勢力を有する魔術師（Medicine-men）仲間への加入は、私有財産を犠牲に捧げることによってのみ許され得る』と。スワンは富者の家の前方の木柱のことを語っているが、それらは幾百枚もの毛布、すなわち1千ドルにも達する価格を費やして、極めて精巧に曲げられたものである。だから、ただ非常に富める者たちのみが、こういう柱を購い得るにすぎぬ（Bancroft, p. 167; Swan. P.3）。ケーンはカウィッチンズの酋長の、驚くべき豪奢な饗宴の全景を描いておる（pp.221）。ヌートカ人（バンクロフトはこれをアーツと同一部族と見ている）の間では、『私有財産は小舟及び食料獲得用具、家禽、奴隷並に毛布より成る』。『生活の必要以上の財産の蓄積は、ただ大饗宴日をに当たって贈物として分配し、そうすることによって富裕と鷹揚とに対する名聲をかち得るという目的のためにのみ望ましいこととされている』(Bancroft, p.191)。ジョン・ジェウィットの語るところに従えば、アーツの間では、王は頻繁に饗宴を催すことによって品位を保持しなければならぬ。しからざれば、彼は王らしく振舞うものとは考えられないで、普通の人間と同様に見られるにいたる（Brown, p.216)。ボーアスはクワキウトル・インディアンについて、『高位獲得』の方法を述べておるが、それは『ポトラッチ（potlatch）という方法、すなわち財産の分配によって達せられる』(Boas, p.341)。タキュリーズの間では、『誰でも時々村落饗宴を催すべきミューティー（miuty）すなわち酋長となることができる』(Bancroft, p.123)。バンクロフトはまた、ピュージェット海峡附近のインディアンについて、『財産が時々相続せらるることはあるが、しかし、私は何ら世襲的な身分または階級を見受けない』と言っておる（Ibid., p.217)。等々。

財産および富のこの発達が、奴隷制度に与える効果は次のごとくである。

（イ）　社会的身分は主として富に依存する。従って奴隷は、有能なる猟人または漁夫であり得るし、またかくのごとき意味で価値を認められ得るとしても、このことは彼が何らの財産も有しないものとして蔑視せらるることは矛盾しない。

（ロ）　生活に直接に必要なるもの以上の財産の蓄積は、しからざる場合よりも多くの労働を要求する。しかのみならず、多くの奴隷を有するということは富裕の表象であり、従って名誉とさるべきことなるが故に、彼らは一層多く要求せらるる。われわれはこの点に関して、太平洋沿岸居住部族の一酋長に関する、ケーンの次のごとき報道を引用することができる、すなわち、『その酋長は、巨大な木造の偶像を建設するに当って、五人の奴隷を犠牲に捧げ、その像の下で虐殺し、しかも誇らかに、彼らの間でかくも多くの奴隷を殺し得るものが他にあろうかと豪語した』。またホルムベルグは、トリンキッツの間で貴族たちが享受するところの尊敬は、専らその富に、すなわちその保有する奴隷の数に依存すると言っておる。(1)

(1)　Kane, p. 216; Holmberg, Ip.14.

（四）

以上に挙げた五主要原因は、しかし、それぞれ独立して作用しておるのではない。食物の豊富ということは、当該部族をして固定住居を有し、大集団をなして生活し、食物を貯蔵する等のことを可能ならしむる。もし食物が豊富でなかったならば、商業および産業の大した発達は見られないであろう、あらゆる時間と精力とが専ら食物獲得のために費消し尽くされるであろうから。また定住生活は著しく産業の発達を促進せしめる。もし商業および産業において見るべきものがなかったならば、富は極めて貧弱な状態においてしか存在しないであろう。産業の発達はまた、食物の獲得を更に容易ならしむる。だがニーバーは、『かくのごとく比較的高度に発達せる経済状態の原初的、第一次的原因を何に求むべきかは容易に断定し得べきことでなく、またここにわれわれが研究を要する当面の題目の埒外に属する問題である』としている。

更に注意しなければならないのは、かくのごとき経済状態が、ただに奴隷制度の原因であるばかりでなく、逆にある程度までその結果でもあるということである。商業および産業、『財産および富の発達は、疑いもなく奴隷制度によって著しく促進せらるる。すでに見たごとく、より粗朴な仕事を奴隷に負課することにより、奴隷所有者は彼自身の時間と精力とを、より多く商業および産業に傾倒し得る。まことにパジョットが言うごとく、『閑暇は原始社会にとって非常に重要である、しかして奴隷のみが人々（自由民――辰巳）に閑暇を供し得る』[(1)]のである。更に奴隷の保有が富の蓄積を促進することはほとんど言うを要せず、貿易業者を富ましめる奴隷貿易が、奴隷制度の存在せざるとき、全然成り立ち得ないことも自明である。かくのごとき理由から、われわれは、上来取り扱い来た諸部族の間において、奴隷制度は、経済状態が幾分より低い段階にあった時から、すでに存在しておったに相違ないと結論してもよい筈である。

(1)　Bagehot, W., Physics and politics, p.72

他面太平洋沿岸において、奴隷制度の発達を促進せしめたであろういま一つの事情がある。すなわちこれらの諸部族が幾分同系的な集団を形成しており、かつ互いに密接な交渉を有するということである。そこでわれわれは、彼らのあるものが、自然発生的に奴隷制度を知るにいたるがごとき経済的発達段階に未だ達せずして、その隣族たちへの模倣から奴隷制度を有するにいたったというがごときこともあろうと想像し得る。奴隷制度がかかることを極めて容易ならしむる事実を考慮に入るるならば一層しかりである。勿論ここに問題とする一団の諸部族は、ことごとく完全に同系部族であるとは言い得ないが故に、彼らの高度に発達せる経済生活の描写を、これら諸部族に一律に当てはめることは誤りである。例えばシミルカミームの夏期および冬期住居は、むしろ極めて原始的である。彼らはその食物を大部分狩猟によって得る。彼らの間における商業および産業、財産および富の発達に関する記述は何もない。ただ後にいたって、彼らが馬やその他の家畜を所有せることについて若干の報道に接し得るのみである。[1] またニブラックの語るところによれば、チムシアンはトリンキッツおよび奥地のティンネー人に奴隷を売りつけるが、しかし『この最後の部族は海岸から奴隷の供給を受けるが、世襲的奴隷は全然所有していない』。[2] これ以上の特例を挙げることはできないが、しかしこれら奥地のティンネー人[3]の間では、奴隷制度はまだ萌芽的状態においてしか存在せず、しかも奴隷貿易なかりせば、全然存在しなかったであろうと推論することは誤りでないと言い得る。初期の人類学者たちは、社会制度の模倣および転入の効果を余りに過大に評価しすぎておるが、しかしわれわれはまた他の極端に陥って、それを余りに軽視してもならないと思う。

(1) Allison, Mrs. S. S., Account of the Similkameem Indians of British Columbia, pp.302, 306, 315.
(2) Niblack, p. 252.
(3) ティンネー人（Tinnehs）というのは、カッチンズ、（またはルーシュー）、チェビュイアンズ（またはアタバスカス）、タキュリーズ、アトナス、シミルカミーム等の諸部族の総称であって、最後の三部族が、ニーバーの分類において奴隷所有部族中に入れられている。

（五）

上来見来った諸部族間の奴隷たちに、いかなる仕事が課せられているかということに関し、相当明確な報道が得られるならば、まずかくのごとき報道を検討し、しかる後これらの諸部族の間において、奴隷制度がいかなる地位を占めておるかということにつき、しかるべき結論に到達し得る筈である。しかるにわれわれが利用し得べき人類学的諸報道は、この目的から言って、むしろ極めて不完全である。ただそれにも拘わらず、よし不充分にもせよ、一応この種の若干の報道を検討することにより、われわれは第一に、それらがすでに挙げた奴隷制度の諸原因とどの程度まで一致するかを見ることができ、第二に、われわれがこれらの諸部族の間における奴隷制度の特質をより明瞭に理解し得べき、有用な資料をそれらから引出し得るであろう。

第一、極わずかな例ではあるが、奴隷はその主人の戦時における軍事的勢力を強補するに役立つ。例えばアリューツの奴隷は常にその主人に随伴して、これを守護しなければならぬ（Petroff, L., p.152）。トリキッツの富裕者は、男女奴隷を買い入れるが、これらの奴隷は、主人のため漁業その他の労働を提供することの外に、戦争の際には主人に加勢しなければならぬ（Bancroft, p.108; Niblack, p.252）[1]。チムシアンズの奴隷は、主人が不在の場合にその留守宅を警護する（Boas, p.244）。アーツの奴隷もまた戦争に際して主人に随従し、主人のために戦わなければならぬ（Brown, p.130）。

(1)　ここに戦争の際に主人に加勢しなければならぬというのは、勿論男奴隷のみであろう。

この奴隷の軍事的機能は、われわれが他の機会に見るであろうごとく、若干の牧畜および農業部族の間にも存在する。かくのごとき場合には、社会の産業的方面が、軍事的方面からまだ充分に分化していないのである。トリンキッツ、チムシアンズ、およびアーツの場合には、奴隷の軍事的使役は奴隷貿易に関係あるものと考えることができる、というのは、著しく遠隔の地域から持ち来らされた買得奴隷は、隣族から得た捕獲奴隷のごとく、戦争に役立ち得ない条件を具備していないからである。すなわち後者であると、しばしばその同族なる敵軍に内応し、もしくは敵の陣営に向かって逃脱するおそれが大であるが、前者にはそういうおそれが少ないからである。ところがアリューツについては、捕獲奴隷さえも戦争に用いられているという例が供されている。ペトロフに従えば（p.152）、この部族の奴隷は、多く戦争で捕獲された俘虜やその子供たちだからである。しかしこのことは、われわれが想像するほどに大して不思議とするに足りないようである。この種もしくはこの段階の部族にあっては、敵の俘虜となった人間は、その元の同族から直ぐ忘れられてしまい、或は却って排斥せらるるというがごときことがしばしばあり得るのである。例えば、『モジューヴ人は、一度捕えられて俘虜となると、永久にその同族から見捨てられ、再び帰って来るようなことがあっても、その母でさえこれを相手にしないほどである（Bancroft, p.499）』。自己の部族においてかくのごとき待遇を予期しなければならぬということが、捕獲奴隷をして、むしろこれを敵として主人のために戦わしむるにいたることも、充分あり得る筈である。

第二、奴隷は時とすると、狩猟、漁業および漁業に関係する仕事——例えば舟漕ぎ等——に使役せらるる。ブリチッシュコロンビアのシムプソン岬では、チムシアン族の奴隷中で強健な、優れた猟者は、一人で九枚の毛布、一挺の鉄砲、充分な分量の弾薬、着用に仕立てあげた二枚の鹿皮、煙草、朱色の塗料、鑢（ヤスリ）その他こまごましたものを持ち運ぶということである（Niblack, p.252）。またボーアスに従えば（p.237）、同じチムシアン族の奴隷は小舟を漕いで獲物の海豹（あざらし）を陸に運び、それを料理する。トリンキット族の奴隷も、前に引用したごとく（Bancroft, p.108）、その主人のために漁業に従事しなければならぬ。大同小異のことがヌートカ人についても（Bancroft, p. 188）、アート族についても（Brown, pp.130, 201）報ぜられている。

われわれが前に、純粋狩猟部族を問題とした場合に、一般に狩猟は奴隷の仕事として不適当であると結論した。が、そのことは必ずしも、今われわれが問題としている諸部族の事情と矛盾するものではない。けだし、すでに見たごとく、産業および商業が高度に発達せるこれらの部族の間では、狩猟は必ずしも最も名誉なる職業ではなく、かつその地域において獲物が非常に豊富であるということが、オジブウユーズその他の類似族の間におけるがごとき熟練をほとんど必要としないからである。

第三、ジョン・ジェウィットの時代のアーツ族の奴隷は、丸木舟を作り、家を建てたり、修繕したりしなければならなかった（Brown, p. 130）。このことは、奴隷制度がそこで重要な経済的機能を果たしていたことを明らかにするものである。

第四、奴隷が家内労働に従事することについては、われわれは頻繁に聞く機会を有する。例えばナムシアン族の奴隷は獲った海豹を料理したり、薪を切ったりする（Boas, pp.237, 240）。ヌートカ人の間では、『婦人が冬季使用のために魚や狩猟の獲物を貯蓄できるようにしたり、料理したり、衣類を調整したり、果物や貝類を採取して貯蔵食料を増したりするが、富裕な階級の間では、こういう仕事は大部分奴隷によってなさるる』（Bancroft, pp. 195, 196）。アーツ族の間では、スプロートが語るところのごとく（pp.90, 96）、奴隷は家庭的労役に従事する。高位の人間が転任する場合には、奴隷がまず行って新住居の用意をする。ブラウンのジェウィット物語に従えば、『水汲みとか、薪切りとか、その他各種の労役はことごとく奴隷がする』（pp. 130, 131）等々。

なお一々引用の煩を避けるが、太平洋沿岸居住部族の間において、奴隷がこの種の家内労役に使役されておることに関する報道は甚だ多い。ところで一般にこの種の発展段階の部族にあっては、かくのごとき労役部門が女子の専業に属するものなること、すでに見た通りである。従って、かくのごとき女子専業部門に奴隷が一般的に使役せらるるという事実から、これらの諸部族が他の大多数の狩猟部族とは異なる特殊の生活環境に在るものと推測しなければならない。第一に、ここではかのオーストラリアの諸狩猟部族の間に見るごとき、婦人への蔑視もしくは虐遇はほとんど存しない。そしてその理由は、商業用物資の多くが婦人によって調達せらるることにより、婦人の労働が尊重せられざるを得ぬことによる（引例省略）。

更にまた、婦人の地位が相当高いものであることの原因もあり、またその結果とも目し得べき他の事実がある。それはこれらの諸部族の間において、婦人が商業上の用件に関して重要なる役割を演ずること、少なくとも男子から相談を求めらるることがしばしばあるということである。例えばトリンキッツの間では、『男子がその妻と相談することなくして、商業上の契約を結ぶことは滅多になく』（Bancrodt, p.112; Krause, p. 161）。ヌートカ族の妻女もまた、『商業上の諸要件について必ず相談に与る』（Bancroft, p.161）。バンクロフトはまた同様のことを、ピュージェット海峡附近居住部族およびチヌークスについても言っている（pp.218, 242）。ジェウィットの時代のハイダスの間では、商業取引は主として婦人によって行われ、彼女たちは商業取引の専門家でさえあった（Brown, p.241）。

なお他の諸生活圏において、婦人が相当高い地位を占めていることを示すべき事実が、少なからず人類学者たちによって報ぜられておる（引例省略）。要するに、太平洋沿岸居住の奴隷所有部族の間において、他の一般狩猟部族の間においてと異なり、婦人が極めて高き地位を保持していることは極めて明白である。しかしてかくのごときよき地位を婦人が維持していることの原因は、すでに一言せるごとく、婦人労働の有する重要性にあると見ることができ、更に、彼らの間において、奴隷がかくのごとき婦人の専業部門において多く使役されておることは、正に右の事情の結果であると見ることができる。しかもまた、婦人が産業上においてかくも重要な役割を演じ得る所以は、あたかもわれわれがすでに、これらの諸部族の間において奴隷制度が、存在しかつ発達せることの主要諸原因として挙げたところと一致する。すなわち食物の豊富、定住生活、商業、産業、および富の高度の発達等がこれである。これらの事実は、他の狩猟部族例えばオーストラリア諸部族の生活条諸件と対比することにより、一層明瞭となると思うが、長くなるから他の機会に譲る。とも角も、かくのごとき生活諸条件が婦人の労働に重要性を賦与することを通じて、彼女たちの社会的地位を高め、同時に一方奴隷労働搾取の可能性を賦与し、しかもその使役が多くの婦人の専業領域においてなさるることをも可能ならしむるのである。

（六）

ニーバーの分類における狩猟部族中奴隷を所有するもののうち、大部分は上来見てきた北アメリカ太平洋沿岸に住む諸部族であり、彼らの間に奴隷制度が存在する理由を、すでにほぼ明らかにし得たが、なおこの外に三個の奴隷所有狩猟部族がある。Abipones, Tehuelches, Kamchadales である。

アビポーンズ（中央アメリカの一未開部族）の間においては、奴隷制度の機能はほとんど疑いもなく該部族の強補である。ここでは、奴隷は極めて寛大に遇されている。ドブリゾーファーの言うところに従えば、彼は『その友人によって解放せられ、故郷へ連れ帰られながら、彼らが狩猟や戦争に随伴しなければならぬところのアビボーンズの主人のところへ勝手に再び帰って行く多くの人間を知っている』、『行きたいところへ行く自由、食物の豊富とほとんど何らの辛労なくして得らるる衣類、多くの馬の所有、怠惰と淫逸に耽ることの自由、彼らが享有する無法無罰が、スペイン人の俘虜をしてアビボーンズの間における生活に著しく執着せしめ、彼らは故国に帰って自由民たらんよりは、むしろ俘虜として停まることを喜ぶ』。『アビボーンズは一夫多妻主義であるが、一度に数人の妻をもつということは滅多にない、ところが俘虜はしばしば一人の妻で満足せず、できるだけ多くのスペイン人、インディアン等の婦人俘虜を妻とする』。[1] この部族が俘虜を捕獲する理由は、これを養子とせるかのイロクォイ人および同類の諸部族の間におけると同様であって、ただ一つの相異は、アビボーンズには同族以外の男女に対する性的嫌忌があるらしく、決して俘虜を養子とせず、従って彼らと性的交渉を全然もたないという点である。労働組織としての奴隷制度は、ここには全然存在しない。彼らの経済生活は、北米太平洋沿岸諸部族よりも遥かにその発達が低度である。彼らは全く天然性の物と狩猟の獲物とで生活しておるが、食物は極めて豊富である。ただ彼らの生活様式は頻繁なる移動を必要とし、すべて彼らの旅行は乗馬でなさる。[2]

(1)　Dobrizhoffer, M., Histria de Abiponibus, II pp. 149, 151, 152.

(2)　Ibid., pp. 119, 120.

テューエルチェス（中央アメリカの一未開部族）に関する報道は極めて不充分である。ただフォークナーの報ずるところに従えば、酋長の婦系親族は奴隷を有し、彼女たちの仕事の大部分は、その奴隷たちがなしとげる。[1]

(1)　Falkner, Th., A description of Patagonia, p.126.

カムチャッカにおいては、奴隷は薪を採るとか、犬を飼育するとか、石や骨で斧や小刀を造るとかいうごとき、各種の家内労働に使役されていた。[1] カムテャールズ（カムチャッカ土人）は、生活技術において、太平洋沿岸居住諸部族ほどには進歩していなかった。シュテルラーの語るところに従えば、彼らはただ現在だけを考える。彼らは富裕になろうなどという野心を全然もたない。彼らは、彼ら自身およびその家族の生活に現に必要である以上に働こうとはしない。『彼らが充分だと考えるだけのものを得た場合には、彼らはそれ以上食物を採蒐《さいしゅう》しはしない。魚が陸へ上がって来ても、獣が彼らの住所へはいって来ても、それを捕らえようとさえしない』。しかし、むしろ活発と言えるような商業が彼らによって営まれており、商品は大部分婦人労働の所産である。(2) 彼らはまた定住家屋をもっておる。(3)

(1)　Steller, G. W., Beschreibung von dem Lande Kamtchatka, p. 235 note.
(2)　Ibid., pp. 245, 286, 286 note, 317, 318.
(3)　Ibid., pp. 210 pqq.

太平洋沿岸居住諸部族に関して、われわれはすでにこれらの諸部族が、経済生活の幾分より低い段階にあった時から、すでにある程度の奴隷制度を有しておったであろうと推論したが、上述せるカムチャッカ人の生活状態と、彼らの間に奴隷制度が存在する事実とは、右の推論を強めるに役立つであろう。

われわれが何らか明確な一定の結論に到達するためには、なお七〇の非奴隷所有狩猟部族の生活様式をも能う限り詳細に検討しなければならぬ。事実ニーバーは更に数十頁を費やして、オーストラリア、中南部アメリカの諸狩猟部族およびエスキモーの生活を詳述して、いわゆる交叉実証法（experimentum crucis）を試みている。しかしすでに相当冗長に失する本稿は一応これで打ち切って他の機会を俟つこととする。むしろ読書ノートの域を出でない拙稿をもって、多くの頁を壟断したことにつき大方の寛恕を請う次第である。

――一九三四、一〇、二八

（2）奴隷制度と原始キリスト教

（一）

『キリスト教会は、それ自身の権勢の地位になるもの、もしくは他の組織すなわち国家が教会の支配権を護ることに成功したところでは、その権勢の地位にあるもののためには、一つの支配機関となった。これらの力と戦わんとするものは、また教会と戦わねばならぬ。教会に反抗する争いと共に教会を護る争いも、それ故一つの・・・的事件となった、それに、最も重要な経済的利害が結びついているのである。勿論この状態は、教会の歴史的研究の客観的追及を曖昧にする傾向を甚だしくしたのみで、あらゆる人間の批評を超越してその彼方に立つ教会に対してある神聖なる性質を附与するために、長い間・・・・・をして、いやしくもキリスト教の起源に関しては、いかなる研究をもなすことを禁止せしめて来たのである』。ヨーロッパにおいては、『十八世紀の有産階級の「覚醒」が、遂に、この神聖な御光を永久に処分してしまうことに成功した。その時にいたって始めて、キリスト教の起源の科学的研究は可能となったのである』。とは言え、『不思議にも、凡俗の科学は、十九世紀においてすら、この分野には超然として、それを依然として神学の領域にのみ属するもの、いやしくも科学の関することにあらざるがごとく考えていた』（カウツキー『キリスト教の起源』近藤宗男訳、二一、二二頁）。キリスト教の起源に関する真の科学的な研究は、他の一切のイデオロギー形態と同じく、プロレタリアートの台頭とともに始まり、プロレタリアートの陣営から成し進められなければならなかった。カウツキー自身の右に引用した著書は、彼がその後陥った泥沼の如何に拘らず、何と言ってもこの方面における大きな業蹟と言わなければならぬ。

キリスト教に関する限り、われわれの国においては、事情は著しく異なる。それ（但し旧教）が輸入された当初にあっては当時の・・・・・・によって異端視され、著しく圧迫、迫害されたことは衆知の事実である。それは封建・・・・・・一支柱として役立つどころか、島原一揆に見るごとく、農民と結んで大規模な反乱を以て彼らに酬いさえしたのである。明治維新後キリスト教（この場合は新教）が公然とこの国に輸入されるにいたってからも、それは一面『自由主義の思想と結合していたり、後に小ブルジョア的社会主義の思想的根拠』（永田廣志氏、「明治時代に於ける宗教批判の特質」『歴史科学』十一月号四七頁）となることによって、ある程度の進歩的役割を演じたのであるし、他面絶えず封建的国粋主義の側からの批判排撃の運命にさらされ、それが宗教本来の反動的役割を演じた場合においても、その影響力は大して言うに足るものではなかった（永田氏前掲論文、岡邦雄氏、「イデオロギー史に於けるキリスト新教の地位」――『歴史科学』九月号所載参照）。従って、この国にあっては、キリスト教に対する厳密な科学的批判、その一分野としてのキリスト教の起源の科学的究明も、それが欧米におけるほど重大な意義をもたぬごとくであり、むしろ最近にあっては、それが『物質文明』の本家にして、東洋の『精神文明』と相容れざる国々の宗教であるという理由で、・・・・・・から歓迎される傾向さえあるかも知れない。しかしながら、その創世記をもち、

『神の子』をもち、メシアをもつものひとりキリスト教のみではなく、およそ宗教と名のつくほどのものは、仏教然り、天理教然り、金光教然り、等々である。原始キリスト教の起源に関する科学的究明が、その『創世紀』から、その『神の子』から、そのメシアから、一切の神性を奪い去り、天上を地上に引き下す場合、もし、仏教、金光教等々の徒が、キリスト教の殿堂のみが焼かれている対岸の火災だと考えるならば、それは大きな誤算でなくてはならない。

（二）

「アウグスツスによる皇帝の権威と諸民族の移動との間に横たわる四世紀間に、キリスト教は形成された、古代の世界の到達した最高極点を以て、少数の手中における富と権力との最も巨大でまた最も陶酔せしめる集積を以て、奴隷や零落した農民か手工業者や最下の無産階級の上の最大の不幸の無限の堆積を以て、最も激烈な・・・・・・と最も残酷な・・・・・・とを以て始まり、しかして全社会組織の完全な貧困と自暴自棄とで以て終わったところの、その時代において、すべてこれらの諸条件は、キリスト教にその印を残し、その形の上にその痕跡を留めた」（カウツキー前掲書、一〇五頁、傍点辰巳）。われわれはキリスト教発生の明確な一定時期を指摘する必要はない、そういうことは不可能でもある。それは数百年にわたって、徐々に『形成された』ものだからである。大体においてわれわれは、その形成過程の最初期を一般に信じられている時代にまで、すなわちほぼ西暦紀元前後にまで遡ってよいであろう。エンゲルスも『ノイエ・ツアイト』第十三巻（一八九四―九四）に載せた論文『原始キリスト教史考』の中で、『新訳聖書のうちでその作成年代を僅かな月数を除けば確定し得る唯一の篇』として、『紀元六七年の六月から六八年の一月もしくは四月までの間に書かれたものに相違ない』ところの、『所謂ヨハネの黙示録』を指摘している。（邦訳岩波文庫版一九頁）

ローマの歴史、ローマの世界は、奴隷制度を抜きにして理解することを得ない。軍国ローマの赫々たる征服事業や大小の英雄の華々しい活躍の記述に大部分の頁を費やしている編年史家たちも、なお僅かにもせよ奴隷制度に触れざるを得ず、前後二回のシチリー島の奴隷の反乱や、スパルタクスのことを、いやいやながらも無視するわけには行かないのである。事実奴隷制度の消長こそは、ローマ帝国の存続興廃の原動力であったのである。エンゲルスは前掲論文の冒頭において、『原始キリスト教の歴史は、近代の労働者運動との著しい接触点を示している。後者と等しく、キリスト教も本来被圧迫者の運動であった。すなわちキリスト教は、最初は、奴隷と被解放奴隷との、貧民と公権被剝奪者との、ローマによって圧服せられまたは散乱せしめられた諸民族の宗教として出現したのである』（八頁）と述べており、カウツキーもまた前掲書において、随所に同じ見解を示している。特に後者は、『キリスト教にその印を残し、その形の上にその痕跡を留めた』諸条件を説述するに当って、『奴隷経済』の一章を設けて、約五十頁（邦訳にて）をそのために割いている。

われわれはしかし、ここでローマの奴隷制度の全般について述べている余裕もなく、またその必要もない。ただイングラムからの、次の一二の引用だけを以てしても、ほぼローマにおける奴隷制度の規模、したがってその社会的重味をうかがうに充分であろう。『奴隷たちは古ローマのイタリア諸隣族に対する勝利によっても得られたが、この時代の小領地においては大して多くの数は使用されなかった。しかるに貴族の所領地域の増大、および征服範囲の拡大のために余儀なくされたる市民の絶えざる不在は、必然的に奴隷労働に対する需要を伴い、しかも一方戦争で捕獲された俘虜により、それは益々多く供給せられた。共和制末期および帝政の最初の世紀〔この時代こそキリスト教の起源に近く接する時代なることを想起せよ――辰巳〕から得られる二三の事項は、この種の供給源から得られた奴隷の数に関して何らかの概念を供するであろう。すなわち、エーミリウス・パウルスの戦勝後、十五万人の奴隷がエピルスにおいて売却された。アクエー・セクスチェーおよびヴェルチェレーにおける俘虜は、九万人のチェートン人と六万人のキムブリ人であった。ケーザルはガリアにおいて、ただ一回に六万三千人の俘虜を売却した。アウグスツスはサラッシにおいて四万四千人を俘虜とした。飢饉と虐待により、また決闘場《アナ》の剣闘において非常に多くのものが死滅した後、九万七千人がユダヤ征伐によって得られた』（イングラム、『奴隷制度史』、拙訳二九、三〇頁）。かくのごとき戦争により尨大な数の奴隷の供給のほか、イングラムはなお、『「組織的に行われた人間狩」に基礎を置く奴隷商業が樹立せられた』ことを述べ、また海賊たちが、『非常に多くの奴隷を、この種の商品の主要市場であったデロスにおいて売却した』ことにも言及している（同上三〇頁）。個々の奴隷所有者は、それぞれいかほどの奴隷を所有していたか、これについてイングラムは、ヴエチウスが第二回奴隷戦争の序幕であった暴動に投じた際、彼自身の奴隷四百人に武装させたこと、『憤激せる庶民階級の暴動の恐れがあったに拘らず、主人が殺害されたときに、その主人と同じ家に住んでおったという理由で、悉く殺戮されたペダニウス・セクンズスの奴隷はその数四百人もあった』こと、プリニーの語るところによれば、アウグスツス時代の一被放民ケーチリウスが、遺言によって四百十一人もの多くを譲られたということ、等の事例を以て、その一斑を知るよすがとしている（同上三三―四頁）。またローマにおける、またはイタリアにおける奴隷の総数について明確な数字を引き出すことは非常に困難、否むしろ不可能事に属するが、イングラムはこの問題について次のごとく言っている、『ギボンはクラウヂウスの治世におけるローマ帝国内に、少なくとも自由民と同じほどの数の奴隷がいたと想像している。しかしブレーアが、この数はもっと古い時代については当たっているかも知れないが、その指定する時代に関しては甚だしく真理に遠いと信じているのは正しいようである。彼は自由民に対する奴隷の割合を、ギリシャ征服（前一四六年）からアレキサンドル・セヴエルスの治世（後二二二―二三五年）にいたるまでの時代を通じて、一対三と決めている。結局イタリアにおける奴隷の総数は、クラウヂウスの時代において二千八十三万三千、これに対して、自由民の人口は六百九十四万四千位であったであろう』（同上三四頁）。

(1)　同様のことをカウツキーもまた述べている。すなわち、『かくてローマとマケドニアとの第三回の戦争では、紀元前一六九年エピルスにおいて七十の都市がただ一日のうちに劫掠（ごうりゃく）され、その住民十五万は奴隷として売られたのである』（前掲書六五頁）。

こういう奴隷たちに、しからば、どういう仕事が課されていたか。彼らが生産において演じた役割はどんなものであったか。『われわれはまず、モンゼンの所謂「古い、ある程度まで罪のない」奴隷制度と、ローマにおける後代の奴隷制度とを区別しなければならぬ。前者の下にあっては、農民は彼自身奴隷と共に土地を耕し、あるいは彼自身管理し得ないほど多くの土地を所有する場合には、奴隷を――管理人として、またはその生産物の一定割合を提供しなければならなかったところの一種の借地人として――分離せる農場におらしめた』（イングラム前掲書二九頁）。われわれがいま問題にしている時代にあっては、事情は著しく異なる。ローマは公奴隷（Servi Publici）と私奴隷（Servi Privati）とがあった。官公衛の仕事は、はじめ自由民の手中にあったが、裁判所、監獄、寺院等の下級の役目は後には奴隷によって充たされた。道路の開設、下水道の掃除、水路の管理等のごとき公事業の遂行もまた大部分彼らに委せられるようになった。しかし、生産において決定的な役割を演じたのは、むしろ私奴隷であった。富裕なローマ人の私奴隷は、普通田園奴隷（famicia rustica）と都市奴隷（familia urbana）の二種に分かれていた。田園奴隷は。ヴイリクスという奴隷頭（彼自身もまた奴隷）の監督の下に、土地の耕作、牛馬羊等の家畜の飼育等各方面に使役される数個の集団に分けられており、その他家族全員のための食料、衣類、道具等を調達するもの、建物の修理、各種の野外運動に主人に侍従するもの等があった。生産において、最も重要な意義をもっていたのはこの種の奴隷であろう。都市奴隷は大体において、各種の消費生活、享楽生活の具であったと言ってよい。ただこの種の奴隷の中に剣闘士（gradiators）のあったことを記憶しなければならぬ。彼らは大体闘犬。闘鶏のような役割を演じさせられたものと理解すればよい。ローマの貴族は、彼らを『飼育』して、ちょうど封建時代の日本の大名の御前試合のようなことを始終やらせた。ただそこでは、いずれか一方の生命が断たれるまで戦わせたことだけが違う。剣闘士の多くはまた、投機業者たちに所有されて、賃貸の用に供せられもした。スパルタクスは、実にこういう剣闘士の一人だったのである。

(三)

奴隷が一般にどんな待遇を受けていたかということは、彼らが『半ばもの言う道具』（家畜）と共に、『もの言う道具』と呼ばれていたことが、充分明瞭に示している。生殺与奪の権が奴隷所有主によって握られていたことは勿論である。奴隷が比較的好遇されたり、重要な仕事を与えられたりしたあれこれの例を、歴史家はしばしば挙げているが（例えばイングラム前掲書四七頁以下参照）、これらは比較的後代の、ローマの征服事業が一定の限界に達して、奴隷を得ることが次第に困難となった時代のことであり、しかも全体から見て殆んど言うに足らぬ例外にすぎなかった。われわれが今問題としている時代において、奴隷がいかに酷使虐遇されたかは、次の二三の事例から充分推測することができる。ペダニウス・セクンヅスの所有奴隷四百人が一度に殺戮されたことはすでに見た。ヴェヂウス・ポリオが、ほんの些細な過失のためにすら、奴隷を養魚池のやつめうなぎに餌として投げ与えることを以って罰したことは、しばしば引用される話しである。[(1)]頸環（columaria）や鎖が用いられたことは勿論である。イングラムは『リヴイア家その他の大家族の頸環』の数を以って、その所有奴隷数推測の一準拠としている（前掲書三三―四頁）。鎖は農園あるいは仕事場で労働に従事中の奴隷を繋縛したばかりでなく、彼らの夜間就眠の場所たるエルガスツルム（地下室）の内においてさえ解かれなかった。逃走防止の手段として、奴隷の額に烙印することも珍しくはなかった。大道徳家として伝えられるカトーでさえ、『奴隷は働かせて置くか、眠らせて置くか』すべきことを教え、また『老齢もしくは疾病のため役に立たない奴隷を、老牛あるいは病牛のごとく処置する』の賢明なるべきを説いた。チベール河の川中島なる、エースクラピウスの祠のほとりは、こういう老奴隷または病奴隷の捨て場所の一つであった。奴隷の酷使虐遇の程度が、征服事業が盛んに行われ、俘虜の奴隷化によるその供給が豊富であった程度に比例したことは推測に難くない。されば、奴隷の側からの大規模な反乱が、特に共和制末期において頻繁であったのは偶然でない。

⑴　イングラム、四八―九頁、カウツキー、八一頁。

⑵　奴隷制度と原始キリスト教

ユーメネス二世の子、アリストニコスの小アジアにおける反乱（前一三一―一二九）は彼が奴隷解放者として、反抗に燃える奴隷大衆を味方とするにいたって、急激にその勢力を増大し、しばしばローマ軍を粉砕した。ほぼ同じ頃、ギリシャのデロスの大奴隷市場と、アッチカの銀山とで、大軍隊の派遣によって鎮圧されなければならなかったほどの、奴隷の暴動が勃発した。シチリー島における有名な奴隷戦争の第一回もこの頃（前一三四―一三二）のことであった。征服によって得られる多数の奴隷と広大な地域とは、当然のこととして、一般に極く少数の有力な軍事的指導者――貴族の手に集中した。大農場すなわちいわゆるラチフンヂアが、かくしていたるところに出現した。わけても、『ローマの穀物倉』であったシチリー島において、その代表的なものが見られた。マックス・ベーアはその著『古代の社会闘争』の中で『穀物倉において、その穀物の耕作者たる、無数の奴隷が、最小限度に生命を支えるに足る食料さえ与えられずに、餓えて死んで行った』事実を述べている（あいにくいま私の手許に同書が見つからぬため引用不可能――辰巳）。第一回シチリー島奴隷戦争は、シリアの予言者ユーヌスに、後にはシチリー島人クレオンによって指導された。両者とも当時自らそこで奴隷の境遇に置かれていたのである。彼らの主たる武器は、あらゆる種類の農具であった。しかも相次いで派遣されたローマの正規軍は、この武装の貧しい『烏合の集団』を如何ともし得なかった。モンゼンは、ローマの将軍ピソとルビリウスとが、『武力によってよりも、むしろ飢餓を以って、辛うじてこれを鎮圧した』と言っている。この結果ルピリウスは、約二万人の反乱奴隷を十字架に晒したと、同じ著者は書いている。第二回シチリー島奴隷戦争（前一〇四―二年）は、シリア人トリフオンとキリキア人アテニオンとによって指導された。ローマ軍は第一回同様、あしかけ三年に亘る悪戦苦闘の後、辛うじてこれを鎮圧することができた。しかし、何と言っても、軍国ローマ存亡の危機を以って震撼させたのは、スパルタクスによって率いられた奴隷の大反乱であった。彼は元トラキアの高貴な身分の出であったと伝えられている。ローマ軍のために俘虜となり、奴隷に貶められ、カプアにて剣闘士たらしめられていた。マルクスがエンゲルスに当てた一書簡の中で、彼の人物を非常に高く評価していたやに思う（いま筆者の手許に引用の用意なし）……紀元前七三年、スパルタクスは七〇余名の仲間と共に鎖を断って逃走し、当時休火山であったヴェスヴィウスに拠り、パルチザン式戦術を以ってローマ軍を悩ましつつ、見る見るその傘下に投じた奴隷たちを以って、強大な勢力を築き上げて行った。ローマの正規軍は常に、いたるところで、みじめに打ち破られた。かくて、一時イタリア半島の半ば以上が、奴隷によって占領されたが、紀元前七一年、この偉大なる指導者の戦死と共に、さすがの奴隷軍も壊滅した。以上われわれは特に有名な奴隷戦争だけを挙げたのであるが、より部分的な、より小規模な奴隷一揆にいたっては、ローマのあらゆる領域に亘り、これらの時代を通じて殆んど絶えることがなかった。

註　これらの奴隷の反乱については、テオドル・モンゼンの『ローマ史』（筆者の手許にあるのはエヴリマンス・ライヴラリー版の英訳）第三巻五二頁以下、七六頁以下、一三一頁以下、第四巻七九頁以下。イングラム、三九―四二頁。カウツキー、八六―九〇頁 M. Beer'Social Struggles in Antiquity 等参照。種々の意味において興味あるローマの奴隷闘争については、ここでは詳しく書く余裕がない。他日私はこの題目についてもっと詳しく書く機会を持ちたいと思っている。

エンゲルスは、さきに引用したごとく、キリスト教が『最初は、奴隷と被解放奴隷との、貧民と公権被剥奪者との、ローマによって圧服されまたは散乱させられた諸民族の宗教として出現したのである』と規定しながら、『けれども、このキリスト教は、それは歴史的予備条件から言ってどうしてもそうでしかあり得なかったのであるが、社会的変革をこの世でではなくむしろあの世で、天国で、死後の永遠の生活で、すぐそこにおし迫っている「一千至福年国」で実現しようとしたのである』、と言っている」（エンゲルス前掲書九頁）。奴隷大衆の関する限り、彼らは、はじめから現世における解放に絶望して、彼岸に安住の地を求めるというキリスト教的なイデオロギーをもっていたのではなかった。われわれが右に見たごとく、大規模な奴隷の反乱が頻繁に勃発したことは、何よりも明らかにこの事実を示すものと言える。彼らは単に、所有主の鞭と鎖とから自らを解き放そうとしたばかりではない、例えばアリストニコスやスパルタクスの場合にあっては、奴隷たち自身による搾取なき社会の現世における建設への健実なるプログラムが樹てられ、ある程度までそれが実現されていたことが伝えられている。(1) 当時彼らの大部分は、トラキア、シリア、ガリア等々における、ギリシャ、エジプト、小アジア等々における、自由にして溌溂な原始共産部族としての生活から、勇敢な武人としての、ローマ人に比して遥か先に進んでいた文化人としての、等々の生活から、戦敗のために、一朝にして鎖で繋がれ、首環を嵌められ、『物言う道具』として鞭でこき使われる境遇に陥らされていたのである。彼らの間から、『現世における解放』のために、なお自信を失わない有能な指導者が現れたこと、彼らの反乱がしばしば奴隷所有者達を震撼させ得たことは怪しむに足りないのである。そういう運動が、究極において失敗に終わった理由は、種々の方面から説明されなければならぬが、ここでその点に触れている余裕がない。

(1)　アリストニコスがここかしこに建設したHeliopolis（大陽都市）は、一種の××都市であったと伝えられ、またスパルタクスがローマの支配機構を決定的に粉砕することなくして、建設事業に力を割いたことが、彼の失敗の一原因だとも見られている（マックス・ベーア前掲書参照）。

奴隷は、彼が奴隷であることが永ければ永いほど、『奴隷らしく』なる。現世における自己解放のための幾たびもの反乱が失敗に帰した後、無数の同僚がそのために大量的に屠殺された後、勇敢にして有能な指導者を失って後、もし彼らがその出自において自由なものであったにしたところで、精も根も尽き果てた挙句、卑屈極まる奴隷魂の持主に成り下がるのは当然である。われわれはなおその外に、生まれながらの奴隷たちも考慮しなければならぬ。征服事業が盛んに行われ、奴隷の供給が豊かであった間は、奴隷に子を産ませることは愚策であった。『一般に、労働年齢に達するまで奴隷を飼育するよりも、これを購う方が安価であった』（イングラム前掲書十二頁）。征服事業が行き詰まり、俘虜の奴隷化が減少して行くに従って、事情は異なって来た。奴隷の繁殖策が日程に上った。『コルメラは、出生から得られる利益を男女奴隷の結合に対する充分なる動機であるとなし、且つ母たちの生殖力は労働の軽減または解放を以ってすら酬いられるべきであると考えた。ヴアルロは、善行および忠実の保証として結婚を許すことを勧告した』（同上三七頁）かくて帝政の初期以来、奴隷は大部分新鮮な被征服者によってよりも、むしろ最も『奴隷らしい』要素によって構成されるにいたった。彼らの現状に対する不平不満は、意識してにせよせずにせよ、勿論なくなる筈はなかった。しかし彼らにはもはや、現世においてその悲境を脱する望みは消失した。キリスト教をして、『社会的変革をこの世でではなくむしろあの世で、天国で、死後の永遠の生活で、すぐそこにおし迫っている「一千至福年国」で、実現しようと』望ませたところの『歴史的予備条件』を、奴隷の関する限り、われわれはこういう事情に見出してよいと思う。

（四）

　奴隷制度の最盛時において、ローマの人口がほぼ奴隷の三に対し自由民一の割合であったと言われていること、すでに見た通りである。しかし自由民の各々が三名宛て位の奴隷を所有するというような状態でなかったことは、あれこれの有力者が一人で幾百人の奴隷を所有していた事実から容易に首肯できる筈である。むしろ自由民の大多数は少数の貴族――大地主から土地を奪われ、無数の奴隷から職業を奪われ、征戦に率き廻される憐れな無所有平民であった。こういう平民《プレブス》の貴族《パトリキ》に対する反抗は、すでに紀元前四九〇年代に、しばしば現れている（モンゼン前掲書第一巻二六四頁以下参照）。『敵軍の侵入または彼ら自身軍役に従って不在であったために損失を蒙ったもの（平民）が、高利に圧倒されて債権者（貴族）の奴隷たらしめられたということは、かの聖山（Mons Saser）の暴動――前四九三年――を誘致した』と、イングラムも書いている（前掲書三一―二頁）。平民の窮状が征服事業の発展とともに益々甚だしくなって行ったことは言うまでもない。殊にラチフンヂアにおける、奴隷労働による大規模農業の出現は、その大部分が小自作農もしくは小作農であった平民自由民に対して、決定的な打撃を与えた。グラックス兄弟の改革運動（兄チベリウス・グラックスの場合は紀元前一三三―二年、弟イウス・グラックスのは同一二二―一年）カティリナの『陰謀』（前六四―二年）等のごときは、かくのごとき平民大衆の、窮境打開のための積極的行動の代表的な例であった。チベリウス・グラックスはその演説の中で、『イタリアの野獣は、憩い得る穴や巣を有するが、イタリアを偉大ならしめるために苦しみかつ死するものは、ただ光と空気を有するにすぎぬ、これらは彼らから奪うことができないからだ。家もなく、宿もなくその妻子とともに彼らはさまよう…．彼らは自分のものと呼ぶべき一片の土地もなくして「世界の覇者」だと言われている』(1)と、述べたと伝えられており、教科書的歴史家にすぎぬマイヤースでさえも、当時の情勢の一端を次のごとく述べている。『・・・・これらの公有地（従前は自由小農民が収穫の一定部分を国家に納めて耕していたもの――辰巳）の大部分は富めるものの手に帰した。彼らのみが家畜や奴隷や新しい土地を手に入れる資本をもっていたからだ。かくて彼らのみが土地の占有者となった。小農民はまたいたるところで、奴隷労働との不利な競争のために没落して行った。彼らの僅かばかりの所有地は、購買により、詐欺により、あるいは露骨な掠契によってさえ、大地主の手に移って行った。紀元前一世紀の初頭頃、イタリアの土地の大部分は、二千人足らずのものによって所有されていたと言われている。かくて・・・ローマの人民は二つの階級に――富者と貧民、所有者と無所有者とに分かれておった』(Myers, General History, P.182) 没落した自由農民は滔々として都市に流れ込んだ。しかしそこでも一切の仕事は奴隷によって充たされており、彼らの生活を健実ならしむべき職業は何も見出されなかった。われわれは、ブルーツスに煽動されてケーザルの暗殺に賛同したローマの市民が、たちまちアントニウスの雄弁に追随してブルーツスを追い払ったことに関する、かのシエクスピアの優れた描写を想起することができる。かくのごときがローマ市民の、平民自由民の生活特徴であったのだ。彼らは政府の救恤《きゅうじゅつ》と政治的野心家の買収による以外生活の方法をもたなかった。イングラムは彼らを、近代アメリカの『浮浪白人』にたとえ、カウツキーその他は彼らを資本主義社会のルムペン・プロレタリアと同類視している。同様の運命が解放されたる奴隷、すなわち被解放民を待っていたことは勿論である。本来の自由民だけですでに生活の途を失っている場所に、新来の自由民に割り込む余地のある筈がないからである。

(1)　カウツキーは、チベリウス・グラックスのこの言葉と、キリストが自らのことを言ったものとして聖書に伝えられている言葉『狐には穴あり天空の鳥には巣あり、されど人の子には枕するところなし』との相似について注意を喚起している。
グラックス兄弟およびカチリナの事跡については、モンゼン前掲書第三巻八四頁以下、同一〇一頁以下、同書第四巻一五四頁以下に詳し。

人口の最も多くを占める生産階級――奴隷階級が益々『奴隷らしく』なって行き、これにつぐ平民自由民が全く社会的存在理由を持たないルムペン・プロレタリア化して行ったところの――彼らの上に立つ少数支配階級の腐敗堕落は言うまでもない――帝政の初期は、すでにあらゆる階級にとって世紀末であった。帝政以後のローマの歴史を詳細に書いたエドツード・ギボンが、その大著『ローマ衰亡史』("The **Decline and Fall of the** Roman Empire" という以外の書名を与え得なかったのは、まことに当然のことである。これこそ実に、『相争う諸階級の共倒れに終わった』ところの過程に外ならない。現世においては何一つの希望も見通しももたず、ただその解放を彼岸にのみ見出さざるを得ぬような、絶望的な生活条件は、かくて奴隷階級のみでなく、また大多数の貧民自由民をも支配していたのである。
イングラムは、ローマにおいても奴隷制度が、『ユーヴェナル、マルチアル、ペトロニウス等の諸著述において見られるごとく、私生活を汚せる幾多の不純に、著しく寄与すること』を疑わない。『それは放縦、虚飾、密通等を便利ならしめかつ奨励することによって、青年たちを甚だしく腐敗に導いたに相違ない。子供たちの教師は、しばしば無価値なる奴隷であって、お諂(へつら)いとなり、かつかくて結局、青年たちの腹心や助力者となり、また彼らの放蕩のお太鼓持ちとなった。しかも同時に、ある種の無価値なる奉仕は、彼らの主人たちの上に不当なる影響を与え、他のものたちが彼の好色の無保護なる食餌となった。ホラチウスが主人の野獣的衝動に対する奴隷の服従について語っているところの光景は聞くも怖ろしきものである』（イングラム前掲書、四三頁）。しかしながら、否むしろ×××の状態がかくのごとくなるが故にこそ、彼らの中の若干の『賢明』な人間で、自己階級の現世における前途に光明を失って、同様にキリスト教を支配したようなイデオロギーをもつものがないではなかった。『彼（セネカ）は、テルツリアンが彼のことを「しばしば我らの友なるセネカ」と語ったほど、キリスト教精神との相似性を示した。彼は聖ポールと親戚関係にあったという伝説があったが、しかしそれは二三の信じがたき書信の外何の典拠もない。またトロプロングその他は――何ら正当な根拠はないようであるが、――彼の書いたものの中の多くのキリスト教的調子から、彼が聖書中の或ものを読んでそれによって影響されたのだと推論した』（イングラム、四八頁）。カウツキーもまたセネカとキリスト教との関係について、次のごとく言っている。『……その外またセネカと新約聖書とに共通する多数の用語法が存在する。そこで人はこう結論した。すなわちセネカはキリスト教の典拠から汲み取って来たと。それどころか彼はキリストのような人だったのだと。後の仮定はキリスト教的妄想の産物である。前の方の仮定については次のことが注意されるべきだ。すなわちセネカの著書は、新約聖書の諸々の篇のずっと以前に書き下ろされたものであるということを、従ってセネカがキリスト教徒から剽窃したのでキリスト教徒がセネカから剽窃したのではないと信ずるのは、一種のキリスト教的偏見である。もしそのいずれでもないなら、当時一般の人口に膾炙（かいしゃ）した用語法を、各自独立に使用したのである』（カウツキー『キリスト教の成立』邦訳0岩波文庫、版六七頁註）。

(五)

われわれにはなおローマ人によって征服された地方、就中キリスト教の発祥の地とされているユダヤの住民の生活状態に関する問題が残されている。少し大胆な仮説であるかも知れないが、私は、われわれのキリスト教の起源に関する宗教批判的な研究において、、いわゆる『発祥地』の特殊事情に余り重点を置くことは、警戒しなければならぬ大きな危険ではないかと思う。ユダヤの歴史的事情の研究は、勢いわれわれを旧約聖書内に盛られている諸々の伝説のラビリンスの中に導入することになるのであるが、そのことの危険性もさることながら、われわれにとっては『キリストがそこで生まれた』と言われているところの『キリスト教がそこで発生した』と言われているところの、その『ユダヤという一地点』に特殊の重要性を認めようとする態度こそが、不知不識の間に、神学的、教会史的方法の俘虜になっているのだという意味で、批判されなければならぬのではないかと私は思う。カウツキーは彼の著書の第三篇全部（邦訳にて約二百頁）を『ユダヤ民族に』割いているが私は彼の方法に幾多の疑惑を抱かざるを得ない。かくいうことは勿論、『神学的、教会史的に』、キリスト教の起源について、第一義的重要性が主張されているところの、ユダヤの特殊事情を無視してよいという意味では決してない。われわれにとっては、キリスト教が、『ユダヤの国において、キリストなる人物により生み出された』ことが重要なのではなく、ローマの世界において、一定の歴史的時期に、それが成育し伝搬した社会的根拠こそが問題なのである。しかし私は、ここでこの問題に多くを費やす余裕がないから、他の機会に待つこととする。そして、ユダヤの住民に関しては、帝政ローマの支配下において、他の被征服地域は勿論、一般にローマ世界の住民と、本質的に異なった生活状態に置かれていたわけではないということを述べるに止める。われわれが上来見てきた奴隷制度とそれが各階級の生活を特徴づけた事情は、主としてイタリアにおける事情を基準としたものではあるが、これは大体において、ローマ世界一般におし及ぼし得るのである。ただユダヤその他の被征服地域にあっては、住民の大衆は、更にその上征服される民族としての抑圧の加重下にあったことを特記すべきであろう。

　われわれにはまた、エンゲルスが、カウツキーもまた、試みたように、キリスト教の個々の教理を分析して、後世におけるその甚だしき歪曲にも拘わらず、原始キリスト教のもっていた『奴隷と被解放奴隷との、貧民と公権被剝奪者との、ローマによって圧服させられたまたは散乱させられた諸民族の宗教』としての諸特質を暴露することを、およびそれと奴隷制度との連繫を、より具体的に究明することが残されている。しかしかくのごときは、こういう小論文の到底尽くし得るところではない。この点についても、私はまた他の機会に期待する。かくて私のこの小論は、こういう方法による宗教批判の、一つの試みたるにすぎぬのである。（一九三四、一一、二〇）

(3) アジアの後進諸部族の間における奴隷制度(一)

はしがき

世界に現存する未開諸部族の社会生活の諸様式中には、それ自身として、文明人にとって、幾多の甚だ興味深いものがある。だが更に、われわれはこれらのもののなかから、いわゆるリッツン・ヒトリーによっては達し得ないところの、人類の原始時代の生活諸様式の究明のために、科学的価値の大なる諸資料を引き出すことができる。ここでは、これら現存未開諸部族中、その考察範囲を特に、本誌の名に因んで、中国の辺境もしくはそれに近き地域に居住する後進諸部族に限り、更に彼らの社会生活の諸様式中、特に奴隷制度の有無を、鳥瞰的に検討することに限ることとする。

大体考察の順序をインドシナ半島にはじめ、インド、中央アジア、シベリア、およびコーカサスの諸部族を検討し更にマレー諸島、太平洋諸島にも及びたいと思う。

ここで、それぞれの部族が奴隷制度を有するか否かを判定する根拠を、われわれは相当権威を認め得べき人類学者たち、人種誌家たちの記述報道に求むる外ないわけであるが、かくのごとき記述報道において用いられている『奴隷』もしくは『奴隷制度』なる語が、果して科学的に正しい内容を有するものであるか否かは、慎重に吟味する必要がある。さしずめわれわれは、諸学者の見解が大体一致すると思わるるところの定義、すなわち、『奴隷とは、他の人間の財産または所有物であり、その人間のために働くことを強制せられている一人間』である、従って『奴隷制度』とは、かくのごとき意味において、『ある人間が他の人間の財産または所有物であるという事実だ』との、H・J・ニーバーの定義を準拠とすることとする。

更に、われわれが利用し得べき人類学者や人種誌家たちの諸報道ないし諸記述は、必ずしも最新のものたり得るものではない。むしろその多くは前世紀の後半に属する。従って彼らの観察当時において奴隷制度を有した部族といえども、その後の文明諸国人との接触により、現時においては、すでにこれを廃止しているものもあり得るであろう。しかしわれわれの科学的研究の目的からは、かくのごときは大して重要な問題でなく、むしろ彼らが文明国人によって発見された当時の、自生的状態にこそ、より多くの科学的意義を認め得る筈である。

最後に、この研究においては、アジアの後進諸部族の一切を網羅するに努めたのであるが、あるいは利用し得たる人類学的諸文献において逸し去られているものもあるかも知れず、また然らざる場合といえども、奴隷制度の有無が明確ならざるの故に、ことさら考慮の外に置いたものもないわけではない。従って、更に他日の研究によって補わなければならぬ点の多々あること勿論である。

一 インドシナ半島

H・J・ニーバーはその著『産業組織としての奴隷制度』のなかで、現存世界の未開諸部族を、その生産様式の特質から区別して、狩猟〔および漁労〕部族、遊牧部族、農業部族の三種に分かち、最後の農業部族を、更に、農業の第一段階に属するもの、同じく第二段階に属するもの、および第三段階に属するものに三分している。農業の第一段階に属するものにあっては、農業を営んではいるが、それはなおその生活において従属的な地位しか占めず、大部分他の資源、すなわち、狩猟、漁労、もしくは野生植物の採取に依存している。第二段階にある農業部族は、かなりの程度に農業を営むといえども、なお全く狩猟その他の補助なくしては生活し得ない程度のものであり、第三すなわち最高段階の農業部族は、農業を主たる生産様式とし、よし狩猟その他を兼ね営むにしても、それは、それなくても全体生活に大した影響を蒙ることなきほどに従属的な地位しか占めていない。(Nieboer, H. J., Slavery as an Industrial System. pp. 175–9)

ところで、われわれがいま問題としているインドシナ半島には、人類学者たちの報道に依拠する限り、約十の未開部族を数え得るが、そのうち半ば以上は農業部族であり、そのうち更に農業の第二段階に属する部族が最も多い。すなわち下部ビルマのペギューの山地や南部ビルマに住んでいるカーキエン人（Kakhyens）、北部シャム、東部ビルマ、および安南にまたがって住んでいるシャン人（Shan）、西北部英領インドのラジピュタナ地方に住むローワ人（Lawas）、北部アラカンの丘陵地帯に住む一群の諸部族等は、第二段階に属する農業部族であり、上部ビルマのチングポウ人（Chingpaws, Sing~phos or Kachins）は第三段階の農業部族である程度まで商業を知っておる。これに反してアンダマン人（Andamanese, アンダマン諸島に住む未開人）およびニコバル人（Nicobarese, ニコバル諸島の土民）は狩猟部族であり、ただ後者の一部に農業の第一段階に達するものがあるにすぎない。しかして、後に見るがごとく、奴隷制度の存在するのは、古の農業諸部族の間においてであり、狩猟部族であるアンダマン人ニコバル人等の間には存在しないという事実は、人類史学的見地から甚だ興味あることである。すなわち、社会の如何なる発展段階において、奴隷制度が発生し、存在し得るかに関して、諸権威の見解の一致するところに従えば、それは、社会の生産力が、人類のある部分がその労働の生産物をもって、彼ら自身のぎりぎり一ぱいの生活を支えて、なおある程度の余剰を残し、この余剰を以て他の部分を養いもしくはその労働を軽減し得るほどに発達している場合であり、定住生活、村落生活が一般化してからであり、そしてそれは農業が主たる生産領域、生存手段たるにいたった段階においてである。インドシナ半島における奴隷制度の分布状態は、あたかもこの見解を実証するもののごとくである。

さて右に見た第二段階の農業諸部族、すなわちカーキエン人、シャン人、ローワ人、および北部アラカンの丘陵地帯に住む一群の諸部族が、疑いもなく奴隷を有する、もしくは少なくともかつて有したという事実は、次の諸権威の明らかにするところである。

第一のカーキエン人に関しては、一八八五年に書かれたる Colquhomn, Among the Shanns, p. 189; 一八九七年二月の Fortnightly Review に発表されたる Harper Parker. E, THeBurmo-Chinese Frontier and the Kakhyen tribes, pp. 88, 100.

第二のシャン人に関しては、同じく Colquhoun, pp. 189, 258.

第三および第四のローワ人並びに北部アラカンの丘陵諸部族に関しては、John, R. St., Accont of the Hill tribes of North Aracan. J. A. J. II (1897), pp. 240 242; Lewin, Th., Wild races of South Eastern India (1870), p.85

なおコルフーン（Coluquhoun）は前掲書において、レスタ人（Lethtas）およびステーン人（Steins）に言及して、前者には奴隷制度は存在せずとなし（p. 77）、後者は、犠牲に供するために奴隷を捕えると言っている（p. 155）。これ以上詳細な記述がないから、われわれはここで奴隷という言葉が、その本来の意味で用いられているのか、あるいは犠牲に供されるために捕らえられた俘虜のことを奴隷と呼んでいるのが明瞭でない。

フランシス・メースン（Francis Mason）は、キャリーン人（Karens）について次のごとく語っている。『戦争の際、彼らは老若男女の差別なく敵を殺してしまう・・・・軍事的首領は俘虜たちをかなりの間保有し、もし俘虜の友人たちが彼らを購いに来ない場合には、これを牡牛や水牛と交換に他の地方へ売ってしまう。首領には、自分を助けに来てくれた各村落へ分与するための牡牛や水牛が必要なのである（Religion etc. among the Karens, p.159)』。右によれば、キャリーン人は俘虜よりも牡牛や水牛の方を喜び選ぶようである。しかしコルフーンはキャリーン・ニー人（Karen-Nees）の間には多くの債務奴隷がいると、前掲書(p. 79) において言っている。同じ著者によると、彼らはその掠拐の習癖の故に知られている。しかし被掠拐者を外へ売り出すためだけのもののようである。(Ibid., pp. 40, 69, 70)。兎も角、ここには債務奴隷がいるから、奴隷制度が存在するわけである。(註)

註　キャリーン人はカーキエン人の別名なりとなすものがあるも、暫くコルフーンに信をおくことにする。

ヴェールリ（Wehrhli, H. J.）は、上部ビルマのチングボウ人に関する研究において、彼らの間に奴隷制度の存在すること、または少なくとも最近まで存在したことを充分に示すところの、多くの詳細な記述をなしている（Beitrag zur Ethnologie der Chingpaw von Ober-Burma, pp.36, 37）。なおダルトン（Dalton, E. T.）もまた、その著"Descriptive ethnology of Bengal"において、同様の事実を裏書きしている（p.30）。

ベンガル湾頭のアンダマン諸島およびニコバル諸島に住む未開諸部族が、発展の低度な段階に在り、主として狩猟によって生活していることはすでに見たところである。アンダマン人に関して、イー・エッチ・マンは、彼らが奴隷制度を有しないとは明確に述べていないが、その社会生活に関する念の入った記述は、アンダマン人が奴隷制度を知らないことを、充分に明らかにしている。社会的地位は親族関係や、狩猟漁労等における熟練に、また大まかだとか、客扱いがよいという評判に依存する。戦争で捕らえられたある子供は、『彼または彼女が、結局は捕えたものの部族の一員になるという希望のうちに、親切な待遇を受けるのを常とした』（Man, E. H., The aboriginal inbabitants of the Andaman Islands, pp. 109, 356）。ニコバル人については、スフォボーダが次のごとく言っている、『すべての著者たちは、これらの島々のどこにおいても、隷従ということはなく、すべての住民が同一階級であるという事に一致している。ただ比較的老齢にして、より経験に富む人々が、幾分他のものよりも勢力を有している』（Svobida, W., Die Bewohner des. Nikobaren-Archipels, p.191）。だからわれわれは、ここにも奴隷制度は存在しないと推測してよいであろう。

われわれの以上の検討により、インドシナ半島居住後進諸部族にして、奴隷制度の有無の大体明らかなるものは次のごとくなる。

奴隷制度を有するもの

カーキエン人、シャン人、ローワ人、北部アラカンの丘陵部族、キャリーン人、チングボウ人、ステーン人

奴隷制度を有せざるもの

レスタ人、アンダマン人、ニコバル人

二　インド（アフガニスタン、ヒマラヤ地方を含む）

ここでも、われわれの検討の対象となる後進未開部族が、二十にちかい数を以って数えられる。ここでもまた、七個の奴隷所有部族が、ことごとくいわゆる農業部族であって、ただそのうち二部族だけがまだ第一段階に止まるものであり、他はいずれも第二段階の農業部族である。しかしここでは、非奴隷所有部族の中にも、四個の第二段階の農業部族と、三個の第一段階の農業部族とがある。従ってここでは、生産様式の発展段階と、奴隷制度との関連について、特殊の考慮が払われなければならないであろう（但しこの種の理論的討究に関しては、筆者は他の機会に期待するものである）。

アッサムの東方、ミシュミー山岳地方に住むミシュミー人（Mishmese or Meshmees）は、まだ第一段階に止まっている農業部族であるが、この部族が奴隷を保有するということは、クーパー、ダルトン、スペンサー等の諸記述の一致するところである。（Cooper, J. J., The Mishmee Hills, p.238, Dalton, ipid., p. 15; Spencer, H., Des-criptive Sociology, V-p. 15）カルカッタの北方、ベンガル地方の有名なラジュマール廃市

付近に住む丘陵部族も、同じ農業の第一段階にあり、商業をさえ兼ね営んでいるが、奴隷を保有しない(Shaw, Th., Asiatic Researches, IV, p. 89)アッサムのギャロ丘陵地帯のギャロ人(Garoos—第二段階の農業部族)が奴隷を有することは、ダルトンの報道するところであり、エリオットもまたそう『確信』している(Dalton, ipid., p. 58; nEliot, J., Asiatik Researches, Ⅲ p. 28)。

ジェー・マクレーに従えば、クーキー人(Kookies)は『時として・・・・・子供を俘虜とし、しばしば、彼ら自身の子供がない場合には、これを彼らの家族内へ養子として編入する、しかして、彼らの間の唯一の奴隷は、かくして捕えられた俘虜たちである』(Macrae, J., Asiatick Resea-rches, VII, p. 188)。マクレーの言うところは幾分明瞭を欠く。養子にされた子供たちが、奴隷であり得ないことは確かである。恐らく、捕らえられた子供たちの一部分だけが養子にされ、残余がクーキー人の奴隷階級を構成しているのでもあるのだろうか、いずれにせよ、われわれはここで明確な結論に到達することができない。

ヒンドスタンのニルギリ丘陵地帯に住むトーダ人(To-das)は、牧畜を主とする部族であるが、彼らについて詳述しているメッツ(Metz, F., The tribes inhabiting the Neilgherry hills)も、スペンサーが前掲書で引用している著者たちも、奴隷制度については何も言っていないから、彼らが奴隷を保有しないことは確かである。カルカッタの西北方、サンタル・パルガナのサンタル人(Ssntals)は一部は第一段階の農業部族であり、他の一部は狩猟部族であるが、彼らの間にもまた、奴隷制度は知られていないようである。ハンターに従えば、『サンタル人の間では身分制が知られていない。』『サンタル人の分類は、社会的地位あるいは職業によってはなされず、家族的基礎に従ってなさるるにすぎない』(Hunter, W. W., The annals of rural Bengal, I, pp. 200, 202)。ダルトンもまた、サンタル人のことを語るに当り、奴隷のことを何も言っていない(Dalton, ibid., pp. 207 218)。

やはりインドの丘陵諸部族の一であるコンド人(Khon-ds)は、以前は人間を犠牲に捧げた。犠牲者は買い取られ、且つしばしば、犠牲にされるまで永年保有せられた。右の事実をわれわれに報道しているキャムプベルは、なお次のごとく附言している、『私は、ちょうどここで、もう一つの階級の人々に言及することができる、その人々は、コンド人によって買われ、あるいは家内労働や、田園労働において助力するよう、彼らの家族へ養子とするため保留されているのである。これらのものはポッシア・ポー(Possia Poes)と呼ばれ、普通年の行かないうちに獲られる。彼らはほとんど、または全然犠牲に供される危険はなく、極めてしばしば、その購買者の家族へ婚姻によって入っていく。』他の章句では、こういうポッシア・ポーが農奴と呼ばれている、『これらの農奴たちは好い待遇を受け、何ら直接の危険を感じない、しかしいつか犠牲に供されるかも知れぬという、かすかな可能性は常にある』(Campbell, J., Wild tribes of Khondistan, pp.53, 74)。これらのポッシア・ポーは、一般住民の中に吸収されて行くと述べられているから、われわれは安んじて、彼らが奴隷でないことを結論することができる。

ベンガルとビルマとの中間地域に住んでるリューシャイ人(Lushais)は、第一段階にある農業部族であるが、ダルトンに従えば、彼らは婦人と子供を奴隷にする(Dalton, ibid., p.114)。ダルトンはまた、マニピュリ人(Manipuris ——第二段階の農業部族)について、『奴隷制度は彼らの間の一制度だ』と言い、且つ彼はその他のことについても若干記述している(p. 51)。だから、この部族について書いているワットは、それについて何も言っていないが(Watt, G., The aboriginal tribes of Manipur)われわれは奴隷制度の存在を疑うを要しない。ドラヴィダ地方に住むオラオン人(Oraons ——第二段階の農業部族)も、コルワ人

（Korwas—第一段階の農業部族）も、ダルトンに従えば、奴隷を有しないことが明らかである（Dalton, ibid., pp.251, 230)。

北部アフガニスタンのカフィリスタンに住むカライル人は、牧畜を兼ねる第二段階の農業部族であるが、彼らの間に奴隷制度の存在することは、ロバートソン、ルスレその他の一致するところである（Robertson, G. S., Kafiristan and its people, pp. 78, 79; Rousselet, L., Le Kafiristan et les Kafirs, p. 223 ; Ujfalvy, ch. de, Les Aryens an nord et an sud del'Hinou-Kouch, pp.352, 359)。パダム・アボール人（Padam Abors ——第二段階の農業部族）もまた奴隷を有すること、ダルトンの記述（p.24）によって明らかである。

アッサムのナガ丘陵地帯に住むナガ人（Nagas）は、第二段階の農業部族である。スペンサーの引用しているグレンジの報道が信を措くに足るならば、このナガ人の間には奴隷制度が存在する。彼は、『こうして若いうちに捕らえられ、クーキー人の間でも、カチャリー人やナガ人の間でも、売却されたところの、多くのミニボリ人を見た。』『奴隷の子供は、同様に奴隷である』（Spencer, I. c., pp.7, 11)。ミス・ゴッドンもまた次のごとく言っている、『ドクター・ブラオンに従えば〔ナガ人の〕一二の部族の間では、奴隷制度は知られていない』、しかし『アーオ人（Aos, ナガ諸部族の一）の間では、それは一般的であったと言われている』（Godden, Geertrnde M., Naga and other frontier tribes of North-East India, p. 184)。

アサムのボド人（Botos）は第二段階の農業部族であるが、スペンサーの引用するホヂソンに従えば、彼らの間では、『僕婢も、奴隷も、乃至はいかなる種類の他国人もいない』（Spencer, i. c., p.7）セイロン島の狩猟部族、ヴェッダー人（Veddahs）もまた奴隷制度を知らない（Sarasin, p., Die Weddas von Ceylon, p.488)。

かくて、この地方の諸未開部族の間における奴隷制度の有無を分類すれば、大体次のごとくなる。

奴隷制度を有するもの

ミシュミー人、ギャロ人、リューシャイ人、マニピリ人、カフィル人、パダム・アボール人、ナガ人。

奴隷制度を有せざるもの

ラジュマール附近の丘陵諸部族、トーダ人、サンタル人、コンド人、オラオン人、コルワ人、ボド人、ヴェッダー人。

三　中央アジア

中央アジアの後進諸部族は、ソヴェート同盟の成立以来、続々として民族自治共和国あるいは自治州を結成して、ソ同盟に加盟した。例えば、カザック自治共和国、タタール自治共和国、ブリヤード・モンゴリア自治共和国、キルギス自治州、カルムイック自治州、等々のごときである。彼らはすでにその後進性を克服するばかりでなく、更により高き文化に向って発展しつつある。そこに奴隷制度ごときものの存在する余地のないことは勿論である。しかしながら、われわれがここに彼らの間における奴隷制度の不存在を云々するとしても、それはかくのごとき最近の事情の結果としての不存在に関するものではない。同時にわれわれが彼らのあるものの間における奴隷制度の存在を結論するとしても、それは必ずしも現瞬間において、現実に奴隷制度が存在することを意味するものではない。すでに一言せるごとく、われわれの意企するところは、リッツン・ヒストリーを以ってしては不可能な史前社会の生活様式を、現存未開諸部族の間に探らんとするものなるが故に、彼らが文明世界の著しい影響を受けざる状態において、奴隷制度を有したか否かにつき何らかの結論に達せんことを望むものである。なおこういう意味においても、最近ソヴェート同盟において盛んに研究が進められているようであるから、やがてその諸成果が一般にしめされるにいたるまで、われわれの研究は著しく暫定的たるを免れ得ないであろう。

さて、バルラスに従えば、カザック・キルギス人（Kazak Kirghiz）は『人間を殺すよりも、奴隷を保有する方を遥かに好んだ。彼らは奴隷がよく振舞いさえすれば、これを虐待しなかった』（Pallas, P.S. Reise durch verschiedene Provinzen des Russischen Reichs, I p.338）。これだけを見れば、彼らは疑いもなく奴隷所有部族のようであるが、われわれは他の諸資料によって、むしろ反対の結論に到達する。例えば彼らの生活を詳説しているブータコフは、奴隷制度について何も言っていない（Boutakoff, A. Uber den untern Teil des Syr Dariah zwischen dem FortPetroffsky und seiner Müdung）。ウジュファルヴィーに従えば、貧しい者は富める者に仕える、彼はこれを事実上の農奴制だと呼んでいる。しかし彼はまた、次のごとく附言している、すなわち、もし貧しい者が富める者に仕えることを望まないならば、彼は後者から十割もの利子で借金しなければならない。だからこういう貧民は何らかの社会的規範によってではなく、餓えによって富者への奉仕を強要されるのである、（Ujfalvy, Ch. de, Expédition scientifique francaiseen Russie, p.112）。またケェムバースはこの部族のことを次のごとく言っている、『彼らは・・・・隊商を掠奪し、その財貨を占有し、かつその俘虜をキーヴァ、ボカラ等の大奴隷市場に売却することにより、自ら充分「ステップの奴隷狩人」たるの名に値した。彼らの富は牛、羊、馬および駱駝から成る』（スペンサーの引用するところによる）。そこでこういうことが明らかである、すなわち、俘虜は他国へ売り出され、キルギス人自身の間では奴隷として役立たない、だからそれは彼らの富の形成部分として数えられていないのである。カザック・キルギス人について、われわれの知る限り最も優れた研究家であるルヴシーヌの見解もまたこれと一致する。『奴隷制度は彼らの間で知られていない。トルコ人、ペルシャ人、その他殆どすべての国々教徒が奴隷を保有する・・・しかるにキルギス人は奴隷を有しない』(Levchine, A. de, Description des horkes et des steppes Kirghiz-Kazaks, pp.341, 354)。彼は同書の若干の箇所で奴隷について述べてはいるが(Ibid., pp. 305, 331, 368. etc.)しかしこのことは、彼らの間における奴隷制度の存在を主張するものではないことは、次の記述で明らかである。『彼らはその俘虜を殺さず、これをボカラ人や、キーヴ人、その他の諸隣族に売却する。』彼らはその諸隣族から多くの品物を買い、『それと交換に・・・ロシアの国境で捕らえた奴隷を提供する』(Ibid., pp.347, 433)。そこでルヴシーヌの時代(彼がこの書を公にしたのは一八四〇年である)のキルギス人は、奴隷をつくりはしたが、自らこれを使役はしなかった。彼よりもずっと後年に(前世紀の八十年代)カザック・キルギス人を訪れたラドロフは、彼らがかつて奴隷を所有していたと想像している。彼は言う、『多年に亙って解放されておったところの、サルタンの元の農奴や奴隷たちは、依然として旧主たちの附近に遊牧を試み、現在では全く他のキルギス人のレヴェルにあるが、しかもなお telenguts と呼ばれている』。『Kul(男性奴隷)および Küng(女性奴隷)という名称は、今では男性および女性僕婢を意味する』(Aus Sibirien, I p.526)。しかしわれわれはこれをルヴシーヌの次の一記述と比較することができる、『われわれは Khans の telenguts すなわち僕婢を別個の一階級とはしない、Kuls すなわち奴隷はそうでない。前者はキルギス人の間で得られ、平等の諸権利を享有する、後者は個人の財産または商品と考えられており、キルギス人ではない。彼らはロシア人、ペルシャ人、カルミーク人等、俘虜である』(Leochine, p. 305)。

われわれはラドロフの『農奴や奴隷たち』すなわちテレングーツは奴隷ではなかったこと、しかしてクルスは売却するつもりで捕らえられた奴隷――むしろ厳密にはまだ単なる俘虜――であったことを知る。われわれの推論では、カザック・キルギス人はその以前の独立状態においても、奴隷を有しなかったことになる。

キルギス人の他の一部族、カラ・キルギス（Kara Kirghiz）については、極めて僅かの報道しかない。ラドロフは彼らに関する一小論文で次のごとく言っている、『その冬期の居住地域において、彼らは非常に広大な土地を耕作する、その耕作地に彼らは労働者たちまたは奴隷たちを残して置いて部族を挙げて西部の山地へやって行く。これらの労働者たちは、生産物の一部を実物で受け取る以外、賃金は貰わない』（Beobächtungen über die Kirgisen, p.168）。この生産物の一部を受け取るということは、奴隷制度と相容れぬわけではないが、彼らが何の監視もなしに後に残されているということ、およびラドロフが労働者たちまたは奴隷たちと呼び、後の方の文章ではただの労働者たちとだけ呼んでいることは、われわれをして、これらのものが真に奴隷であるかどうかを疑わしめ、前に引用した彼の別の著書（Aus Sibirien）のカラ・キルギス人の章にも、奴隷制度について何も言っていないから、なお更そうである。

ケーネは、カルミーク人（Kalmuck, Kalmyck, or Kalmyk）の法律に関する論文において、パルラスとベルグマンを引用して、カルミーク人は奴隷を有したと断定している（Koehne, C., DasRecht der Kalmücken, pp.458, 459）。しかし彼の記述は、いうところの奴隷が正しい意味の奴隷なのか、あるいは酋長の従者にすぎないのではないのか、またよし奴隷であるにしても、彼らがカルミーク人自身によって使役されておったのか、あるいは国外へ売り出すつもりで捕らえた俘虜にすぎなかったのではないのか、われわれにとって、決定するのに不充分である。スペンサーは、パルラスの記述を引用しているが（但しパルラスのどの書物からか明らかでない）、それに従えば、奴隷状態は一種の刑罰として課せられた（Spencer, Deseriptive Sociology, V p.16）。

しかし、そういう風にして罰せられた人間が、カルミーク人の間に奴隷として保有されたのか、あるいは国外に売り出されたのかも明らかでない。われわれが接し得るパルラスの唯一の著書は、この問題にたいして光明を投じない。『自発的に〔?〕婦人奴隷に就いて犯した密通および姦淫は・・・・処罰されなければならぬ』と彼は言う。他の場所で彼は、カルミーク人の一部族が、恐らくは国外で捕らえた婦人たちとの結合によって、その外貌を著しく変化したことを述べている。若干の犯罪に対する刑罰として、犯罪者はその子供の一人もしくはそれ以上を失った。しかしこれらの子供について、どういうことがなされたかは明らかでない（Pallas, Reise, I pp.264, 233, 265）。

奴隷制度に関するこれ以上明確なことは、彼のカルミーク人に関する詳述中には見出されない。黒イルチッシュ渓谷のカルミーク人に関する一論文の中で、われわれは次のごとく書かれているのを見る、『奴隷状態に貶（おと）された不幸な人々の状態は実に恐ろしいものだ、彼らは家畜のごとく物々交換され、また売却される』（Die Bewohner des schwarzen Irtyschthales, p.67）ここでは、恐らく奴隷たちは国外へ売るためのものの意であろう、何故ならば、こういう恐ろしき奴隷の待遇は、奴隷を使役する人々の場合よりも、奴隷取引人の場合により一般的だからである。

しかし、カルミーク人に関する彼の記述は、それから何らかの推論を引き出すには余りに簡単すぎる。そこでわれわれは、いずれかと言えば奴隷制度は存在しないという考えの方に傾くが、厳密には存否を疑問としなければならない。

ラドロフは本来のカルミーク人よりも、もっと充分にアルタイ人またはアルタイ山カルミーク人について述べている。しかし奴隷のことは述べていないし、また多くの場所で、賤しい仕事は僕碑により、また富者に養われている貧者によってなさると述べている（Aus Sibirien, I pp.270, 28/6, 287, etc）。だから奴隷制度が存在しないことは確かである。『奴隷』という言葉はただ一箇所にだけでている、すなわち寡婦の哀歌の中にであって、彼女は、『いまでは自分は賤しい奴隷のように革の着物を着ている。いまでは自分は奴隷のような粗末な食物を食う』、と嘆いている（Ibid., I p.320）。もしこの哀歌が以前の奴隷制度の追想たり得るとすれば、奴隷制度はかつて存在し、それがロシア人の影響によってでなく、自生的に消滅したのだということができる、けだしアルタイ人はロシア人の植民にほとんど触れることなく、東西アルタイの山渓に、彼らの地位を保持しておったのだから。そこでわれわれは、一未開部族としてのアルタイ人は奴隷を有しないと安んじて考えることができる。

ヴァムベリーは中央アジアの多くの諸部族について記述しており、その各々に随分多くの頁を割いているが、社会的事実に関して、われわれが得るところの報道は、むしろ甚だ不完全である。だから、彼の記述の大部分において、奴隷制度については述べられていないが、われわれはそれだけを以ってその不存在を推断することもできない。ヴァムベリーに従えば、ウズベキ人（Usbegs）はペルシャ人奴隷の助力を得て、彼らの土地を耕す（Vambéry, H., Das Türkenvolk, p.356）。これ以上のことは記述されていないから、はっきりしたもんではないが、われわれはこれを奴隷所有に事実を語るものと見做してよいであろう。カラ・カルパク人（Kara Karpaks）は、十八世紀の初頭、奴隷盗奪に従事した（Ibid., p.380）、ただし彼ら自身の使役のためか、あるいは売るためなのか明らかでない。ヴァムベリーに従えば、トルコマン人（Turkoman）は、他国人を奴隷として売る(Ibid., p.410)。

同じ著者はまた他の書物で、トルコマン人は自分たちの内部闘争で奴隷をつくったと言っておるし、また彼ら婦人奴隷を保有したことについても語っている。(Skizzen aus Mittelasien, p.64)。しかしルッルノーは次のごとく言っている、『ペルシャ人の俘虜たちは、トルコマン人にとって、大きな利潤の資源である。しかし俘虜を捕らえたものたちは、一般に彼らを自分たちの使役のためには保有しない、ただ時として婦人については例外がある。彼らはこれを妾あるいは妻とする』(Letourneau, Ch., Levolution de lesclavage, p.227)。だがトルコマン人の間に奴隷制度の存在しないことは確実と見てよい。

残余の諸部族のうちで、奴隷制度の存在が、あるいは存在したことが確実と思われるのは、ヒッサルのタヂーク人(Tadjiks)のみである。すなわちジュファルヴィーは前出書(p.84)において、彼らの間では、最近(前世紀末)ボカラからの命令で、奴隷制度が開始されたと報じている。同じ著者に従えば、『すべてのガルチャ人(Galtchas)は自由である、けだし彼らの近寄りがたき渓谷においては、奴隷制度は存在しないし、また存在したこともないからだ』(Les Aryen, p.145)。

エリヴァンのクルド人またはクルヂスタン人(Kurds)は、恐らく奴隷を有しないであろう。シュタインに従えば、彼は牧夫を雇用するし、村落共同体のすべてのメムバーが、富めるも貧しきも、同じ諸権利を享有している(Von Stein, Kurden. p.221)。蒙古人(Mongols)については、最近ソヴェート同盟の側においても、また満州事変以来日本人の側においても、新しい研究が盛んに行われている。これらの研究の諸成果は、暫く時期を措いて他の機会に概観したいと思う。

結局中央アジアの諸部族中で、奴隷制度の存在するものと思われるのは、ウズベキ人とヒッサルのタジーク人のみで、他はことごとく存在しないことが明らかであるが、あるいはいままでのところ存否の不明確なものである。

（3）アジアの後進諸部族の間における奴隷制度（二）

四　シベリア

シベリアの諸部族に関してもまた、ソヴェート同盟の学者たちによる新しい研究が、すでに幾多の貴重な成果を得ている筈である。しかし現在のところ、われわれはまだこれらの成果を利用し得るにはいたっていない。従ってここでは、従前の諸典拠による概観をなすに止め、他日の修正を留保する。

一八七〇年代に、多くのシベリア諸部族を訪うて廻ったベー・エス・パルラスの覚書は、多くは余りに簡単で、奴隷制度の存否に関するわれわれの検討にはほとんど役に立たない。西部シベリアのオビ河畔に遊牧せるオスチアク人（Ostiaks or Ostyaks）について、パルラスは詳しく記述しているが、それによると、彼らは多分奴隷を所有しなかったであろうと思われる、というのは、オスチアク人の酋長たちは、一般人民と同様に、彼ら自身の労働によって生活していたからである。しかしパルラスの時代には、彼らはすでに全くロシアの支配下にあったのだから、それ以前の本来の未開状態においても、奴隷を有しなかったかどうかは確かでない。(1)

(1)　Pallas, P. S., Reise durch verschiedene Provinzen Russischen Reichs, pp.51, 25, 26.

パルラスは、中部シベリアに散在していたサモイエッド人（Samoydes）についても詳述しているが、当時彼らは大してロシア人の影響を受けてはいなかったようである。パルラスの述べるところから判断すれば、この部族が奴隷を有しなかったことはほとんど確かである。彼は言う、『サモイエッド人は誰でも自分の馴鹿をもっており、自分みずから家族の助けをかりて飼育する。但し貧民を牧夫として雇用する富者の場合は例外である』と。[1] 同様の結論には、この部族に関して記述している他の若干の典拠からも到達することができる。[2]

(1)　Pallas, Ibid., pp.73-74.

(2)　Islawin, Das Hauswsen; Finsch, West-Sibirien ; Von Sicn, Samojeden; etc.

アムール河の下流からオホック海沿岸に住む『ギリヤック人（Giliaks or Ghiliaks）は、すべて平等である。彼らの間に奴隷が存在したことはかつてない』。[1] エフ・ミューラーは、ツングーズ人（Tunguz　or Tungus）に関して、幾分詳しい記述をなしているが、その中で奴隷制度については何も言っていないから、それは彼らの間にも存在しないのであろう。[2]

(1)　Dèniker, Les Ghiliaks, p. 309.

(2)　Müller, Unter Tungusen und Jakuten.

ダブリュー・ジー・サムナーは、その著 The Yakuts において、西部シベリアのレナ河畔に住むヤクツ人の間で十二年以上も過ごしたという一ロシア人（Sieroschevski）の報告を引用しているが、このロシア人は彼らの諸伝説から、ヤクツ人は以前奴隷を有したと結論している。すなわち、『往昔、ヤクト人はある人間に対する一つの称号をもっていたが、それは敗北した英雄が自分の生命を助けて貰った代償として、その征服者に捧げたものであった。こういう敗北者は、後には事実奴隷であって、花嫁の贈物の中に包含された。それが婦人である場合には、彼女らは主人の妾となった。こういう奴隷のことをエンネ(enne)と呼び、後にこの語は、花嫁の持参物に対する一種の形容詞として用いらるるにいたった』と、というのである。しかしこの事実がどうあるにせよ、彼の詳細にして優れた記述からして、彼らが現に奴隷を有しないことは確かである。

パーソルド・ローファーは、ハバロフスクとソフィスクとの間のアムール河畔に住むゴールド人(Gold)について語っているが、奴隷制度に関しては何も言っていない。[1] しかし彼らの全生活様式が、ロシア人から強い影響を受けているから、その本来の未開状態において、奴隷を有していたか否か明らかでない。

(1) Laufer, B., Preeiminary notes on explorations among the Amoor tribus.

ゲー・ヴェー・シュテルラーはカムチャッカ人(Italman or Kamchadales)に関する研究のほとんど唯一の権威であるが、彼らの間における奴隷制度に関するこの人の記述は、甚だ明瞭を欠く。カムチャッカ人の戦争について、シュテルラーは次のごとく言っている、『勝った方の側は俘虜を奴隷にした。婦人や娘は妾にした。そしてすべての男子は自分たちの安全のために虐殺した』他の場所で彼はまた言う、『彼らは互いに奪い合いはない、ただ婦人と犬とは例外だ、これらは彼らの以前の戦争の原因であった』と。カムチャッカ人の歴史を概観している部分で、シュテルラーは一人の酋長のことを語っているが、この酋長は自分の勢威を増すために、その敵に少女や少年たちを貢納せしめた。千島列島の住民は、カムチャッカ半島を襲撃し、多数の少年や少女を拉し帰って、奴役を課した。『俘虜や奴隷たちは各種の荒仕事に使役せられた・・・もし俘虜がよく振舞ったならば、彼は時とすると二三年の俘囚生活の後、自分の家へ帰ることを許された』、と彼は前者について言っている。男子および女子の労働、並びに結婚に関する諸章において、彼は奴隷については何も言っていない。シュテルラーの時代（千七百年代の後半）には、カムチャッカ人はすでにロシアの支配下にあった。だから彼はより以上戦争や俘虜について観察できないで、これらの問題に関する知識を人聞きで得たのであった。このことが、恐らくは彼の記述の明瞭さを欠く理由であろう。ただ千島列島居住のカムチャッカ人だけは、奴隷を有したものと推断できる。(1)

(1) Stelloer, Beschreibung von dem Lande Kamtschatk.

北東シベリアの北氷洋沿岸に住むチュクチー人（Chukchi or Tuski）は、馴鹿を飼育する奥地チュクチー人と、漁業を営む海岸チュクチー人とに分かれている。『若干のロシア人の著者たちに従えば、奥地の村落には奴隷がいるが、疑いもなく戦争の俘虜の子孫である。これに反して、海岸の土人の間では、最も完全な平等が支配している』、とノルデンスキェルトは言っている。(1) エルマンが引用しているロシア人ウランゲルの記述はも少し詳しい。ウランゲルは、すでに若干期間チュクチー人と共に生活しておったのだが、彼は農奴の存在を知って非常に驚いた、彼は賤役に従事していた若干家族のあることを知った。彼らは財産を有せず、その依存せる富者のところから去ることを許されなかった。彼らは衣類や住居をその主人から受け、最も苦しい仕事に使役された。例えば彼らは犬を急がせるために橇（そり）の側に沿うて走るというようなことをしなければならなかった。ウランゲルは、これらの農奴は戦争の俘虜の子孫だと想像しているが、そういう想像の根拠は示していない。(2) これらの従属人民が奴隷であるかどうかを決定することは容易でない。彼らは奴隷ではなくて、エスキモー人の間においても見らるるような、単に富者に依存する貧民にすぎぬかも知れない。ただ彼らがその主人のところから去る自由をもたぬという事実は、奴隷制度について幾分暗示的である。しかし、この部族についてそれぞれ若干のことを報じている数人の著者たち（Dall, Hooper, Kennan, etc）は、一様に奴隷制度に就いて何も言っていないから、われわれはここでその存否に関する確定的な結論に到達することを得ない。

(1)　Nordenskiöld, Umsegelung Asiens und Europas auf der Vega.

(2)　Erman, Ethnographische Wahrnehmungen. . . . .

同じく北東シベリアに住むコーリャク人（Koryaks）は遊牧コーリャクと定住コーリャクとに分かれている。前者は家畜を連れてここかしこと彷徨う。、後者は河川に沿うて定住している。両分族の言葉は非常に相異していて、互いに理解しあえないほどだそうである。ところで、われわれが前に引用したシュテルラーに従えば、『遊牧コーリャクは定住コーリャクを自分たちの奴隷と呼び、且つそういう風に取り扱う』。しかし、かくのごとく一部族が全体として他の部族の奴隷であるというがごとき場合は、厳密な意味における奴隷制度ということはできない。これ以外奴隷について何も言われていず、しかも同じシュテルラーは、『ロシア人によって服従せしめられるまでは、政府もなければ、長官もなく、ただ富者が幾分貧民に対して権勢を振っていただけだ』とも言っているから、ここでも奴隷制度は知られていないと推論するのが正しいであろう。メルニコフその他の著書を通じて知るかぎり、ブリアート人（Buriats）の間にも、奴隷制度は存在しないようである。

結局この広漠たる地域に居住する未開諸部族の間において、奴隷制度が存在すると考えられるのは、漸くカムチャッカ人の一部にすぎない。この寒帯の大陸に奴隷制度の存在しないことは、われわれが後に見るがごとく、熱帯もしくは亜熱帯の島嶼（とうしょ）に住む未開人の間に多くこれを見るのと、興味ある対象をなすものということができる。

五　コーカサス

オセット（Ossetes）及びサーカシア人（Ciecassians）が奴隷制度を有することは、諸権威の報道の一致するところである（Morgan, Klaproth, Pallas, Kovalewsky, etc.）。ボーデンシュテッドに従えば、『シュワン人（Suane or Svan）は、自分の娘や姉妹を適当に縁づけることができない場合には、彼女らを奴隷として売る』[1]。この部族のことを記述する人々が、奴隷について語る場合に、いつもこの章句だけが引用せられる。テルファーは、『シュワン人の間には王もなければ貴族もない、彼らはすべてのものを平等と考え、あらゆる権威を忌避し、何らの法律ももたぬ』[2]、と言っている。こういう生活様式は、およそ奴隷制度とは縁遠いものである。ボーデンシュテッドが語るところが事実であるにしても、いうところの娘や姉妹は部族外へ売出されるのであって、部族内には奴隷は存在しないのであろう。

(1)　Bodenstedt, Die Völker des Kaukasus.

(3)　Telfer, The Crimea and Transcaucasia.

シャントルに従えば、グーリアン人（Gourien）の貴族は、トルコへ向けて奴隷を輸出する。だが彼ら自身奴隷を有するか否かは不明である。同じ著者はサーカシア人の一分族で、小アジアに住むカバード人（Kabards）の家族は、総数十二名であるが、その中に奴隷が含まれている、と言っている。彼はまたアブカシア人（Abchases or Abkhasians）は以前奴隷売買者であって、俘虜の男女を結合させ、生まれた子供を売った、と言っている。だが、これらの奴隷飼育が、その奴隷をただ再生産のためのみに保有したのか、或は何かそれ以上の目的に供したのかは明らかでない。最後にもう一つシャントルから聞こう。彼に従えばチェチェン人（Tchetchenes）は、『われわれはすべて平等だ、われわれの間には奴隷など存在したことがない。ただ俘虜だけは部族のメムバーでなかった。しかしその俘虜でさえ、しばしば主人の娘と結婚して平等の部族員となった』、と言っている。この俘虜が奴隷でなかったかどうか、より詳細な記述を欠く故に、明確な結論に到達することができない[(1)]。

(1) Chanire, Recherches anthropologiques dans Ie Caucase.

六　マレー群島

マレー群島（あるいは東インド諸島）の名に包括せらるる諸島あるいは諸島嶼群は、現存世界において奴隷制度の存在を最も多く見る地域であり、従ってこの方面の研究に最も多くの資料を提供している。われわれはしかし、ここではただ当初の目的通り、その主たる島嶼または島嶼群につき、奴隷制度の存否を概観するに止め、詳細なる理論的研究はこれを他の機会に期待することとする（なお引用は成るべく煩を避けて簡単化することとする）。

（イ）　マレー半島

マレー半島に住む未開部族はシーマング人、サカイ人およびジャキューン人に分かれている。ド・モルガンに従えば、サカイ人の間では『債務者とその家族とは、酋長の裁決に従って、一ケ月あるいは二ケ月の期間債務者のために働く』。ここには確かに債務奴隷制の端緒が見られる。しかし予め一ケ月あるいは二ケ月という期間を限られてなすこういう強制労働は、いまだ真の意味における奴隷労働とは言えない。

スキートおよびブラグデンは、その共著において、ビニュア・ジャキューンの間では、あらゆる種類の犯罪は罰金を納めることによって刑罰を免れ得た、罰金を納め得ない犯罪者は被害者の奴隷となった。と書いている。しかしこれ以上の詳しい記述がないから、われわれは奴隷制度の存在を確実視することを得ない。

この半島の未開住民については、われわれが右に見たものの外、奴隷制度について述べているものを見出し得ない。前記ジャキュー人の一分族の場合を除き、奴隷制度は存在せずと結論してよいであろう。

典拠　De Morgan, Exploration dans la presquîle Malaise; Skeat and Blagden, Pagan races of the Malay Peninsula; etc.

（ロ）　スマトラおよび附近の諸島

スマトラのバッタス族（あるいはバックス）は十数個の分族に分かれているが、そのうち次の諸分族は、現に奴隷を所有し、または以前所有したということが、諸権威によって証明されている。

ベーン・ビラ両河畔のバッタス

マンデリングのバッタス

パートライブのバッタス

カロ・バッタス
ラジャ・バッタス
アンゴラのバッタス
シメルングンのバッタス
シンケルおよびパクパクのバッタス
パネー地方のバッタス

ミアワルトに従えば、シリンツングのバッタスの間には、奴隷制度は存在したことがない。彼がただ限定された意味における奴隷制度のことのみ言っておるのか、債務奴隷制をも含めているのか明らかでない。同じ著者はまた、トーバ・バッタスは以前奴隷を有したが、いまではオランダ人の影響下に奴隷制度は漸次消滅しつつある、と言っている。ラムボング地方およびナイアス島には、いずれも奴隷制度が現存する。その他においては、債務奴隷に関する記述は若干見出せるが、奴隷制度の存在が確実だと考えられるものはない。

典拠 De Morgan, Exploration; Skeat and Blagden, Pagan races ; Brenner, Besuch bei den Kannibaèn Sumatras; Meerwaldt, Aanteekenigen betreffende de Battaklanded; etc.

（ハ） ボルネオ

ここでは、奴隷制度が一様に次の諸部族の間に存在する。

レジャン河畔のダイヤクス
ビアヂュ・ダイヤクス
オト・ダームス

オロ・ギャジュー
トムバスクのダイヤクス
メンダラムのカイヤンズ
上部マハカムのカイヤンズ
ミュルツ
サンバスのダイヤクス
キンヂン・ダイヤクス
パジールのダイヤクス
バリトのダイヤクス
シー・ダイヤクス

丘陵地ダイヤクスの間では、厳密な意味での奴隷制度も、奴隷売買も、存在しなかった。ただロウに従えば、『債務奴隷制は行われてはいるが、しかし極めて小範囲においてである。』後にはこの種の奴隷制度もまた消滅した。一著者は、マタンまたはピンのダイヤクス人について酋長の奴隷のことを語っているが、これだけが彼らの間の奴隷であるのかどうか不明である。同じ著書はシムパンのダイヤスクについても同様のことを言い、ここでは債務奴隷制は知られていないと附言している。ラムバイ・ダイヤクスとセブルアング・ダイヤクスとは、恐らく奴隷を有しないであろう。けだし、彼らの酋長たちは何らの特権ももたぬと言われているからである。ただ例えば病気というような故障で、酋長が自分の米田を耕し得ない場合には、一般人が代って耕作する。もし奴隷がいるとすれば、酋長自ら自分の米田を耕さなければならぬというようなことはないであろう。

典拠　Low, Sarawak. Schwaner, Borneo; Grabowsky, Der Tod, das Begräbnis das Tirwah oder Todtenfest; Tromp, De Rambai en Sebroeang Dajaks; etc.

（二）　セレベス

この岸の若干部分に奴隷制度が存在することも、権威ある諸典拠によって明らかにされている。すなわち次のごとくである。

ミナッサ地方
ボラーン・モンゴンヅー地方
リビュ・ロ・ホロンタロ地方
ピュウール地方
中部セレベスのトラジャー人
東中部セレベスのトモリ人
サンジャイ地方
バンカラ地方
サレーヤ諸島

典拠　Graafland, Minahassa; Riedel, Minahassa; Riedel, Holontal; Bakkers, Sandiai; Van Hasselt, Bangkala; Riedel, Boeool; etc.

（ホ）　スンダおよびモルッカ群島

ここでは、奴隷制度はほとんど普遍的のようである。少なくとも次の諸島および諸群島にそれが存在することは、後註諸典拠により明らかである。

スンパワ島、スンバ島、フローレス島、ソロール群島、カラオ島、東チモール島、西チモール島、サブュ島、ロッチ島、ケーザル島、レチ島、ダマ島、ルアン・サーマタ群島、ババール群島、テニンパー及びチモーラオ群島、アリュー群島、ケイ群島、ワチュベラ群島、セラング島、サンギ及びタタウエル群島

リーデルは、ビュル島にもかつて奴隷がいたことを述べ、且つここで行われた奴隷制度について若干の記述をなしている。しかしウィルケンは、これに反して、そこには奴隷も債務奴隷もいないと言っている。後者が、彼の著述当時（一八七五年）に奴隷制度が存在しなかったと言おうとしているのか、あるいはいまだかつて存在したことがないと言おうとしているのか明らかでない。一九〇二年に書いた一著者は、ある人間がその債務を支払い得ない場合には、彼は自分の両親が必要な額を調達するまで、債権者に仕えなければならぬ、と言っている。しかしこの著者も、この島における奴隷制度に就いて、特に何も言っていない。結局その存否は疑問である。

典拠　Ten Kate, Timorgroep; Von Martens, Banda, Timor und Flores; Bakkers, Bonerate; Riedel, Rassen; Hickson, Notes on the Sengirese; Riedel, Galela; Wilken, Boeroe; etc.

（ヘ）　フィリッピン

タガラ人とヴィサヤ人とは、スペイン人による征服の時代に、すでに大規模に奴隷制度を実行していた。

バゴボ人、マノボ人、マギンダナオ人、シューリュー諸島の住民、およびサマル人の間には、奴隷制度が確実に存在する。

シュバノ人の間では、葬式の際に奴隷が犠牲に供される。しかし、これらのいうところの奴隷が真実の意味の奴隷であるのか、あるいは犠牲に供するためだけに捕らえられ、または買われた人間であるのか明らかでない。キアンガ人はその債務者を奴隷に売ると言われているが、その売却先が部族内であるのか部族外であるのか明らかでなく、従って彼ら自身奴隷を所有するか否か不明である。ビュギアン人に関する文献は、奴隷制度について何も語っていず、パラワン島のバタク人の間では、奴隷制度は知られていないようである。

一著者は、北ルソンのボントクのイゴロート人に関する簡単な記述の中で、彼らの間の分業について述べている。貧しいものは賃金を得て富者のために働く。奴隷のことは何も言っていない。『征服』という見出しのもとに、この著者は次のごとく言っている、『例えばアシンのイゴロートのごとく、あるイゴロートはその隣族に向かって猛烈な襲撃をなし、人々を奴隷たらしむるため拉し去る。しかしボントク人はこういう襲撃をやらない』。同じボントクのイゴロート人について記述している他の一著者も、彼らの間における奴隷に関しては何も言っていない。だからわれわれは安んじて、ここには奴隷制度は存在しない、と推断してよいであろう。イゴロート人の他の諸分族については、われわれは充分な知識をもたない。『征服』に関する右に引用した一著者の偶然的な言葉から、彼らのあるものは奴隷制度を実行しているようにも思える。しかし他の諸資料において、この仮定を強めるような記述は何も見出されないから、われわれは肯定的な結論に到達することを得ない。

ルソンの西海岸のザンバリーズのネグリト人について記述している一業者は、次のごとく言っている、『ネグリト人は奴隷を有せず、奴隷制度について何も知らない、とモンタノは言っているが、少なくともザンバリーズにおいては反対のことが真実である。ネグリト人自身も、また彼らの間で数ヶ年をすごしたフィリッピノスもそう言っている。彼らの間でこの社会的状態を示す特別の用語（a-lipun）も存在する。掠拐された人間は奴隷となる。遺棄された子供、死刑の宣告を受けたもの、債務者等のごときもそうである。またある人間が罪を犯して逃走した場合、親戚の者は彼を捕らえて奴隷とすることができる、とも言われている。これらの問題について真実に到達しようと思うならば、ネグリト人と永い間親しい交わりを結び彼らの諸習俗に就いて直接的な知識を得なければならぬであろう。』この最後の章句から、われわれが見たネグリト人に関する他の諸文献が、奴隷制度について何も言っていないという事実とともに、われわれは、彼らの間における奴隷制度の存否を疑問としなければならない。

典拠　Blumentritt, Conquista; Schadenberg, Süd-Mindanao; Blumentritt, Mindanao; Blumentritt, Ethnographie, Blumentritt, Maguindanaos; Blumintritt, Tagalen; Blumintritt, Kianganen; Miller, The Bataks of Palawan; Jenks, The Botoc Igrot;Schadenberg North-Luzon, Meijer, Jgorroten; Jagor, Philipines; Semper, Philippinen; Reed, Negritos of Zambales; etc

(4) 遊牧諸部族の間における奴隷制

奴隷制が、人類・社会発展の一定段階における必然的、普遍的現象であるということは、幾多の論争の後、今日では、理論的には、もはや動かすべからざる結論であると言える。しからばそれは、社会発展のどういう状態の下に、どういう風に発生し、存続し、発展するにいたったか。この点についても、多くは常識的、推論的結論にすぎないが、大体において、諸家の見解は一致しているようである。すなわち、

第一に、人類がまだ全く野生の動植物、魚貝等に依拠して生活している状態の狩猟生活の下にあっては、奴隷制は未だ存立するにいたらない。

第二に、彼らが漸く動物を馴致《じゅんち》することを知るにいたったとき、すなわち牧畜生活（その初期にあっては、必然的に、水草を追ういわゆる遊牧生活である）を営むにいたったとき、初めて奴隷制の発生を見る。しかし、この状態の下においては、まだ所有さるる奴隷の数は極く僅かである。

第三に、農業が発達し、農耕が人々の主たる生活領域となり、村落定住生活が行われるにいたって、奴隷制ははじめて一般的に、広範に見らるるにいたる。

例えば、『奴隷制および農奴制の歴史』の著者J・K・イングラムに従えば、『狩猟時代にあっては、未開人の戦士はその打ち負かした敵を奴隷にしないで殺してしまう。ただ被征服部族の婦女子のみは、これを捕

えて行って、妻あるいは婢として占有することがあり得るにすぎない。けだしこの時代に在っては、家内労働はほとんどすべて女性が負担するからである。牧畜時代には、奴隷はただ売却の目的でのみ捕えられ、稀な例外として、家畜の監視や、この段階において営まるるごく僅かの耕作のためにも要求せられる。奴隷の労働が、漸次主人のために食物を供し、かつ同時に、彼をして骨の折れる仕事から免れしめるために用いらるるにいたるのは、定住生活が一般化し、農業上の開墾が大規模に行われ、しかもなお好戦的習俗が存続する場合においてである。奴隷制度は、社会進化途上におけるこの段階の、普遍的かつ不可避的随伴物であったようである』。

(5) オーストラリア土人の間における奴隷制の未発生とその理由

最近再び活発化して来た『アジア的生産様式』に関する論争に関連して、先資本主義的社会諸構成、中でも奴隷所有者的社会構成の問題が、この国の新興史学徒の間に関心を喚び起しはじめているようである。私のこの小稿は、そういう研究に対して、資料的に、側面的に、乃至は間接的に、いささかたりとも寄与したいとの意図を蔵するものである。

衆知のごとく、われわれは、マルクス自身からは、奴隷所有者的構成について殆んど何も聴くことができない。しかし、彼の協働者であったエンゲルスの諸文献中には、中でも(原稿欠落)、

太平洋沿岸の諸事情に対して顕著な一コントラストをなしているところの特徴的な一事実、すなわちオーストラリア人の貯蓄心なきこと、あるいは『遠き慮(おもんばかり)なきこと』に関して、ニーバーが蒐録している人類学者たちの諸記述は、甚だ興味深いものがある。西部オーストラリアのムーア河畔では、夏期には食料が豊富である、しかるに土人たちは将来に対して無分別であって、獲たものは何でも直ぐ消費してしまう。西南部オーストラリアの土人たちは食物を貯蔵しない、一家族で一日に食い切れないほど沢山の獲物が殺された場合には、諸隣族が招待されて、何一つ残らなくなるまで、一種の饗宴が催される。彼らはし

かし、アカシア・ゴムを貯蔵し、根茎類を携行する。ハーバード河畔のクィンスランド人は、現瞬間のことのみを考える。ニュー・サウス・ウェールズのカマレー人は何か食べるものを持っている間中それを食って過ごす、決して食物を貯蔵しない。ただ海岸に死んだ鯨が打上（原稿欠落）

『一つの〔マルクスの――辰巳〕遺言の執行ともいうべきもの』として、エンゲルスによって書かれた『家族・私有財産および国家の起源』のなかから、われわれはこの問題に就いて立派に定式化された多くのことを学ぶことができる。エス・イー・コヴァレフは、『若干の個々の章句によって判断すれば、マルクスおよびエンゲルスにとって奴隷所有者的社会とは、何よりも先ず、そして排他的にさえ、古代社会、すなわちギリシャ＝ローマ的社会であるという結論に到達することができる』と言っている（コヴァレフ『古代社会論』四三頁）。事実（原稿欠落）、

として占有することがあり得るにすぎない。けだし、この時代にあっては、家内労働はほとんどすべて女性が負担するからである。牧畜時代には、奴隷はただ売却の目的でのみ捕えられ、稀な例外として、家畜の監視や、この段階において営まれるごくわずかの耕作のためにも要求せられる。奴隷の労働が、漸次主人のために食物を供し、かつ同時に彼をして骨の折れる仕事から免れしめるために用いらるるにいたるのは、定住生活が一般化し、農業上の開墾が大規模に行われ、しかもなお好戦的習俗が存続する場合においてである。奴隷制度は、社会進化途上におけるこの段階の、普遍的かつ不可避的随伴物であったようである』。だが彼は、『神政制度が樹立しておった』ところの社会を以って、その例外としておる。(4) エンゲルスは、『家族・私

有財産および国家の起源』の中で次のごとく言っている、『・・・・下期の野蛮人には奴隷は無価値であった。従ってアメリカ・インディアンもまた、征服した敵をば、より高き段階において行われたのとは全然別な方法で取扱ったのである。男子は殺されるか、または兄弟として勝利者の種族に編入された。人間の労働力はこの段階においては、まだその生計費以上に何ら注目に値する剰余をも供給しなかった。牧畜、金属加工、紡績および最後に田野耕作が行われるにいたって、事態は変化した。以前はあのように容易に得られた妻が、今や交換価値を得て売買されるようになったごとく、労働力についても、ことに畜群が全く家族の財産に移ってからは、同様なことが起こった。家族は家畜と同じように急速には増加しなかった。家畜を見張るために以前より多くの人間が必要となった。それには俘虜となった敵人が用いられた。その上彼らは家畜それ自身と同様に繁殖させられたのである』[5]と。レーニンもまたすでに引用した講演中において、『社会の階級への分裂の第一の形態、すなわち奴隷制度が現れたとき、農業労働の最も粗野な形態に専心する人類の一定階級が、ある程度の剰余を生産する可能性ができたとき、そしてこの剰余が、奴隷のぎりぎり一杯の生活のために、もはや絶対的に必要でなくなって、それが奴隷所有者の手に帰するにいたったとき、かくて奴隷所有者なるこの階級の存在が確立されるにいたったとき――かつこれを確立せんがために、国家の出現は必然的なものとなった』[6]、と言っている。

(1) Morgan, L. H., Ancient Society, pp.80, 10, 13, 11（山本訳一二三、一四、一九、一五頁）。
(2) Schmoller, G., Die Tatsachen der Arbeitsteilung, 1889, p. 1010（Nieboer 前掲書引用による）。
(3) Schmoller, G., Grundriss der allgemeinen Volks=wirtschaftslehre, I. 1990, p.339（同上）
(4) Ingram, J. K., A History of Slavery and Serfdom, 1895, pp. 1, 2（辰巳訳一―二頁）

（5）エンゲルス『家族・私有財産および国家の起源』（岩波文庫版七三頁）
（6）レーニン、前掲書二三四頁

リッペルトに従えば、奴隷制度は『遊牧人民の家長的集団においてはじめて発生し』、『彼ら（奴隷たち）は家畜の占有と全く同様に、占有の目的物であった』。[(1)] ラムプレヒトもまた、前には犠牲として殺されるか、その集団の養子とせられた俘虜が、家畜の順化のために多くの人手を必要とする理由から、遊牧的段階においては、奴隷たらしめられたと言っている。[(2)] ディミトロフも、元来俘虜はアメリカ、オーストラリアおよびアフリカの狩猟民族の間においてそうであったごとく、獲物同様時を移さず殺されてしまったのであるが、人間が動物を順化しはじめるや否や、彼は俘虜を労働者として使役することをも学んだのである、と言っている。[(3)]

（1）Lippert, G. Kulturgeschichte der Menschheit, pp.522, 535（Nieboer　前掲書の引用による）。
（2）Lamprecht, K., Deutsche Geschichte, I. P.164（同右）
（原稿欠落）

（6）古代近東地方における奴隷制

第一章

奴隷制は古代社会の基礎であったのでありまして、どういう国の人民でもずっとその原始時代に遡って行けば、その構成要素の間に必ず何らかの隷従形態が見出されます。この残酷極まる制度は、決して神が自ら人類に賦与した共同生活の諸条件の中へ持ちこんだのではありません。神はこの人類の生活に労働の義務を課したのでありますが、早くも人間はこの義務を手近の誰かに負わせて自分は免れようと望むにいたったのです。家族内の婦人、子供がちょうどこれに適当のものとして家族内でまっ先に役立てられました。次いで家族の子供であると父親であるとを問わず、掠拐または戦争のため、彼らの意思がどうあろうと、弱いものが強いものに隷属するようになりました。かくて父権にもとづく場合であろうと、他人の権力による場合であろうと、また当人の同意によると強制によるとに拘らず、奴隷制はいつでも一種の権力濫用であることに変わりはなく、しかも、ひとたびそれが既成の事実として、立法者の制度や哲学者の教説を支配し得るようになりますと、もはや理性の審判に法理を設定しようとは決してしないのであります。

こういう状態に続いて、その変遷のうちに社会のあらゆる変遷が伴いました。社会の諸形態が益々完成して行くに従って益々ひどくなるということは顕著な事実です。法律はその制定に当って習慣を固定させ、重大な諸帰結の厳酷さに権威を与え、しかもそういう諸帰結に就いて自ら何も知らぬということもあり得たわけであります。人々はこういう単なる慣習の法制化されたものを、自ら服すべき自然の諸原則と混同して、そこから人間性の承認と同様の結果に到達し、自由を失うにいたりました。

愚かや！　かかるが故に奴隷は一個の

人間なるを！

(O demens! ita servus homo est !)

奴隷制は、人類平等というわれわれの魂に非常に深い確信を与えた天性に甚だしく反するものである！

人類の起源に関する『創世紀』の描写の中では、家族内の隷属と他人の奴隷化とに同時に出会います。婦人の隷従に就いては、そのはじめの方の頁に、『お前は男の権力に服するだろう』(Sub viri potestate etis)と書いてあります。これは罪業の結果や過失の刑罰であります。男の仲間であり同等者であった女が、社会的に男よりも低い階級に没落して行きました。清浄無垢な状態が支配的ではなくなったこの新しい状態では、調和はもはや両性間の自然の協力の間には存続し得なくなって、一方の他方への従属という秩序が彼女たちの間に成立しなければならなくなりました、女性はこの失権の最初の根源として最も厳酷な結果に服するにいたったのであります。女性は従属状態に陥ったけれど、そういう理由で奴隷でなければならぬわけではなかったのです。正常な家族的協同状態では、こういう地位の劣性化にもかかわらず、女性はなお男性の同僚でありました、女性は売買の用には供されませんでした。イザックに身を委せたレベッカは、自由にしてしかも従順で、ほとんどキリスト教徒の妻の模範となっています。ところが、ラバンがヤコブに売ったリアとラシェルとになると、自分たちが権利を喪失したことを自覚しています。[(1)] こうして父権の濫用が結婚関係を変質させて、ちょうど権力の濫用が主人を夫にしたとちょうど同じように、夫を主人にしました。そしてこれら二つの原因によって隷属関係が家族内に成立し、同様にして子供も父の家で服従して奴隷たちの労働を分担しました、しかし子供は自由であって、しかもいつかは主人になる筈でありました。ところが、奴隷はそうでなくて、その失墜は自分だけでなく、その子孫代々に及ぶものでありました。

(1)　"Nonne quasi alienas reputavit nos et vendidit, comeditque pretium nostrum?" (Genèse, xxxl, 15.)

ラバンは、その後でヤコブと結んだ契約の中で、その関係を次のように緩和されています：(Si afflixeris filias meas, et si introduxeris alias uxores susper eas.)（Ibid., 50.）

私はバイブルを引用するだけに止めておきます。Bibliogr. Antigaria de Fubricius, t. II, p.700 には、彼以前からすでにこの問題についてなされていた沢山の論究が見られます。

家長制の歴史の中では沢山の例が見えます、そして奴隷制は永続性と移動性という二重の性格を以ってそこに現れています。奴役義務の永続的な世襲的なのがその一つで、一人の主人から他の主人へ、売買、贈与、または相続によって、奴隷の地位の移動するのがもう一つの性格です。ですから、アブラハムはその家族の中で、出生による奴隷と買得による奴隷とを数えています。[(1)] これらの奴隷は、家畜群といっしょに彼が息子のイザックに譲った相続財産を構成しています。[(2)] ヨゼフは商人から銀塊五個でイスマエリ人を買って更にこれをエジプトへ転売しました。[(3)] レベッカは自分の父の家からイザックの家へ移ったときに、若い女たちを与えられました。また他の場合には、婦人が労役のためまたは贈物にするために買われた場合に、その婦人の持参金あるいはむしろペキュール（囚徒口銭）とすることがあります。かようにしてリアとラシェルとは、共にヤコブに嫁がせるために一人の奴隷をラバンから受取りました。[4]

(1) Gen. Xv11, 25.
(2) Ibid. xxlv, 61.
(3) Ibid. xxxv11, 28, et xxx1x, 1.
(4) Ibid. xx1x, 24 et 29.

奴隷の労働だけでなく、その子供たちもまた主人のものです。そしてユダヤ人の父親たちのところでは、一種特別の習慣がこの一般法に同じく一つの新しい性格を与えました。婦人はその奴隷に自分の妻としての権利を譲って母親としての権利を得ます。すなわちこの借物の繁殖力で自分に子のできないことを自ら慰め、しかもできた子供は自分のものにするのです。[1] エジプト人の女アガルがアブラハムの子を孕んでイスマエル人たちに預けられたのはサラーのためであります。ラシェルがヨゼフとベンジャミンとをまだ産まないうちにバラムが母親になったのはラシェルの代りとしてであります。そしてリアはもう子供を産む望みがなくなっているのに、その奴隷のゼルファによってヤコブから得た二人息子を自分のものとして数えてなお自慢にしていました。[2] 男主人に相続人を与えたために、本当の母親でありながら、依然として奴隷であって、その女主人の手許で強いて自尊心をおし挫かれていました。[3] しかし息子たちはすべて平等でありました、ただ長子権だけが彼らの間における唯一の差別でありました。

(1) "Ut pariat super "genna wer et habeam ex illa filios." (Gen. xxx, 3.)
(2) "Sentiens Lia quod parere desiisset,

"Zelpham ancillam suam marito tradidirt.
"Lua post conceptum edente filiam,
"dixit : "Feliciter!" "Et idcirco vocavit
"nomen ejus Gad. Peperit quoque Belpha
"ulterum, dixitque Lia: "Hoc pro beatit-
"tudine mea. "Propterea appellavit eum
"Aser." (Gen. xxx, 9-14.)

(3)
"Ancilla tua in manu tua est, utere
"ea utr libet...... Dixitque ei (Agar)
"angelus Lowini : Revertere ad dominam
"tuam et huwiliare enb manu illius." (Gen. xv1, 6 et 9.)

　ですから奴隷制は完成しましても、それが完全であるほどには酷烈なものではありません。こういう家長的習慣をもつ国では、未開人の生活の愚鈍さとも、文明人の生活の高雅さとも著しく違って、奴隷はしばしば主人に近いものであります。ヤコブは二十年間もこのラバンの家で奴隷として仕えていますが、そういう境遇から脱して今度は自分が沢山の奴隷の主人になります。[1] 労働と生活とのこういう共同状態のもとでは、いろんな条件の相異は消え失せます。一方の側に軽蔑もなければ、他方の側に呪詛も復讐もありません。アブラハムは何の不安もなしに、三百人からの若い屈強な生え抜きの奴隷を自分の陣中で武装させることができました。[2] こういう家族——家族であることに相違はありません——は、彼らが庇護を得、時にはそれ以上のものを得ている従属状態から脱するなどということは考えても見ずに、生長し、繁殖して行きました。ある奴隷はアブラハムの家のうちで主人としての権力を行使しています、[3]またある奴隷は一日間彼を相続することを許されました。[4]

（1） Gen. xxxl, 41, xxx, 43, xxxl, 18.
（2） Ibid. xlv, 14.
（3） Ibid. xxlv, 2.
（4） "Et ecce vernaculus meus, haeres meus erit." (Gen. xv, 3.)

私たちが家長のところで見たことはまた、この同じ古代に、同じような生活様式で生活しておった人々のところにも同様にあったと信ずることができます。私たちは同じような習俗を、それぞれの部族の特質に応じて多かれ少なかれ永続せる形態で、すべての遊牧生活時代にも見ます。例えば、ヘロドトスのいうところによりますと、古代スキチア人は、自分たちの飲料にする乳を搾らせるのに使用するため、すべての奴隷の両眼をくり抜きました。それはまた多分、彼らがこういう広漠たる自由の天地で奴隷を保持することができるように、というのでもあったでしょう。[1] やはりヘロドトスの言うところによりますと、すべての人民が車のほかには家と名のつくものは何ももたない蒙古人の間でも、奴隷制は見られたし、また遊牧生活の場合と同じように、農業生活も早くから奴隷制をもっていました。ヨブもまた七千頭の牧羊と、五百の牛の軛（くびき）と、そしてこれらと共に無数の奴隷を所有していました。[2] こんなに数が多いために、その所産を（原稿欠落）

奴隷は自分の生産物を味わう権利をもっていました。『ただ神に背く者だけを、自分の家でオリーヴを搾りながら、あるいは大桶の中で葡萄酒をつくりながら、渇に苦しませることができる』と聖書の著者は言っています。(3) またヨブは自分の奴隷や女奴隷の相手方となって裁きを受けることを拒みませんでした、神の裁きを怖れたからです。すなわち、『一人の婦人から私を創ったものが、どうして同じように彼らをも創らなかっただろう?-母親の胎内で私たちすべてを形づくったのは神ではないか?-』とヨブは言っております。(4)

(1) Herod. IV, 46. スキチア人の奴隷に対する残酷さは汎く知られていた。Voi. Athènèe, Deipnosophistes, xII, p. 524, c et e.

(2) “Familia multa nimis.” (Job, i, 3.)

(3) Job, x1v, 11. Voyeg la poètique traduction de M. Largrud.
“Si contempsi supire judicium cum
“servo meo et ancilla mea cam disceptnrent
“adversum me. Luuid enim faciam, quum
“surrexrit ad judieandum Leus ? et, quum
“quaersierit, quid responde bo illi ? Humquid
“non in utero fecit me, qui et illum operatus
“est et formavit me in vulve unus ? “ (Job, xxx1, 13-15.)

(4) (原稿欠落)

奴隷制は、このように、すでに古代の一事実として習慣によって認められ、人類がもっと重要な社会を形づくるに及んで法律によってその諸条件が確定されたものであります、総じて、ユーフラテス河の流域地方におきましても、イランや、インドや、中国などの住民の場合でも、大抵同じように、立法者たちが奴隷制を承認しております。モーゼ自身は自分の物語の中で、奴隷制について何も話してはいませんが、その法令の中でこれを支持しております。どんな権威も、キリスト教徒が神の声そのもののように尊敬している保証をこの習慣に賦与しなかったものはないでしょう。奴隷制が、もし以前に人類の創設したものでなかったとすれば、それは全然こういう風にして神のおきてとはならなかったでありましょうか。

モンテスキューは次のように答えています。『神慮がユダヤ人に対して、「我れ汝らに良からぬ若干の掟を与えたり」と告げたのは、それらが相対的に正しいものを含んでいなかったという意味であります。これこそがモーゼの律法に対してなされ得るあらゆる非難を払拭するものであります』[1]。モーゼの律法、すなわちいわゆる神の律法は、人類の立法に対して提供された一個の理想なのではなくて、一つの実際的な律法であり、またヘブライ人の特殊な律法であります。従って、私たちはここで、すべての人々が、すべての時代に、服従しなければならぬ普遍的な道徳上の訓言と共に、いわゆるイスラエルの子らに特有な制度に出会うわけであります。特殊な律法は、『まごころの強さのために』(ob duritiem cordis)、道徳観念に即応し、諸々の習慣を認容しなければなりません。しかし、それは、すべてこれらのものを受け容れながらも、その基礎としてもっている神聖な原則に従って、自らを支配し、自らを変化させるのであります。

(1)　Montesquieu. Esprit des lois. xlx. 21.

この原理は律法の最初に述べられている『神よ、私は主である』という語句に要約されていて、次の二つの事実の上に建っています、すなわち第一には、神こそがイスラエル人をエジプトの地から救い出したのだということ、第二には、彼らを約束の地に導き入れたのも神であるということであります。ですから、イスラエル人は彼にとって身体であって、また財産でもあります。そこに一切かれらの市民法、人身法、事物に関する法の基礎があります、そこに彼らのところで、彼ら全人民のところで、彼が独占的なものとして、また、絶対的なものとして有するに適するところの規範があるのです。

律法はまた女に対する男の優越権を認めております、それはまたその適用に制約を加え、[1] 律法自らが生ぜしめたいろいろの義務をもってそれを妨げながらも、[2] しかも一夫多妻制を支持しております。しかし、もし妻として女がその夫に従順であるとしますならば、母として彼女は同様の尊敬を受ける権利、すなわち子供の方からの同様の服従の権利をもっております。すなわち『汝の父と汝の母とを尊敬せよ』と律法は言うております。[3] 律法はその身内のものたちに対する家父の権力を確認しています。しかしそれは彼に対して彼らの生命を自由に処分する権能を拒否していますし、また彼らの名誉と自由との保護者の領域内で彼らを売却する権能を与えていません。[4] 要するに、律法は奴隷に対する主人の権利を認めております。けれどもこの律法は、重要な若干の制限の下にそれを認めているにすぎません。要約しますと、律法はそれを構成している諸要素を保護し、防衛しているということに帰するのであります。

(1)　"Non habebit uxones plu" (Deut. Xv11, 17) ユダヤ伝教およびユダヤの立法者たちはこの数を四と決めています、コーランもこの数を採用しています。

(2)　Levit. Xv, 16, etc. 時とすると夫人は購入せられます (cf. Osee, 111 1)、その後彼女は夫に帰属するばかりでなく、夫の相続者の配偶者となり、更に順次相続者たちに移属して行きます。(Voy. Michaelis, Droit mosaique.)

(3)　Exod. Xx, 12. この父と母との平等の権利は同じように承認されています (Exode. Xx1, 17; Lèvit xx, 9; Deut: xx1, 18.)

(4)　Pastret の引用による Lèon de Modèn に従えば、十二歳になるまでは、小児の売買は許されませんでした。ところが、人は七年間自由を譲渡することができませんでした。(Voyez plus bas p.12.)。そこで彼は二十歳までは自由であったわけであります。

奴隷制はヘブライ人の間で、戦争(1)、出生(2)、売買等、諸国民の間のあらゆる様式の慣例を具備して永く存続していました、そして出埃及《えじぷと》記（l'Exode）（旧約聖書の出エジプト記）中の一箇条では、平均価格を三十シクルとはっきり定めております。(3) それが異邦人にかかる場合には、彼が永続的な、世襲的な習俗中に在るということに帰着しました。そして立法者がそういう状態に服従させようとより多く望んでおったのもまたこの異邦人の場合でありました。(4) 彼はイスラエル人をそういう状態に陥らせることを好みませんでした、それでこの痛ましい結果を予測させるためにできるだけのことをしました。聖賢たちは土地の分配と世襲制の維持(5)、自由な労働に対するはっきりした庇護(6)、神の思召しに違わないようにというこの慈悲深い事物の分配の仕方に注意を傾けています(7)、そして避難所のない不幸な人々の接待(8)、あるいは奉公人の待遇(9)に対する、債権者に、債務者に、質物に、富者と貧者の所得に対する(10)、すべてこれらの慈善的な法令はこの保護の観念で鼓舞されています。しかし、結局のところ悲惨はもっと強大であり得ました、そしてそういう極端な場合に限り、自由な人間の売買を死刑をもって罰した法令(11)も、イスラエル人が自ら身売するのをその子孫たちを売る場合と同様に許すにいたりました。(12) ある一つの場合は奴隷状態が強要せられました、すなわち、自分の犯した罪の贖いとして定められたけの巴旦杏《はたんきょう》を支払うことのできない盗人の処罰の場合がそれでありました。(13)

(1) Deut. xx. 13; 10, et Lèvit. xxxl. 35.　法令はカナーンの国の人々の服従を一種の危険として保護しました、(ibid) 一方国内戦におけるイスラエル人の場合には一種の瀆《とく》聖罪として遇しました。(II Paral. xv1111, 8-16) Les Gabaonites は公奴隷として Aaron に奉仕すべき従者となるという口実の下に免除されています。"In ministeris cuncti populi et altaris Domini, caedentes ligna et aquas comportantes usque in praesens tempus, in loco quem

elegisset Dominus." (Josuè, 1x, 27.)

(2) Exode, xx1, 4, et Lèvit. xxv, 45.

(3) これは偶発事によって殺害されまたは傷つけられた奴隷に関して法令が定めた価格であります（Exode, xx1, 32)。種々の価格については、読者は chaptre xxv11, 2-8, du Lèvitique において、一種の価格表を見ることができます、そこでは神に献ぜられた人間の贖金の額を次のように決めています。二十乃至六十歳の男は五十シクル、同じく女は三十シクル、十五ないし二十歳の男は二十シクル、同じく女は十シクル、一ヶ月乃至十五歳の幼小児の場合には男の子には五シクル、女の子には三シクル、六十歳以上男は十五シクル、女は十シクル。この最高額五十シクルはまた個人間の最高購買価格でもあります。この金額は若い娘を無理矢理に娶る場合に、損害賠償として、その父親に支払わなければならぬ総額であります。（Deut. xx11, 29.）Osée 111, 1. の章句中では、自由意思で結婚した女は平均三十シクル――半分は金で半分は自然物――の価格で購われたようであります。（jugler（DE nundinatione servorum）は一シクルを四ドラクムと見積もっていますが、一ドラクムは約九十セントであります。

(4) "Servus et ancillu sint vobis de nationibus quae in circuitun vestrs sunt. Et de advenis qui peregrim antur apud vos, vel qui ex his nati fuerint in terra vestra, hos habebitis famulos; Et haereditaris jure transmittetis ad posteros, at possidebitis in aeternum; fratres autem vestros Israel ne opprimatis per potentiam." (Lèvit. xxv, 44-47.)

(5) Voyeg la loi sur L'annee jubilaire. (Lèvit. xxv, 10 et suiv.)

(6) Exode xxxv, 25, etc.

(7) 神の持分は貧者の持分でありました（Voez Exode, xx111, 11; Deut. X11. 18, etc.）

(8) "Li attenuates fuerit frater tuus et infirmus manu, et susceperis eum quasi advenam et peregrinum, et vixerit tecum, Ne accipias usuras ab eo, nec amplius quam dedisti. Time Deum tuum, ut vivere possit frater tuus apud te." (Lèvit, xxv, 35.)

(9) Lèvit. xxx, 6; xIx, 13; Deut. xxIv., 14, 5.

(10) Exode, xxII, 25; Deut.xv, 9-12; xxIII, 6, 10, 17, etc.
(11) Exode, xxI, 16.
(12) Levit.xxv, 39 et 47; Exode, xxI, 7.　絶対的な貧困の状態は実にひどいものでした。Voyez le Commentaire le sain Augustin sur celte loi, Luoest. In Exode., t.III, p. 702-704. Ed. Guume, et les Rabbins cites par M. Gadoc Kahn, Lèsclavage selon la Bible et le Talmud. (1867), p.10.
(13) Exode, xxII, 3.

かくて以上のごとく、そこでは奴隷制が保持されていました。しかもよく諒解されて。ではどんな状態であったでしょうか。

普通法は、奴隷に対する一切の権能を主人に与えました、彼は奴隷を正しく使役することもでき、またひどくこき使うこともできました（jus utendi, abutendi）。奴隷にとっての生存は主人の財産でありました。モーゼの律法はその濫用を禁じ、また単純な使役を制限するために、その所得に干渉しました。

モーゼの律法は奴隷の濫用を禁じました。自分の奴隷を殺した主人は、死刑に処せられました。何故かと申しますと、人間の血を流すことを防止したこの律法は、奴隷を普通の人間の中に数えているからでありま す。(1) 邪悪な待遇に関しましては、それらを防止するよりも容易でなかったようです。家父長は家内の警察権をもっていました。だとしますと、どの点からがこの加罰権の越権となるかを法律上どういう様に確定するでしょうか。モーゼはこの難問をただ一言で、きっぱり解決しました、すなわち、その主人に傷を負わされた奴隷は自由となる、と。『もし彼が奴隷の眼一つをつぶしたならば、もし彼が奴隷の歯一本を折ったならば・・・・』(2)（すべてがこれらの極点の間に包含されています）。しかもこの処分は、単に傷つけられた奴隷に対する一種の賠償であったばかりでなく、すべての奴隷に対する一種の保証でもありました。それはまた主人の利益でもありました、彼の憤激を抑え、財産に対すると同じような愛着でその濫用を制したからであります。

(7) 「アジア的生産様式」に関する論争の経過と展望

緒言

「アジア的生産様式」の問題が、ソヴェート同盟において特に人々の関心を呼び起こしたのは、一九二六年——二七年における、中国革命の性質に関する論争以来のことである。一九三一年二月に、コムアカデミー・レーニングラード支部のマルクス主義東洋学研究協会並びにエヌキッゼ・レーニングラード東洋学研究所の共同主催のもとに行われた「アジア的生産様式」に関する討論会は、同国におけるこの問題に関する論争の最高潮を示すものであった。これらの諸論争は、まだ問題を残りなく解決し終わらせたとは言えぬようであるが、その過程において、問題解決へのその後の諸労作のためにも、先資本主義的諸構成一般の今後の研究のためにも、効果ある幾多の成果をもたらしたことは疑い得ない。[(1)]

(1) 例えば「奴隷所有者的構成」に関するコヴァレフの業績を見よ（『歴史科学』、九年十二月号、コヴァレフ著『古代社会論』）。

ソヴェート同盟におけるこれらの論争は、当然のこととして、日本における新興史学の学徒に影響せぬ筈はなかった。かくて一九三三年初頭以来の活発な論争が展開された。それにも拘わらず、この国の論争は、「結局、結果において、あまり見るべき成果を収め得ずして」、「一応、一昨年をもって終結し、昨年においては、これらの論争は、一先ず、終熄の形をとっていた（晴山見鳥氏）。[(1)]最近数箇月以来、問題は再びこの国において討究の俎上にもちきたされ、論争はあらたに活発化しつつある。[(2)]とは言え、忌憚なく言って、われわれは、アジア的生産様式の問題が日本に紹介されてからすでに数年になるが、日本では問題の解決、日本へのその具体的適用はおろか、国際的な所説の正しい紹介さえ不充分である」という、まる二年前に早川二郎氏が洩らしたその同じ遺憾の意を、[(3)]いまなおほとんどそのままくり返さなければならない。

(1) 『歴史科学』、本年二月号所載、同氏論文「最近におけるアジア的生産様式の問題の開展」、八三、八四頁。

(2) 例えば、『歴史科学』昨年十二月号における早川二郎氏「東洋古代における生産様式の問題」、同誌本年二月における晴山見鳥氏の前掲論文、同、森谷克己氏「社会系統の一時代としての『アジア的生産様式』と東洋諸社会の生活過程」、『唯研』本年四月号における早川二郎氏「いわゆる東洋史における『奴隷所有者的構成の欠如』を如何に説明すべきか?」、同、李清源氏「アジア的生産様式と朝鮮封建社会史」、同じ月の『経評』における相川春喜氏

「奴隷制的構造とコヴァレフの見解」、等。

(3) 早川氏訳『アジア的生産様式』に就いて」訳者序文。

私のこの小稿は、問題の直接的解決を企図するものでないのは勿論、その解決に向っての何らかのあたらしい見解を示そうとするものでもない。ここでの当面の目的を、私は大体次のように規定して置こうと思う。「アジア的生産様式」の問題は、たんにこの問題の究明に専心し得る史学の専門家ばかりでなく、いまでは、この国の若い進歩的な人々一般に対しても、異常の関心を喚び起こしているように思える。これらの人々は、みずからの同問題研究へのあらたなる出発のためにも、現に行われている論争を正しく理解し、評価するためにも、問題の全貌をはっきり系統的に呑みこみたいと望んでいる。しかるに、ここで論争に参加している人々の諸論索は、多くは自家の見解の主張や、それの日本歴史への具体化に専らであって——そのことがいけないというのでは決してない、それはそれとして、その成果はともかくも、甚だ重要な意義をもつ——右のごとき要求を満足せしめ得るようなものはほとんどないと言ってよい。[1] どの程度にそれを果たし得るかはこの後の問題であるが、そういう要求に応じようとするのが、この小稿の主たる目的である。

(1) 前出、早川氏訳『アジア的生産様式』に就いて」は、一九三一年二月のソヴェート同盟における討論会の速記集を邦訳したものであって、この目的に大いに役立つものであるが、主としてこの論争に参加した人々の発言を整理し、系統立てることによって、一層これらを分かり易くしようとするのが、私のこの試みである。

前記の目的のために、私は大体ソヴェート同盟における討論会で示された諸家の見解[1]、および日本における最近の諸論索[2]に拠って、問題を次のように取り扱って行く予定である。[3] 第一に、この問題の政治的・実践的並びに理論的・方法論的重要性を明らかにする。第二に、マルクス、エンゲルス、およびレーニンの諸文献中、この問題に関係ある章句を㋑「アジア的生産様式」の理論の肯定の根拠たるべきもの、㋺否定の根拠たるべきもの、㋩論者によっていずれにも解釈されているもの、等に分けて点検する。第三に、この理論に対する賛否両側の論者（日本の諸家をも含めて）を、いずれもそれぞれの立論の特徴により幾種類かに分別して、それらの主張を検討する。第四に、そして最後に、かくして到達した結論を何とかまとめて、能うべくはわれわれの研究の一歩前進に寄与したいと思う。この労作の過程において、私はなるべく私見を加えず、できるだけ各論者の言葉を借りて問題の解明を試みるという方法を取るつもりである。

(1) ここでは主として一九三一年の討論会に参加した人々の、その際における発言によることとし、(早川氏の邦訳書を用いる)、それ以前の文献についても、いまのところ私の利用し得るものは極めて僅少である。

(2) ここでも、比較的古い論索は、洩れなく利用することが困難であるから、主として最近のものによることとし、可能な限りにおいてそれ以前のものにも触れる。

(3) これはただいまの大体の予定であって、労作の進行途上において若干の変更があるかも知れない。

一　アジア的生産様式の問題の政治的・実践的並びに理論的・方法論的重要性

ソヴェート同盟における論争の一方の大立者M・ゴーデスは、討論会の最後に立って述べた『結語』において、次のごとく言ってる。

「ここでパパヤンは、アジア的生産様式の論争は純学問的論争であり、これに政治を混ずる必要は少しもないと主張した。しかし機械論的傾向および理論との、ボグダーノフ主義の再発との闘争は今日政治的な任務であるか、純学問的な任務であるか？私はパパヤンにこれの答えを要求する。いつからわれわれは政治的任務と科学的任務とを、互いにこんなに分けることになったの?」(『論争』――早川氏訳『アジア的生産様式』に就いて」を以下こう略称する――三〇七頁)。

衆知のごとく、マルクス主義においては、政治的・実践的意義をもたない純理論なるものは存在しない。いかなる問題の取り扱いにおいても、それとこれとを機械的に切り離すことは、絶対に許されない。だが、われわれはここで、このことを充分に念頭において、便宜上、アジア的生産様式の問題の重要性を、主としてその政治的・実践的方面と、主としてその理論的・方法論的方面とに分けて明らかにする。

A 問題の政治的・実践的重要性

認識は、従って理論は、実践によってのみ発展させられ、検験され、深化させられる。ソヴェート同盟における、アジア的生産様式の問題の研究を促したものは、何よりもまず中国革命の性質に関する政治的・実践的要求である。討論の劈頭に当り、ゴーデスは、その「アジア的生産様式に関する討論の総決算」において、この点を次のごとく明白に述べている。

「アジア的生産様式に関する討論の基礎をつくったのは、全体としての社会的諸構成に関する討論の場合がそうであったように。一九二六―二七年の時期に全幅にわたって展開された中国革命・の性質に関する論争であった。すでに当時における論争が、わが理論の実践からの立ちおくれ、理論が実際に追いつかないという同志スターリンの思想の明瞭な例証たり得た。コミンテルンは現代の社会経済的組織の性質の問題に関してはっきりした解答を与えた。しかるにわれわれマルクス主義者は、この場合われわれの理論的活動が、革命的実践の先を越したということを誇り得ない。全然反対である」(ゴーデス、

論争、一頁）

このことは、当面の問題についてもっと具体的に言えばどういうことになるのか？少し長いが、われわれはなおしばらくゴーデスから聴くことにしよう。

「中国革命の性質」の問題における党とコミンテルンの設定は二つの見地から論議されたが、その際両者共に同様に、中国における封建主義の否定を導き出すものであった。中国の古代史に封建主義を発見することにとって多くの貢献をなしたラデックは〔第一の見地――辰巳〕、トロツキー主義者として、現代の中国においては真面目な封建的遺制の存在は否定した。彼の意見によると、中国の社会経済的秩序は商業資本主義の支配によって特徴づけられるのである。

ラデック自身、すでに一九三〇年に、右に示されたような自分の誤謬を評価していることを、同年第三号「支那問題」に掲げられた彼の論文の一章句を引用することによって明らかにしながら、ゴーデスはなお続ける。

「同志ラデックのこの公式の充分はっきりしない点は暫く措き、ラデックが正しくも己の根本的誤謬を現代の中国における封建主義の遺制の過小評価にみているということはやはり明らかである。」

「しかし現代の中国の経済的秩序と反封建的革命として党の評価に対する攻撃は、封建主義をいわゆる商業資本主義と置き換える線に沿うて行われたばかりではなかった。第十五回党大会においてコミンテルン．におけるわが代表たちの報告に対する討論のなかで、中国革命の問題について演説したロミナッゼは〔第二の見地――辰巳〕、次のように言った。」

私は中国の農村に存在するところの社会的諸関係の型を、非常に条件的に、それはヨーロッパの中世とはほとんど似つかないという保留を付してのみ、封建主義と名づけ得るにすぎぬと考える。マルクスが名づけたように、アジア的生産様式と名づけられた方がよいと考えられるところの、この独自な中国封建主義の遺制は、中国の農村において最も尖鋭な階級闘争を生み出す原因でもある。(全同盟共産党第十五回大会速記報告、六六二頁)

「一見してこの言葉は無邪気な述語上の訂正とも見えた、しかしこの同じロミナッゼは、広東コムミュンの性質の評価において、革命の任務を社会主義革命の任務と規定してトロツキー的設定を与えた。中国における封建主義の否定やその抹殺やは、つねに政治的誤謬、しかもトロツキー的性質の誤謬を生んだという事がわかる。特に中国の農村における社会的諸関係のアジア的生産様式としての評価は、中国共産党の農業綱領の原案、その後、第六回党大会で否決された原案のなかでも与えられた・・・・」(ゴーデス、論争、一一―一三頁)。

討論における一方の大立者、アジア的生産様式の理論への最も有力な反対者M・ゴーデスが、中国革命の性質に関連して、この問題を、政治的・実践的にいかに重要視しているかは、右によって充分あきらかである。かつてトロツキー主義は、中国には商業資本主義が支配するとなし、従ってここでの革命の性質を社会主義的なものと規定することによって、重大な混乱をもたらした。アジア的生産様式の理論もまた、中国に支配的なのは「アジア的生産様式」であって、封建的生産様式にあらずとすることにより、トロツキー主義に呼応するものだというのである。ここでの革命的実践の諸成果から、党およびコミンテルンが正しく規定しているのは、中国革命の反封建的性質なのである。いまひとり、ゴーデスと同じ陣営に立って、更に激烈にアジア的生産様式の理論に反対しているE・ヨールクがどう言っているかをも見よう。

「もし、われわれが、現在のごとき嵐のように沸き立つ時代に、すなわちわが国においては社会主義のために緊張せる時代に、全世界においては、そして特に東洋の植民地諸国においては最も尖鋭なる革命的闘争の行われている時代に、「アジア的生産様式」のごとき問題に関する討論に従うことが可能であると考えるものとすれば、それは明らかに、何よりもまずこの討論の政治的意義がわれわれに関心をもたせるからであり、何よりもまず、「アジア的生産様式」の理論から出発して、われわれが如何なる政治的結論に達するかの問題がわれわれに関心をもたせるからである。私はここにいる聴衆諸君が示しているところの、われわれの討論に対する関心は、明らかにかような考えに基づいて、すなわち実践的性質の考えにも基づいているものと考える。私は出席者諸君の大部分が、何よりもまず、討論が如何なる「政治的・実践的価値をもつか、われわれの論争の結果、われわれはいかに、現在東洋に起こっている歴史的過程に対して最もよく援助することができるか、ということを問題にしているものと考える」

(ヨールク、論争、一〇二頁)。

かくてヨールクは、彼の発言の大半を、われわれがさきにゴーデスにおいて見たと同じ中国革命の性質とアジア的生産様式の理論との関連の問題に費やしている。しかしこの問題の政治的・実践的意義を重要視しているのは、ひとりゴーデスの側の人々ばかりではない。これと反対の陣営に立つ人々、すなわちアジア的生産様式の理論の支持・肯定の陣営に立つ人々においても同様である。例えばこの側の代表者の一人である

M・コキンは、次のごとく述べている。

「同志ゴーデスが、アジア的生産様式の討論の主旨に関して、この問題の意義に関して語った報告中の部分においては、私が全く完全に彼に同意するものであることは述べて置く必要がある。」

「この討論の他の極度に重要な側面は、それが今日の政治的問題と不可分の連関のうちにあるという点にある。コミンテルンの綱領には次のごとく言われている。
植民地および半植民地諸国（中国、インド、等）・・・・すなわち国内の経済においても、その「政治的上層建築においても、封建的・中世的諸関係もしくは「アジア的生産様式」の諸関係が優勢な諸国・・・・。」

「アジア的生産様式の問題がコミンテルンの綱領のなかにもその反映を得ていることは全く明らかである。討論はこの生産様式が存在したか否かをわれわれが解明するのを助け、それによって綱領のこの箇所を正確にするのを助けなければならぬという現実的意義をもっている。アジア的生産様式の問題は、例えばこの構成に固有の諸関係が存在するものと認めれば、コミンテルンの・・・・せねばならぬし、これを排撃すれば、明らかに他の戦術をつくり出さねばならぬような現実的な意義をもっている。正にこの点に論争の疑いもなき実践的な現実性がある。しかしここの現実性は、われわれを助けてこれらの問題を解決せざるを得ざらしめる」（コキン、論争、五八、五九頁）。

綱領のこの箇所を如何に解釈すべきか――アジア的生産様式の肯定としてか否定としてか――が、猛烈な論争の一中心題目をなしたことは、われわれが後に見るごとくである。

A・ムハルツヂはアジア的生産様式の理論を分けて、㈠マルクスが古典的もしくは奴隷所有者的生産様式に先行するところの一定の社会構成として取り上げたようなアジア的生産様式、㈡一九二五年以来現れた、そしてアジアにおける、特にインドおよび中国における封建的発展を否定しているところの、最近のマルクス主義的諸労作において解説されているような意味におけるアジア的生産様式、の二つとなし（論争、二四

三、二四四頁）、前者を認め、後者には反対しているのであるが、わけてもこれをインドに通用することの不可なるを強調して、次のごとく言っている。

「私が到達した結論は次の通りである。あらゆるマルクス主義者は、アジア的生産様式が帰着するところのアジアにおける封建的発展の否定のごとき反マルクス主義的概念と、絶えず徹底的に争わねばならぬということこれである。これは、インドはヨーロッパとは何らの共通点もない特殊の発展の道をとる、と主張するガンヂー派の理論を強く支持してやることになる。ガンヂー派が、未組織プロレタリア大衆、および特に農民を愚鈍化するために用いる理論こそこれである。インド・ブルジョアジーの概念を養い、支持する恐れのあるあらゆるものと断乎として、最後まで戦わねばならぬ」（ムハルッヂ、論争、二五九頁）。

ここでムハルッヂが強調しているような意味での、この問題の政治的重要性は、ゴーデスによっても、しかも一層完結せる形で、述べられている。ムハルッヂによって前面に出された『国民主義』との関連の問題の外に、ゴーデスによっては、『ヨーロッパ資本主義の救世主的役割』に関する思想との関連の問題も明らかにされている。しかもそれは、後者にあっては、前者におけるがごとく限定された意味のアジア的生産様式の理論についてのみ言われているのではなく、『東洋史の例外的特自性を強調するアジア的生産様式の理論』一般について言われているのである。

「更に、東洋史の例外的特自性を強調するアジア的生産様式の理論は、同じ例外性の仮面のもとに、東洋にとってのマルクスおよびレーニンの学説の非現実性を主張しようと試みているあらゆる国民主義的要素を完全に歓喜させ得る、同時にこの例外性の理論は東洋社会の沈滞性、従ってヨーロッパ資本主義の救世主的役割を承認することと結びついている限り、完全に帝国主義を満足させる」。

B　問題の理論的・方法論的重要性

以上においてわれわれは、ソヴェート同盟におけるアジア的生産様式に関する論争が、第一義的には、中国革命の性質の問題という、最も切実重要な当面の政治的・実践的課題と関連するものであったということ、そして論争に参加した代表的な人々が、この面からの問題の重要性を充分理解し、強調していることを知った。(1) しかも少し先走りして言うのであるが、われわれが後に見るであろうごとく、この意味においては、アジア的生産様式の否定者たるゴーデスの側の主張が、決定的に論争をリードしたかのようである。すなわち、論争の過程は、大体においてこの理論の頑強な支持者たちでさえ、アジア的生産様式の理論を現在の中国、インドその他のアジア諸国へ適用することの不可なるを承認するにいたったことを示している。かくて、この意味からの論争は、一応解決を見たものと言ってよいであろう。

(1) 論争に参加した人々のなかで、この問題の政治的・実践的意義についても、理論的・方法論的重要性についても、何ら関説するところのない人々も少なくない。しかしこれらの人々が、特にそういう点に触れていないことを以って、彼らがその点に無関心であると解すべきでないことは勿論である。すべて彼らの発言はそういう前提のもとに進められ、限られた時間内に、もはや何人にとっても異論のないことを、一々繰り返す必要のないことが充分理解されていたからである。

われわれが直ぐ後に引用するごとく、「中国革命に関する討論は、一挙にして、われわれをいくたの理論的問題に当面させた」、とゴーデスは言っている。アジア的生産様式の理論の支持者の中の若干の人々の主張のなかに、『機械論的傾向および理論』、『ボグダーノフ主義の再発』を見たゴーデスが、それとの闘争の政治的意義を強調している事実を、われわれはすでに彼から引用することによって知っている。マルクス主義において、政治的・実践的意義をもたない純理論なるものの存在し得ないことを、われわれもまた本節の初めに当って特に念を押して置いた。ここでも再びこの点を繰り返し念頭において、アジア的生産様式の問題の理論的・方法論的重要性が、論争の参加者たちによってどう考えられているかを見ることとしよう。

先ず例によって、最初に発言したゴーデスに聞こう。

「中国革命に関する討論は、一挙にして、われわれをいくたの理論的問題に当面させた。それは封建主義および商業資本主義に関するわれわれの表象を適確にすることを要求した、それは中国および全体として東洋は、ヨーロッパ諸民族の歴史に見られない特殊の社会構成を経過して来たのであるか、あるいは中国および東洋の歴史においてわれわれが出遇うのは、ヨーロッパの歴史においても出遇うような諸形態の、独自の発展であるかという問題に対する答を要求した」（ゴーデス、論争、三頁）。

ゴーデスと同じく、アジア的生産様式の理論の反対者であるA・ポリヤコフもまた次のごとく言っている。「アジア的生産様式の理論に関する討論は、事実上マルクス＝レーニン的社会構成理論の、東洋諸国の歴史の具体的材料への適用に関する討論である。他のいかなる断面においても、勿論それを観察することは不可能である。そしてこれだけでも、それは特別の意義をもち、最も緊密に一般方法論的諸問題とも、政治的諸問題とも結びついている」（ポリヤコフ、論争、一五二頁）。

問題の理論的重要性が、専ら東洋諸国の歴史の正しい理解という点にあることを認めることにおいては、ゴーデスとは結論において真正面から対立するコキンにおいても同様である。

「・・・・アジア的生産様式に関する学説は、マルクス主義の創唱者たちが、この生産様式が存在したとなす東洋諸国の歴史に鍵を与えるので重要である。社会的諸構成に関するマルクスの学説の不可分の一部をなすこの学説に従って、われわれはこれらの諸国の歴史の推進力を理解し得るであろう。その上われわれはこの学説に従って、東洋の歴史を、ヨーロッパの歴史のみであった「世界史」に包含させ得るであろう」（コキン、論争、五八―五九頁）。

S・コヴァレフは、討論においてこの理論の支持者の側に立っているが、しかしこの人は、「私はアジア的生産様式が極東に存在したかどうか、またそれがいつの時代だったかは知らぬ。私はこの歴史部門の専門家ではない。しかし、それが古代に、近東の若干の地方に、例えば旧および新王国時代の、またプトレマイオス時代のエヂプトに、存在したことは私にとって全く疑いのないことである」（コヴァレフ、論争、一四二頁）と言っている。だからこの人にとっては、他の人々と異なり、アジア的生産様式の問題は、それが中国、インド等極東アジアの歴史の解明にいかに適用さるべきかには無関係に、なおその理論的重要性が主張され得るのである。すなわち彼は言う。

「・・・・私は、アジア的生産様式の学説は、マルクス主義において、真に根本的なものであること、これの拒否は、歴史過程の進行に対するマルクスの理解の完全な修正となることを立証することに努める」。

「アジア的生産様式は人間社会の発展史における不可欠な一環である・・・・」（コヴァレフ、論争、一三八頁。なおV・スツルーヴェも、ほぼ彼と同じ見解を支持しているようである）。

われわれがすでに引用したところからも伺えるように、ヨールクには、この問題の政治的意義を強調する余り。その理論的意義の無視もしくは、少なくとも軽視の傾向が現れている。コキンはこの点を批判して、次のごとく言っておる。

「・・・・同志ヨールクは、アジア的生産様式が実際に特殊の構成であるか否かを解決することは、討論の根本任務ではないと考えた。私は同志ヨールクは誤っていると思う。同志諸君、ごく最近「プラウダ」に赤色教授学院十年祭に関連して（二月にモスコウおよびレーニングラードの赤色教授学院の組織の布告が発せられている）M・N・パクロフスキーの論文が掲載された。そのなかで彼は、最高学校のための教師養成の機関をつくり、そこで理論経済学、史的唯物論、社会形態の発展、近世史およびソヴェート建設を教える必要を述べているところの、レーニンの署名のある一布告を引用している。社会構成の歴史が、われわれの最高学校の教師を養成すべき筈のものとレーニンの考えていた五つの基本的問題の一つとして、ここに反映されているということは、まったく明らかである。それ故特殊の構成としてのアジア的生産様式の問題が興味のない問題であると語ることは、私の見地からすると全く根拠のないことである」（コキン、論争、二七四頁）。

この討論においては、歴史研究の方法論、特に先資本主義的社会諸構成の解明の方法論が重要な課題となり、しかもこの方面において相当見るべき成果を齎たらしたこの点に関しても最大きな役割を演じたのはゴーデスであるように思える。

「アジア的生産様式の問題から始まって、討論は社会的構成に関する論争に及んだ。・・・・われわれの討論の政治的意義を考慮すると共に、われわれは同時に、具体的研究の領域におけるわれわれの活動の成功と可能性とは、われわれの方法論的論争の正しい決定に依存することを理解している。われわれが方法論的論争に夢中になっていることを非難するものには、レーニンの言葉をもって答えよう」。社会科学の問題におけるもっとも確かなこと、およびこの問題に正しく接近する習慣を実際に獲得し、無数の瑣事や相闘争する諸意見の非常な多種多様さのなかに迷いこまないようにするために必要なこと、——科学的見地からこの問題に接するために最も重要なこと——それは基本的な歴史的関連を忘れず、各々の問題を、ある現象はいかにして歴史に発生し、この現象はいかなる主要諸段階を経過したかという見地から観察し、そしてこの発展の見地から、所与の事物が現在どうなったかを観察することである（レーニン、国家に関する講演、新しい論文および手紙、九四ページ）。

「・・・・歴史家の任務が具体的歴史の研究にあることは自明であるが、それだけにわれわれは、現在一層一般的諸問題に注意を割くのである。それは社会並びに全体としての歴史過程に関するマルクス＝レーニン的学説のはっきりした理解がなければ、歴史的研究の領域におけるあらゆる活動は全く無成果に終わるだろうからである。しかし東洋に関するわれわれの活動は、たったいま始まったかりである。そして方法論上の諸問題に関して、正確な諒解を遂げて置く必要は特に感ぜられる」（ゴーデス、論争、三、四、五頁）。

C　日本においてはこの問題討究の意義がいかに理解されているか

日本においてこの問題に関する論索を公にした人々によって、アジア的生産様式の問題はいかに評価され、いかにその意義を認められているであろうか。まず第一に、この理論を中国革命との関連おいて取り扱っているのは、ほとんど平野義太郎氏ただ一人にすぎぬようである。平野氏は、『唯物論研究』一九三四年六月号所載の同氏論文、『支那研究に対する二つの途』において、次のごとく言っている。

「中国研究の画期的前進は、一九二七年のトロツキスト、一九二八年のロイ派等に対する論争的克服の過程に成し遂げられた」。そこで一中心論題となったものが、アジア的生産様式に関する諸討論である。「したがって、アジア的生産様式に関する諸論争それぞれに適当の地位を附与し、それを正しく理解し得んがためには、それに先行せる基本的論争より出発することを必要とする。すなわち中国の封建社会の経済機構が、すでに資本主義生産様式によってとって代られ、資本主義化過程が封建制を廃滅に帰せしめつつあるというトロツキー派の所論、ならびに「帝国主義が中国資本主義を推進する」というEntkolonisierung——これまたトロツキストによって主張せられ、また、ロイ派の主張ともなった——所論に対立して、これを克服した基本的な討論から出発せねばならぬのである。かかる謬論の謬論たることを立証し、それを克服せんとせるもののみが、はじめてその後のアジア的生産様式の内部論争をも、有意義に深化することを得るからである」（平野氏、『唯物論研究』、一九三四年六月号、一一頁）。ここで平野氏が、アジア的生産様式の問題の第一義的、政治的・実践的意義を、ソヴェート同盟における諸論者と同様、極めて明瞭に把握し、且つ表現していることをたやすく知ることができる。

晴山見鳥氏は、『歴史科学』、十年二月号所載の『最近におけるアジア的生産様式の問題の開展』において、「・・・・それ〔この問題に関する日本における論争——辰巳〕は何らの有閑事でも、何らのアカデミックな遊戯でも、何らの枝葉への迷行でもあり得なかった。それは、緊密に、且つ直接に、今や単に一片の火の点接を待ちつつあるのみの、全東洋の——ひいては全世界の、激転の前夜のこの瞬間に結びついた、真に世界史的な壮大な意識への一環をなすものであったのだ」（『歴史科学』、本年二月号、八三頁)。

と言い、『唯物論研究』、本年四月号に、『アジア的生産様式と朝鮮封建社会史』を書いた李清源氏も、

「・・・・この〔アジア的生産様式の——辰巳〕問題は・・・・またわれわれの面前において生々しく進展しつつある目覚めるアジアの偉大なる歴史的発展の当面の社会的政治的分析に大なる関連がある・・・・」(『唯物論研究』、一九三五年四月号、一二六頁)。

と言っており、いずれも、ソヴェート同盟の論争において明らかにされ、平野氏によって強調されている意味の、この問題の政治的・実践的意義に触れているものと思われるが、遺憾ながら、充分具体的に表現されているとは言い得ない。

相川春喜氏は、『経済評論』本年四月号所載『奴隷制的構造とコヴァレフの見解』において、

「われわれは単に『古代奴隷制なくして資本主義制はあり得ない』という一般的テーゼの鸚鵡返しによって、奴隷制研究の現代的意義を主張するものではない。資本主義の最高段階に立って、なお半農奴制の構造的意義を烙印されている国土において、帝国主義的分割戦下に植民地、半植民地的犠牲を強制されている勤労民衆をもつ諸国土、特にアジア諸国の封建的残存について、特殊の史的発展に対する客観的把握が重要だからである」(相川氏、『経済評論』、一九三五年四月号、八四—八五頁)。

と言っているが、当面の課題たる奴隷所有者的構成と、密接な関連をもつアジア的生産様式の問題についても、氏は全く同様の見地に立っているものと解してよいであろう。

ムハルツヂによりインドに関して主張され、更にゴーデスにより東洋諸国一般に関してより完結せる形で述べられた点は、日本においては特に一層の重要性をもつ。この国における諸論索が、問題のこの方面を特

に重要視し、その政治的・実践的・方法論的意義を相当具体的に述べているのは当然のこととは言え、誠に喜ぶべきことである。日本の社会の歴史的発展の各段階を、西欧の社会の歴史的発展の各段階——それら自身多くは甚だしく非科学的なものである——の鋳型に、機械的に嵌め込むことによって、前者を正しく解明し得たりとなす歴史家が、この国の特に『科学的態度』を僭称する歴史家のなかに少なくない。またみずから『マルクス主義者』たることを誇称して、資本主義一般の発展に関する公式を、日本の資本主義の発展に押しつけて、後者を強力に支配している半封建的諸要素を抹殺せんとする一派のあることも衆知の事実である。同時にまた、アジア民族の独自性、アジアの歴史の独自的発展を高調することにより、『ヨーロッパ資本主義の救世主的役割』の思想の向うを張って、『アジア—日本民族の救世主的役割』を主張する国民主義的、ファッショ的、アジア帝国主義的思想が、最近特に盛んとなって来ていることも、同様に衆知の事実である。これらの諸潮流による日本歴史の極端な歪曲や神秘化に抗して、この国の社会の歴史的発展の諸様相を、それらの真実の姿において、客観的に、科学的に顕示することが、新興史学の学徒に課された当面緊要の任務であることは言うまでもない。しかして、差し詰め何よりも緊切なことは、上述の意味において幾多の誤解の源泉たり、逆用の具たる恐れの多いアジア的生産様式の問題をその正しい解決に到達せしめることである。この点につき、早川二郎氏の言うところは極めて適切である。

「われわれは日本歴史を階級闘争の歴史として把握しようとする。それは科学的客観的日本歴史を摑む所以であり、日本のプロレタリアートの果敢な革命的闘争の一分野であり、それの必要への奉仕である」（早川氏、「日本歴史と『アジア的生産様式』」、『歴史科学』、八年三月号、二頁）。

「かかる史観、『日本は資本主義ではない』というがごとき主張は、正面からは断じてわれわれの間に入り込み得ないのである。しかしながら、正面からでなく裏面からは容易に潜入し得るのである。否すでに入り込んでいるのだ。」

「マルクス＝エンゲルスが特殊な構成としての『アジア的生産様式』を主張したと語り、それが日本に存在し、直接でなければ間接に現在の日本に影響を与えているという見地のごときはこの『密輸入』でなくて何であろうか？　結局『アジアの一国としての』日本の例外が語られるのだ。」ただ、『マルクス＝エンゲルスの言葉を仮面として――』（同氏、「東洋古代史における生産様式の問題」、『歴史科学』、九年十二月号、七十一頁。われわれが早川氏の諸断定に同意するか否かは別問題であり、この点他の諸家の引用の場合についても同様である）。

相川氏が、『歴史科学』、八年十月号所載の「『アジア的生産様式』と日本封建制に関する論争(一)」においてこの点に関して述べているところも、簡単ながら甚だ明白である。

「・・・・元来この小稿（「『アジア的生産様式』の理論の反動性」、『社会』、四月号載）の一つの眼目は、その結論に述べたように・・・・猪俣・櫛田氏的見解の基軸となっている、日本資本主義の特質の解消論に連携して、隠然公然これに翼を貸すところのマジャールおよびヨールク的『アジア的生産様式』の理論諸型を系列し、批判することにあった」（相川氏、『歴史科学』、八年十月号、五七頁。私は遺憾ながら、前記『社会』誌における氏の論文を読む機会をもたなかった）。

最後に、特にこの問題の一般理論的・方法論的方面に触るるものとして、相川、晴山、李清源三氏からの、若干の章句を引用しよう。

相川氏より、

「・・・・更に小稿（前掲『社会』、八年四月号所載論文――辰巳）の他の眼目は、その標題のごとく、マルクスにおける「アジア的生産様式」の定式化を拉しきたって、かかる抽象的範疇の「適用」の陰にかくれて、歴史的発展の具体的研究のサボタージュと独断を「マルクスの名において」敢えてするところの、リアザノフ的な観念的方法をつくことである」（『歴史科学』、八年十月号、五七頁）。

晴山氏より、

「周知のごとく、アジア的生産様式の問題は、単なるアカデミックな問題ではなく、取扱いの如何によっては、史的唯物論の社会構成全理論存否に関する問題であり、また東洋における当面の社会的政治的分析に、著大なる関連を有する重大なる問題である」（『歴史科学』、十年二月号、八三頁）。

李清源氏より、

「・・・・この問題は、過去においてわれわれがこの問題を中心にして花々しく論争を展開したとき一部の人々によって誤り遇せられたごとき、象牙の塔の中のアカデミックな問題ではなく、また単なる暇つぶしにやる有閑事でも、流行現象でもなかったのである」。

第二部　『ファシズムの正体』
——労働者農民の敵か味方か——

雉子邑不鳴　著
労農書房版

はしがき

日本帝国主義が、底知れぬ恐慌からの最後の逃げ道として、いよいよ侵略戦争を開始したのと時を同くして、また日本の労働者・農民その他一切の勤労大衆が、いまだかつて見ないほどに戦闘化してきたのと時を同じくして、夕立雲のように湧き起ったのが、ファシスト的諸運動だ。ではファシズムとは何か、それは労働者・農民その他一切の勤労大衆の敵か味方か、否明らかに敵だ、最も危険な、最も憎むべき敵だ。この事実を一般大衆に、判りやすく、しかも簡単に説明したいと思って、このパンフレットを書いた。だが簡単に判りやすく書こうと努めたその理由のために、殊に分量を制限しなければならぬという事情があったために、却って甚だ遺憾な点が多かった。

筆者の現在の境遇が、適確な材料を充分に手に入れるのに不便であるということ、短時日に書き上げなければならぬ事情があったということ、筆者が病弱で充分精力的に筆を運ぶことができなかったということ等も、このパンフレットを、その目的のために、甚だ不満足なものとした理由に数えなければならぬ。それにも拘わらず、巧遅よりも、やむを得なければ、むしろ拙速を以ってしなければならぬ刻下の情勢に応ずるために、とりあえず出版する次第である。遠からず、もっと完全に近いものを、読者諸君に提供する機会があるであろうと信じる。

あらゆるファシスト的運動の中で、労働者・農民その他一切の勤労大衆にとって、最も憎むべき、最も警戒しなければならぬものは、赤松一派の国家社会主義運動だ。だからこのパンフレットでは、この一派の欺瞞性、反革命性を、最も徹底的にばくろすることが必要であった。そのため、特に最後に、いわゆる国家社会主義批判に関する一章を設けて、できるだけ詳しくこれを取り扱うつもりであった。だが残念ながら、前にも言ったように、分量を制限しなければならぬ事情のために、この予定を放棄しなければならなくなった。この点は、近く『国家社会主義批判』という単独のパンフレットを書くことによって、必ず補いたいと思う。

このパンフレットではまた、ファシズムに対する闘争方法を、特別に扱わなかった。だがその本質をはっきり知ることこそ、ファシズムに対する闘争の第一歩だ。その反革命性、その欺瞞性をはっきり認識することから、ファシズムをボイコットし、ごまかされてその影響下にある大衆を奪還し、同時に、労働者・農民その他一切の勤労大衆の革命的組織を、拡大強化するに努めなければならぬ。それがファシズムに対する闘争だ。それはまた、没落に瀕している日本の資本主義の、逃げ道を塞ぐための闘争だ。

筆　者

一九三二・八・一五

目　次

一　ファシズムとは何か

ブルジョアジーはその没落をどういう風に喰い止めようとするか

世界のプロレタリアートの偉大な指導者、労働者農民の父レーニンは、国際共産党第二回大会の時に、次のように言った。

『革命的プロレタリアートが、その逃げ道を塞ぐのでなかったら、ブルジョアジーにとって、絶対に逃げ道のない状態というものはない。ブルジョアジーは、正気を失って恥知らずとなった泥棒のように振舞い、次から次へと愚かな所行を重ねながら、情勢を尖鋭化させ、自分たちの滅亡を速めている。それは全く本当だ。だが、ブルジョアジーが、何らかの譲歩によって、被搾取者のある少数者を眠り込ませ、被搾取者、被抑圧者のある部分の何らかの運動や蜂起を、打ちのめす可能性が、絶対にないということを証拠立てることはできない』。

レーニンがここで言っていることに、簡単な注釈を加えると、つまりこうだ、資本主義の内部には色々の矛盾があって、資本主義社会の支配階級であるブルジョアジーが、その矛盾を解決しようと焦れば焦るほど、却って矛盾は大きくなり、激しくなり先鋭化して行く。しまいには彼らは全く目が見えなくなるほど、迷い惑うて、気の狂うた泥棒のように、馬鹿げたことをくり返し、自分で自分の首に縄を巻きつけて、それをぐんぐん締めて行くようなことになる。だがそうだからと言って、これを成り行きに委せて、じっと見ておれば、資本主義がつぶれて、社会主義社会が生まれ、ブルジョアジーが滅んで労働者と農民とが支配階級になるのかというと、決してそうではない。奴らは、自分たちが困れば困るほど、その困難を切り抜けるために、勤労大衆や植民地の被抑圧大衆を犠牲にしようと骨を折る。だからこういう大衆がおとなしく、その犠牲に甘んじている限り、奴らの寿命は、何とかかんとかして続いて行く。そして奴らが新しい逃げ道を見つけ出す毎に、その度毎に、新しい犠牲が被搾取、被抑圧大衆の上に押しつけられるのだ。例えば、恐慌を切り抜けようとして合理化をやれば多くの勤労大衆は失業して街頭に飢え、職に止まっている者も、今までよりもずっと安い賃金で、今までよりもずっと苦しい仕事をさせられる。だが、こういう恐慌切り抜け策は、却って益々矛盾を激化させて、恐慌を益々ひどくし、今度は帝国主義的侵略戦争でそれを切り抜けようとする。そうなると、又勤労大衆や植民地の被抑圧民族は、奴らの犠牲となって、大量的に、何よりも大事な生命を棄てさせられるのだ。ただ革命的プロレタリアートを先頭とする、これらの被搾取、被抑圧大衆が、決死的な革命的な闘争を行うことによってのみ、自分たちの上に押しかぶせられる犠牲をはね返し、奴らの逃げ道を塞ぎ、奴らをたたき伏せて、自分たちの手に権力を握り、自分たちの手で生産を管理し、働く大衆の幸福のために、すべての富を処理することができるようになるのだ。

後で詳しく述べる積もりだが、誰にでもわかるように、今資本主義はとても行き詰まっている。正に資本主義の没落期だ。この際ブルジョアジーは、どういう逃げ道を見つけ出したか。労働者・農民の裏切り者である改良主義者＝社会民主主義者を買収して、被搾取大衆を眠り込ませ、おとなしく犠牲に甘んじさせようともした。そして彼らの協力を得て、前に言った合理化をやろうとした。だが今ではどこの国にも、被搾取、被抑圧大衆の、ただ一つの、正しい革命的組織であるプロレタリアートの前衛党、即ち共産党がある。社会民主主義者の裏切りが、無慈悲に暴露されて、大衆を眠り込ませるためには、段々役に立たなくなる合理化も戦闘的プロレタリアートの反抗にぶつかって、思い通りなめらかには行かない。おまけに、合理化のために益々増大して行く失業者の大群は、資本主義的社会不安の大きな源となる。こういう不安な、望ましくない状勢から逃れるために、ブルジョアジーがとる方法は、大衆の反抗闘争、特に共産党に対する強力な、暴力的弾圧の組織と、国内のブルジョア的社会不安を、帝国主義的侵略戦争と結びついた排外主義の気分の中に解消しようとすることとである。

共産党に対する弾圧は、どんな時期にも決して弱められることはなかった。だが資本主義が没落に瀕すれば瀕するほど、その弾圧は狂暴となり、その弾圧のためには、何ものを犠牲としても、利用することのできるすべての権力、すべての勢力を動員しようとする。帝国主義的侵略戦争もまた、今日初めて日程に上ったわけではなく、それは帝国主義の段階に入って以来の、資本主義の特色だ。だが、第一次世界帝国主義戦争が一応片づいてからこの方、今日ほどその問題が先鋭化していることはない。否、もう去年の秋から、第二次世界帝国主義戦争が始まっているのだ。しかし今度の帝国主義戦争には、第一次世界帝国主義戦争にはなかったところの、一つの大きな、重大な特徴が加わっている。それは労働者農民の祖国ソヴェート同盟に対する攻撃と、南中国の広範な地域にわたって輝かしい勝利的発展を示している中国ソヴェートを圧殺するということだ。ソヴェート同盟の厳然たる存在、しかも五カ年計画に現れた偉大なる成功と、中国ソヴェート区域が益々拡大することとは、世界資本主義の勢力範囲を益々狭くするばかりでなく、自分たちの国の革命的危機を益々増大することになるのだ。ところで、それぞれの資本主義国内の革命的プロレタリアートが、自分たちの祖国ソヴェート同盟の防衛や、中国ソヴェート地域の擁護のための、決死的な反戦闘争をやることは勿論、世界の労働者・農民大衆に、最後の、最大の犠牲を強要する帝国主義戦争一般に対して、猛烈な反抗闘争を開始するのは当然だ。

そこでこういうことになる。没落の危機に瀕している今日のブルジョアジーにとっては、その危機からの逃げ道はたった二つあるだけだ。国内の革命的反抗闘争を弾圧し、共産党をたたきつぶすために、力一杯に手を尽くし、あらゆる勢力を動員することと、外に向かって帝国主義的侵略戦争を開始し、ことにソヴェート同盟と、中国ソヴェート地域を攻撃することとだ。しかも国内的弾圧のためには、思想的には共産主義に対するありとあらゆるデマをふりまくと共に、排外主義、戦争賛美の太鼓をたたかなければならぬ。その結果、いやがおうでも戦争をやらなければならぬ情勢に迫って来ると、今度はまた、今日のブルジョアジーの代表的なイデオロギーだ。弾圧と戦争、これが今日のブルジョアジーの革命的危機からの唯一の逃げ道だ。そして、ここにこそファシズムの最も明白な基礎があるのだ。

ファシズムとは何か

最近結成された日本のファッショ政党の一つである、いわゆる赤松一派の日本国社会党の機関雑誌、『国家社会主義』のなかで、彼らに向かって加えられた左翼陣営や、社会民主主義の側からの攻撃を反駁して、次のような意味の文句を書いているのを、よく見受ける。すなわち、『俺たちのことをファッショ、ファッショというが、お前たちは、ファシズムとは一体何かということを、少しも明らかにしていないではないか』。『俺たちは決してファッショではない、ファッショは資本主義の味方だが、俺たちは資本主義の敵だ。俺たちの目的は、資本主義を倒して、日本国民全体の幸福を本位とする、社会主義国家をつくることにあるのだ』。『共産主義と社会民主主義と、ファシズムとは、資本主義の兄弟だ』。『共産党は赤色ファッショで、社会民主主義政党は社会ファッショだ』。等々。日本国家社会党の正体については、後で詳しく述べるつもりだ。だから、ここで彼らの言っていることを一切問題にしまい。ただここで問題にしなければならぬのは、一般大衆の間でファシズムの意味がはっきり知られていないため、本当のファッショが、さもファッショでないような顔をして、反対に資本主義の敵であり、勤労大衆の味方であるかのような顔をして、現れてくるということである。ことに厄介なのは、この言葉が外国から来た言葉そのままであって、それにぴったり当てはまる日本語がないということだ。

そこで先ず、ファシズムあるいはファッショという言葉の由来を、簡単に述べておこう。第一次世界帝国主義戦争の直後、勝利を得たソヴェート同盟の十月革命を初めとして、革命の波が世界の資本主義のすべての国々を襲った。そして、この革命の波は、資本主義の最も弱い国々を、最も強く揺り動かした。イタリアがその一つだったのだ。イタリアでは、一九二〇年の秋、北イタリアに勃発した金属労働者のものすごいストライキをきっかけに、労働者は至るところで工場を占領し、生産を自分たちの手で管理し、地方の都市行政さえ、社会主義者の手に握られるようになった。イタリア革命の成功は、今一歩というところだったのだ。だが残念なことには、イタリアにはまだロシアのような鉄の如くに組織され、きたえられたるボルシエヴィキ党がなかった。社会主義的指導者の中には、この情勢を直ぐプロレタリアートの政権の樹立にまで導くだけの有能なものはいなかった。農民階級との同盟はうまく行かなかった。革命の恐怖におびえ切ったイタリアのブルジョアジーは、この難関を切り抜けるためには、どんな犠牲を払っても、どんな勢力とでも結びつこうとしていた。この時登場したのがムッソリーニだ。彼は元サンヂカリストであって、労働者の味方だと自称していた。その頃彼は主として小市民層、殊に中間インテリゲンチャ階級や、対戦に参加した若い士官たちから成る、「戦闘的組合」と称する団体を、その勢力下にもっていた。この組合のことを、イタリア語で「ファッシ」と言ったのだ。ムッソリーニは、ブルジョアジーの要求に早速応じて、武装したファッシの一団をひきいて、工場を占領している労働者や、地方で大地主と戦っている農民たちに向かって、どしどし公然の攻撃を開始したのだ。工場主や、大地主が喜んで彼を迎えたのは勿論だ。彼の軍資金は当然益々豊富となった。そのため何らかの不平をもつ小市民層は、どしどし彼の傘下に馳せ集まり、又その豊富な軍資金によって、彼はこれらをいくらでも抱擁することができ、武装させることができた。一方彼は労働者側の種々の弱点を利用し、又勤労大衆側の味方であるかのような、欺まん的なスローガンを掲げなどして、結局労働者・農民をたたきのめして、大ブルジョアの独裁を樹立してしまった。ファシズムとか、ファッショだとかいう言葉は、このムツソリーニの指導下にあった反革命闘争団「ファッシ」から出ているのだ。

ファッシの所属員のことをファッショと言い、そのイデオロギー的名称がファシズムだ。

だから赤松一派が字義通りのファッショでないことは勿論だ。何故なら、彼らはイタリア人ではなくて日本人であり、彼らの団体はファッショとは呼ばれていないで、日本国家社会党と呼ばれているからだ。同じように、建国会も、国粋会も、その何とかかんとかも、ファッショでないことになる。だがわれわれがある運動をファシズムの運動であると言い、ある団体をファッショの団体であるという場合、自称他称のその名称が問題なのではない。イタリアのファッショに、最も典型的に現れている、その反革命的役割が問題なのだ、資本主義の没落期に際して、ブルジョアジーに逃げ道を与えるための役割が一定のものであれば、「八兵衛《べえ》」でもよい、「むく犬」でもよい。その名前は何であっても、すべてその運動をファシズムの運動と呼び、その団体をファッショの団体と呼んで差支えないのだ。

ファシズムの本質とその反革命的役割

では、ファシズムの本質。ファシズムの反革命的役割とはどんなものか。これを最もはっきりと規定しているのは、一九二八年の三月から四月にかけて、開催された国際赤色労働組合（プロフィンテルン）第四回世界大会の決議だと思う。それにはまず次のように書いてある。

『ファシズムは、帝国主義及び社会革命の時期における、ブルジョアジーの階級支配の特殊な一体系を表現する。帝国主義戦争の後、勝利を得たる十月革命の後、ソヴェート同盟の確立の後、そしてこれらの諸要因に影響されて、プロレタリアート、農民大衆、被圧迫諸国民、植民地諸民族が広範に革命化しつつある際、ブルジョアジーにとっては、その国民大衆を自分たちの階級的覇権《ヘゲモニー》の下にとどめておくことは、次第に困難となり、最早ブルジョアジーは、議会主義的デモクラシーの古い形態の諸方法の助力を以てしては、資本主義の安定化問題を解決し得ないのである。』

ここで言われているように、ファシズムは帝国主義と社会革命の時期における、ブルジョアジーの階級支配の、特殊な一体系を表現したものなのだ。第一次世界帝国主義戦争は、それまでに積りに積もってきた資本主義の矛盾を少しも解決しはしなかった。それどころか前にも述べたように、どこの国でも革命的情勢が激化し、その一国――世界陸地の六分の一にわたり、世界人口の十分の一を包容するロシアでは、ブルジョアジーの階級支配は完全にくつがえされてしまった。他の若干の国々（ドイツ、イタリア、ハンガリー等）では、ブルジョアジーの支配は、正に転覆させられんばかりの瀬戸際に追い詰められた。そしてこれらの国々では、ファシズムという新しい武装によって、ブルジョアジーは辛うじてその支配的地位を維持することができたのだ。しかしその後資本主義の行き詰まりは益々ひどくなり、革命的危機は少しも解消されなかったばかりでなく、益々激化しつつあるのだ。殊にサブエート同盟の勝利的発展は、あらゆる被搾取、被圧迫大衆にその行くべき道をはっきりと示しだすことによって、一層この革命的危機の深化を助けつつある。こういう時期においては、今までブルジョアジーの階級支配の、便利な道具であった議会主義的民主主義は、彼らの階級的覇権《ヘゲモニー》をもちこたえ、資本主義のより以上の存続を保証するのには、何の役にも立たなくなってしまった。そこでファシズムが、それに代わって登場したのだ。だから、ファシズムは、それぞれの国の資本主義の強弱、革命的危機の深浅等、それぞれの国のいわゆる特殊性に従って、必ずしも一様の現れ方をするものではない。そこでプロフインテルンの決議は、更に続けて次のように言っているのだ。

『これによって、各国におけるファシズムの独特の特質が決定される。ある国々（イタリア、ポーランド）では、ファシストの独裁は、不平満々たる小ブルジョアジーと、農民の若干の層との運動を直接利用することによって打ち立てられたのに対して、他の諸国（ブルガリア、スペイン、ポルトガル、リトアニア）においては、それは大衆の反抗に対抗する、ブルジョアジーの強力的弾圧によって樹立され、その国の武装した権力と銀行資本の財政的援助とに立脚している。更に他の二、三の国々では、ファシズムは、労働者運動の革命化に対する防御手段として利用されている（イギリス、フランス、ベルギー、アメリカ）、ファシズムは、政府権力の保護と徹底的な協力との下に自己を組織し、武装し、かくて決定的攻撃のために全力を集積する（オーストリア、チェコスロバキア、ユーゴースラヴイア、ルーマニア等）。更に他の諸国では、革命的闘争が極度に激化した時の、反革命の公然の武器として（一九二三年のドイツ、中国）、あるいはプロレタリアートの一時的な革命の勝利の後、ブルジョアジーの震駭された地位を強固にするための手段として（ハンガリー）利用される』。

だから、そのいずれの場合であるにしても、ファシズムは、プロフインテルンの決議が続けて言っているように、

『すべての国々のプロレタリアートの階級運動にとって、不断の、そして益々驚異的となって行く危険を意味する。ファシストの独裁の力を過小評価し、大資本主義諸国では、ファシズムの樹立はあり得ないものだと否定したり』、ファッショ革命はプロレタリア革命への一歩前進だなどと――日本ではこういう風に考える者が少なからずあるようだが、それは大きな、決定的な間違いだ。このことはしかし後で詳しく述べる――考えることは、『ただファシズムに対するプロレタリアートの警戒と反抗とを弱め、そして既にファシズム独裁の樹立されているところでは、一時それの強固化を促進し、まだファシズムが国家の統治形態となっていないところでは、それの樹立を容易ならしめる助けとなるばかりである』。

ファシズムの反革命的役割は具体的にどんなものか

ではファシズムは、その反革命的役割を果たすために、具体的にはどんなことをやるのか。これもまた、それぞれの国の特殊条件、その時々の情勢等によって決定されるものであって、必ずしも一様ではないが、プロフインテルンの決議はかなり、明白にこの点を説明してくれている。筆者はなるべくわかりやすくするために、これを筆者自身の言葉で、だができるだけ決議の真意を誤らないように、次に列挙してみることにする。

一、労働組合を占領すること。階級的労働組合を破壊すること、これがファシズムにとっては緊急に必要なことだ。階級的労働組合なしにプロレタリアートの革命を考えることができないように、階級的労働組合を破壊することなしに、ファシスト独裁を樹立することはできないのだ。ファシスト的攻撃は、労働者のどんな階級的運動に対しても、またそのどんな経済的闘争に対しても向けられるのだ。この事実は、日本において今までても、重大な労働争議には、いつでも国粋会、建国会、その他何とかかんとかのファッショ団体の露骨な妨害があったこと、ファッショ政党、殊に日本国家社会党のような社会民主主義からファッショに転化した政党が、組織労働者をその影響化に引き寄せようとして、あらゆるぎまん策を講じていることなどを思い合せれば、よく飲みこめるであろう。

二、思想的関係では、ファシズムは主として国家主義（日本では特にそれが天皇制と結びついている）と排外主義を利用し、大衆の注意を国内の諸問題から、対外問題にそらせ、近接の領域及び諸領土の征服、植民地の獲得等によって、労働者の地位が改善されるかのような期待をもたせようとする。日本では、満州及び上海革命戦争と相前後して、ファッショ運動が勃然として湧き起こってきたこと、社会民主主義者松谷某の満州問題に関する意見書と、これに対する赤松一派の賛美の声、ありとあらゆるファッショ団体の戦争礼賛の太鼓等を思い合せて見よ。

また、ファシズムは、資本主義の安定化と生産の合理化とのために労使協調の理論、階級調和の理論、階級間の利害が一致するという説、すべての階級闘争の清算、ストライキを階級調停に変えること、労働組合を資本主義国家機関に転化することなど等のお説教をする。

三、ファシズムの努力は、主として運輸労働者、鉱山労働者、その他最も重要な産業部門の労働者の運動、及び国家機関に直接勤務する吏員たちの運動を、警察的な諸方策を以て掌握することに向けられる。またファシズムは、農村労働者の間にその勢力を高め、且つ農村労働者が文化的に後れているのを利用することに非常な努力を払う——農民決死隊、農本社およびあらゆるファッショ団体の、農村救済に関するぎまん的なスローガンを見よ。ファシズムはまた、失業者の群れから自分たちの闘士を補充しようとして、飢えたる失業大衆を、できる限りの方法で利用しようと努力する。ファシズムは、青年に対しても、これに劣らぬ注意を払っている。ファシズムは青年を、種々のスポーツ、軍事、その他の『文化施設』を通じて、その網の中にとらえ込む——官設青年団、青年訓練所等の徹底した組織網を見よ。

四、ファシズムは、ファシスト的影響下にある新しい専門家を養成し、これを以て運輸その他決定的な産業部門における、革命的な、プロレタリア的な、熟練労働者出身の重要部分に換えることができるように、専門学校を利用する——大阪市電のストライキの時、二、三の専門学校の学生が演じたストライキ破りの役割、現在愛国学徒連盟その他類似の、学生ファッショ団体が無数に存在する事実等を思い合せよ。

五、幾多の国々で、あらゆる大経営（工場、鉱山、車庫、船舶等々）において、ファシスト的予備将校、警官の古手、ロシアの自衛兵、その他あらゆるルンペン分子やストライキ破りたちが、監督、人事係等に任命される。この監督は、通常武装する集団をなして、労働者や事務員に弾圧を加え、これを蹴散らし、堕落させ、それと同時に経営から、最初の革命的、プロレタリア的分子を駆逐し、こうして経営内の大衆から指導者を奪ってしまう。

六、ファシズムはできる限りの方法を尽くして、鉄道従業員、郵便電信従業員、その他の国家官吏、鉱山労働者等の階級的組織の存在と確立とを妨害し、これらの重要職業部門における改良主義的、黄色指導者の指導権を、しかも改良主義的、黄色指導者自身と協力して、握ろうとする。それと同時にファシズムは、自分自身の労働組合を創設し、全労働組合運動を支配しようとして、絶大な努力を払う。ファシズムは、政治的並びに経済的テロの手段を、労働者層に対する悪煽動《デマゴギー》と買収との手段を結びつける。またファシズムは、それぞれの国、それぞれの産業部門、プロレタリアートの各部類の特殊的な諸関係に巧妙に適合し、労働者の間に人気のある種々のスローガンと種々の要求（社会保険、国家と労働者との生産管理、ある場合には資本主義打倒等）とを宣言し、改良主義的指導者に対する大衆の反抗を利用し、『不偏不党』のスローガンの陰にかくれ、時には労働者のストライキの先頭にさえ立ったりして——もちろんそれはストライキをうまく遂行するためにでなく、却ってこれを企業家との妥協に導き、こうして労働者大衆に対するファシズムの、勢力を拡大するためだ——しばしば偉大な策動能力を現すのである。

二　世界資本主義は今どんな風に行き詰まっているか

資本主義の行き詰まりをブルジョアジーはどんな風に感じているか

今まで述べたところによって明らかであるように、ファシズムは滅亡の危機に瀕した資本主義の救い手としての役割を演じるのであるから、それは資本主義の繁栄期に現れるものではなくて、没脱落期に現れるものである。ある国でファッショ傾向が濃厚であればあるほど、それはその国の資本主義の強いことの証拠ではなくて、反対に弱いことの証拠である。だから、勤労大衆の側で、『こんなにファシズムがはびこっていては手も足もでない。資本主義打倒のための攻撃を一時断念しなければならぬ』などと考えるならば、それは大きな間違いだ。この時こそ資本主義の根底が最もぐらついており、プロレタリア革命の勝利のための有利な条件が、最も多く備わっている時である。だからまた、日本の勤労大衆の中のあるものが考えているように、『日本では、まずファッショ革命が来て、次にそれがプロレタリア革命に転化するだろう』などというのは、一層大きな間違いだ。ファッショ革命なんていうような革命があるものか、そんな風に考えて、否、そんな風にファッショの甘い口車に乗って、ファッショの尻尾にくっついて行ったり、ファッショの行動を傍観しているならば、正に倒れようとしている資本主義に、更にかなり永い間の寿命を与え、被搾取、被圧迫大衆の側の犠牲を更に幾倍加することになるのだ。イタリア、ポーランド、ハンガリー等がその生きた証拠ではないか。勿論ファシズムの勝利は、資本主義を再び強固な盤石の上に再建するのではない、それは危なっかしいつっかい棒で、それを砂の上に一時支えるにすぎないのだ。だがそれでも更に十年、二十年を、労働者・農民の大量的流殺の上に、被圧迫、被搾取大衆に対する暴力的抑圧の上に、ブルジョアジーの支配をもちこたえさせる可能性は充分にあるのだ。大衆はもう今まで通り生きることに、我慢し切れなくなっている。ソヴェート同盟の労働者と農民は、輝かしい、新しい生活を進めているぞ。ファッショ独裁か、プロレタリアートの革命か。それらは絶対に相容れない両極だ。一方は勤労大衆を搾取の犠牲に導き、一方は彼らを勝利に輝かしい無限の発展に導くのだ。そして、その何れに向かうかは、まずファシズムに対する評価の如何、資本主義の現情勢の認識如何によって決せられるのだ。

革命的プロレタリアートの理論的武器であるマルクス主義、レーニン主義は、資本主義の発展過程を科学的に分析して、もう何十年も前から、その必然的行き詰まりと崩壊とを、暴力革命によって、革命的階級であるプロレタリアートの手に一切の権力が移行し、プロレタリアートの独裁制を経て、社会主義社会に転化することを予言した。ところがおよそ世の中で、資本主義の行き詰まりを、いわんやその崩壊を予想する能力を最も欠いている、あるいは予想することを最も嫌がっているものは、資本主義のお蔭で利益を独占しているブルジョアジーと、その利益のおこぼれを頂戴して生きている奴らの代弁者共だ。ここ数年来、世界のブルジョアジーは——そして日本ブルジョアジーもその尻尾にくっついて、景気の好転を何回予言したことか。だが今では、資本主義の行き詰まりはこういうブルジョアジーや、その代弁者共の代表的なものたちでさえ、否応なしにその行き詰まりを認め、不安と焦燥の極に達して、苦しまぎれの本音を吐かなければならないような状態に達している。だからわれわれは、没落期資本主義の光景を彼ら自身の口で説明させてやろう。

昨年の五月に、アメリカ合衆国のワシントンで、世界四十八カ国の大銀行家及び経済家の会議が開かれたが、その席上で、イギリスの銀行の代表者のアンダーソンという男が、次のように説明した。

『われわれは、物質的富については、測り知れないほど富んでいるのに、それにも拘わらず、あらゆるものに悩んでいる。食べ物や着物が不足しているとか、または、商品の値段が高いとかいう理由からではない、われわれの倉庫が誰も買い手のない安い商品で一杯になっているからだ。われわれの港が空っぽの船で一杯になっているからだ。われわれの労働者が職を求めて街を迷い歩いているからだ。この滑らかな文明生活の複雑な機械のカラクリから何ものかがすべり落ちたのだ』。

次に、ハーバード大学の教授で、ドンナムという大先生が、同じ会議で、次のように泣きわめいた。

『若しわれわれの国に、世界の復興に必要な知能、手段及び共同精神が欠けているなら、大量生産、われわれの科学の進歩及び自然力に対するわれわれの統制は、事実上文明の破壊に導くかも知れぬ。大量生産、機械化及び自然力に対する力は、偉大な時代へか、または暗黒の過去への復帰に導くだろう……われわれの文明がこれらの問題を解決しないと、大量生産及び機械化の終末が始まるばかりでなく、われわれの終末がやって来るだろう』。

シカゴの銀行家のトレイラーという男は、同じ会議で、この情勢の特徴をもっとはっきりと、もっとあっさり自白している。

『何故われわれがこんなに失敗するのか、何故われわれがこんなに行き詰まっているのか、私にはわからない』

だって、

世界の代表的なブルジョア新聞もまた、資本主義制度の没落を口にし始めた。例えば、ニューヨーク・タイムスは、昨年九月十四日の論説で次のように言っている。

『実業界に活気がなくなったこと、多くの場合の利益配当の減額と不払い、物価の継続的な下落、ドイツとイギリスの金融界における異常な事件の数々――これらすべてが、一部のものの間に、それが昔のエピソードにおけるよりも遥かに重大な性質をもった不安な現象であり、全資本主義制度を破壊する危険を誘致するものであるという信念を、起こさせるに至った』。

世界金融界のもっとどえらい代表者イングランド銀行の総裁、すなわち長い間金融政策を決定してきた銀行の総裁モンターグ・ノーマンは、フランス銀行の代表者モレーに宛てた手紙の中に、文字通り次のように書いている。

『最近に、その救済のための応急手当てが講ぜられないと、全文明世界の資本主義制度は、一年以内に破壊されるであろう。私は、この私の予言が適中し、将来それを想い起すに至らんことを希望する』。

資本主義制度が一年以内に破壊されるであろうという勘定は、どういう算盤から出たことかわからない。だが、イングランド銀行の総裁ともあろうものが、資本主義制度が一年以内に没落すると書いているのだから、彼の周囲の情勢がどんなに悪化しているかということだけは、はっきりと知ることができる。尚これらと同じような声明や、泣き言は幾ダースでも引用することができる。だが大抵これで充分だろう。

ブルジョアジーの目に映じたる資本主義体制の行き詰まりとソヴェート体制の繁栄

世界的不景気、世界的行き詰まり等と言うが、今日では、世界は単一の世界ではない。それは資本主義体制と社会主義体制との、相反する二つの体制を含んでいる。そして行き詰まっているのは前の方の体制だけだ、ブルジョアジーが、ファシストと改良主義＝社会民主主義者との協力の下に、支配権を維持している資本主義諸国だけが底知れぬ恐慌に、限りなき矛盾の激化に悩んでいるのだ。世界の中のもう一つの体制はどうか、ブルジョアジーの支配を転覆して、勝利を得たプロレタリアートを先頭に、一切の権力を労働者・農民の手に握っている社会主義体制の国ソヴェート同盟ではどうか。そこでは第一次世界帝国主義戦争と、これに続く内乱や干渉のために受けた痛手を回復し、すでに戦前の生産に追いついたばかりでなく、これを遙かに追い越した。そこには不景気はない、従って失意もない。第一次五ヵ年計画は予定を遙かに超えた好成績で、将に勝利的に完了し、第二次五ヵ年計画が開始されようとしている。では、この事実は、世界のブルジョアジーにどんな風に反映しているか。彼らは資本主義体制の行き詰まりを信じたがらないと同じように、なお遙かに一層、社会主義体制の成功を信じたがらないのだ。およそ世の中で、ブルジョアジーやその代弁者共による、ソヴェート同盟に対する根も葉もないデマほど、数限りないものはないであろう。彼らは、プロレタリアートの独裁の国の成功を、自分たちの国の労働者・農民に知らせたくないのだ。だがそれにも拘わらず、彼らは今や、この事実を、少なくともある程度までありのままに、否応なしに認めないわけには行かぬようになっている。すなわち彼らは、ソヴェート同盟が、計画経済によって、その行き詰まりを切り開くことができるのではないかと考え始めたのだ。資本主義制度をそのままにして置いての計画経済、革命のない計画化、何という笑い草であろう。日本の政友会が、産業五ヵ年計画を選挙のスローガンにかついで、わんさわんさ言い回ったのはついこの間のことだ。勿論このスローガンは、選挙がすむとすぐどこかへけし飛んでしまった。だがとも角も、二年前に、哄笑と侮蔑とをもって見られたソヴェート同盟の五ヵ年計画は、今では、絶えずブルジョアジーの頭の中をかけめぐり、直接に彼らの強迫観念となっているのだ。では、彼らがこれについてどう言っているか、まず前に引用したハーバード大学のドンナム大先生から始めよう。彼は昨年二月一五日のニューヨーク・タイムス紙上で次のように言っている。

『もしわれわれが、より大なる安定を得ることができないなら、世人はわれわれの動揺の嵐の中で、資本主義文明になお長い間我慢できるかどうかを疑うかも知れぬ。われわれはロシアを見よう。そこでは、すばらしい経済的＝社会的実験が企てられている。それはまず西ヨーロッパにとって、次いでわが国にとって、最も重大な結果をもつかも知れぬ。われわれはこの実験から、少なくとも二つの教訓を引き出さねばならぬ。第一には、経済的景気と文明との間の関連の、徹底的な研究の重要性。第二には、計画の欠如が、現在の諸困難の最も重要な原因であること。

ロシアの情勢の研究は、その五ヵ年計画、十ヵ年計画及び十五ヵ年計画が、ある程度まで、一定の成功のチャンスをもっているものだということを知らせる。われわれが、これらの計画が失敗するだろうなどと、簡単に主張しようとするが如きは、不合理であり、また危険である。反対だ。『ビジネス』を念頭に置く政治家は、一定期間内におけるそれの成果を承認しなければならぬ。ソヴェート貴族政治が、二十年内にロシアの人民の生計を、すばらしく向上させることに成功したとし、そしてわれわれがこの期間に市場獲得のための猛烈な闘争の結果、イギリス及びドイツに対して勝利を得、これらの国の生計を絞殺するならば、これらの国（イギリスとドイツ）は共産主義にならないだろうか。われわれは、全ヨーロッパが共産主義になっても、われわれの資本主義的組織を、維持することができるだろうか』。汎ヨーロッパ連盟の議長であるクーデンホーフ・カレルギーは、『スターリンとその一党』という新著を公にしたが、この書物は初めから終わりまで、ボルシエヴイキーとスターリンとに対する憤慨で一杯だ。この書物は、もしヨーロッパが最近に団結しなかったなら、ヨーロッパの破滅と文明の終末とが、間もなく来るであろうということを、証明するために書かれたものだ。それには次の如く言っている。

『五ヵ年計画は、まず第一に、ロシア国内のプログラムであり、新国家の建設と確立とのために必要な要素である。この五ヵ年計画の結果は、ヨーロッパにとって三重の危険を意味する。宣伝の、経済上の、そして戦争の危険がそれだ。

ソヴェートのヨーロッパに対する最初の攻撃は、十二年前に失敗に終わった。この攻撃はレーニンの指導の下に、思想の宣伝によって行われた。スターリンの新たな攻撃、五ヵ年計画は行為の宣伝である。ここにヨーロッパの大衆は、主義とプログラムに依らずして、行為と数字とによって説得されるであろう。

数字はあらゆる懐疑論者に、驚嘆の念を起させる。言うべき言葉を失った人々は、成果を見て沈黙させられる。五ヵ年計画は、今や既に、ボルシエブイズムの多くの敵をその尊敬者たらしめ、支持者たらしめた……』。

五ヵ年計画の実現を、死刑より以上にこわがっているクーデンホーフ・カレルギーは、更に書き続けている。

『十月革命以来、ヨーロッパは、ヨーロッパの諸関係とは反対に、ロシアにおいて、政治的、社会的、及び経済的混沌状態を見ることに慣れていた。今やそれはあべこべだ。ヨーロッパはロシアに比べて、無政府状態にある。ヨーロッパには力の混沌、経済的及び精神的混沌が支配している。この混沌とした、無政府的にゆるみ切っているヨーロッパと並んで、ソヴェート同盟は統一的、一丸的な印象を与える。何故かというと、そこでは一つの意志、一つの世界観、一つの党、一つの制度が支配しているからである。ソヴェート同盟は偉大な耕地であり、ソヴェートの人口は偉大な労働軍である。ソヴェート同盟に統一されている諸国家は、共同の軍隊と、共同の経済と、統一的外交とをもった強固な連邦をなしている。

世界的なこの強固な、作り上げられた権力機関と並んで、ヨーロッパはもはや、組織のない、世界観のない、秩序のない、そして計画のない、ただ単に一つの言葉、不定の地理的概念にすぎない。それは相互に中和し、麻痺させつつ争っている諸国家、党、グループ、制度の闘争場である。政治は経済生活と同様に、少しばかりの利益によって定められている。政治は時代後れの国威という思想にしがみつき、経済は時代後れの所有の概念という言葉を、後生大事に守っている。社会主義党と資本主義党、旧教党、反旧教党とは、互いに交代し、他党と共に、または他党に対して支配している。

ヨーロッパの経済の無政府状態は、その上、ヨーロッパの政治の無政府状態よりも一層甚だしい。ここには、ロシアの計画経済に比べると、完全な混沌状態、あらゆるものに対するあらゆるものの、放恣な闘争が支配している。指導的な思想はなく、ヨーロッパの運命に対する顧慮はなく、未来に対する洞察はなく、世界的な見通しもない……。

ボルシエヴイズムと私的資本主義との間の、経済上の取引は、ロシアの統一的な経済ブロックとは反対に、西ヨーロッパ諸国の経済的無政府状態の、あわれな姿を示している」。

もう一つ面白いのは、五ヵ年計画が成功しても、成功しなくても、どっちみち資本主義は滅亡するという絶望の声だ。この声をあげているのは、ほかならぬファシストの国、イタリアのブルジョアジーだ。すなわち、有名なイタリアの新聞、「ソーレ」の論説は次のように言っている。

『ロシアのプログラムが成功するや否や、不合理な情勢が生じる。資本主義社会は、ロシアに勝利の手段を与えたが、凱歌を上げるロシアは、国家資本主義の資本家的制度破壊の必要を指摘している。五ヵ年計画が成功すれば、資本主義世界は完全に、且つ最後的に、ロシアの制度に変わるだろう。五ヵ年計画が万一成功しなかったとしたら、資本主義世界はロシアに投下した資本を失い、ロシアの共産主義者たちは、どっちみち、その目的を達する。すなわち彼らの憎む資本主義世界を弱めることとなる。プログラムが万一成功しなかったとしたら、ロシア人はその失敗を白状するだろうか。彼らは、その経済活動を世界経済に合致させるために、古い資本主義世界に歩み寄ろうと試みるだろうか。それとも彼らはその失敗に反応して、全ロシア国民、世界の全共産主義的分子を、資本主義世界に対して煽動するだろうか。そうなると、世界に戦争と革命がおこる』。

何というすばらしい論説であろう。あれでも悪いし、これでも悪い。こんな気分は、ただ異常な絶望によって、資本家階級の力に対する、資本主義制度の力に対する、あらゆる信頼の完全な消滅によってのみ、説明することができるのだ。しかも重ねて言うが、プロレタリア革命を圧殺して、ブルジョアジーのファシスト的独裁を、十年以上も維持してきたファシズムの本家本元を、支配している気分なのだ。

ブルジョアジーは計画をもちたいのだ。ソヴェート同盟の計画経済の強みが、ひしひしと彼らを圧迫するのだ。だが彼らは革命を欲しない。ブルジョアジーの独裁下における計画経済を望んでいるのだ。しかし、そんな計画が空想であったし、また依然として空想にとどまることは、どこの場合にでも、日本の政友会の、産業五ヵ年計画のスローガンと五十歩百歩だ。

ブルジョァジーにとって絶対に逃げ道のない情勢というものはない

以上われわれは、世界資本主義の行き詰まりと、ソヴェート同盟の勝利的躍進を、わざと、代表的なブルジョァジー自身の口でしゃべらせたのだ。彼ら特有の頭脳の混乱と、彼ら特有の現実に対する認識無能と、彼ら特有の前途に対する見通しの欠如とは、これらのおしゃべりの中に、遺憾なく現れている。それにも拘わらず、資本主義の永久の繁栄、存続を絶えず念願とし、その滅亡など思いもよらぬことと信じていたブルジョァジーが、その没落を口にしなければならなくなったという事実は、われわれの陣営からの遙かに透徹した論理によってよりも、彼らの口で言わせることによって、遙かによく証明されるのだ。世界ブルジョアジーが不倶戴天の仇敵と考え、幾度もその没落を予言してきたボルシエヴィキの勝利、幾度もその失敗を予言してきた五ヵ年計画の輝かしい成功、これらは、スターリンとその一党の正しい宣伝によってよりも、憎悪にみちた言葉をもってではあるが、世界ブルジョアジー自身に白状させることによって、一層よく説明されるのだ。

そうだ、世界ブルジョアジーは、正にその支配の王座から転落しようとしている。資本主義体制は完全にその行き詰まりを暴露し、正に没落に瀕している。彼らは、プロレタリアートの独裁の国、ソヴェート同盟の勝利の前に戦慄している。では、彼らは、甘んじてその自滅を待っているのか、彼らの世界をいわゆるボルシエヴイズムの蹂躙にまかせようとしているのか、否だ。前にも言ったように、ブルジョアジーにとって、絶対に逃げ道のない情勢というものはない。彼らは自分の国の行き詰まりを、国内では、勤労大衆に対する犠牲の強要と、革命的運動に対する暴力的弾圧によって、外に対しては帝国主義的侵略、なかんづくソヴェート同盟の攻撃によって、打開しようとしているのだ。イギリスとアメリカとの対立、イギリスとフランスとの対立、フランスとドイツの対立、イタリアとフランスとの対立、日本とアメリカとの対立、日本とイギリスとの対立、殊に代表的資本主義列強の中国分割のための利害の共通と衝突、そしてあらゆる資本主義国のソヴェート同盟に対する攻撃、誠にそれは、先に引用したクーデンホーフ・カレルギーが、正しくも本音を吐いている通りだ。ただ彼らが、お互いに、帝国主義的侵略戦争による血路の打開を、うまく遂行することができないのは、それぞれの国で、革命的プロレタリアートが、第三インターナショナルの下に一丸となって、それぞれの国で革命的反抗闘争を、殊に帝国主義戦争反対の闘争を、勇敢に闘っているからだ。かくて益々、世界ブルジョアジーにとっては、それぞれの国の革命的プロレタリアートの弾圧が緊要となるのだ。同時に国内における革命的情勢を、外に発散させるための、帝国主義戦争が、益々差し迫った必要事となるのだ。反革命、反共産主義、愛国主義=国民主義、排外主義、挙国一致等を旗じるしとするファシズムが、かくて、世界ブルジョァジーによって、彼らの滅亡からの血路として、呼び起こされるのだ。もし革命的プロレタリアートがその血路を塞ぐのでなかったら、帝国主義戦争反対、ソヴェート同盟防衛の闘争、ファシズム粉砕の闘争を勇敢に闘い抜き、世界資本主義のこの行き詰まりを革命的に打開するのでなかったなら、資本主義国家の混沌状態を、プロレタリアートの革命にまで導くのでなかったなら、ブルジョアジーは兎も角も、ファシスト的独裁によって、その支配的覇権《ヘゲモニー》をなお幾年か維持することに、その血路を見出すであろう。

三　没落に瀕せる日本資本主義

日本資本主義の特徴

日本の代表的なn政治家共は、政権にありつく前に、あるいは彼らが奉仕している大ブルジョアジーの利益のための政策を行うに当たって、必ず不景気を一掃して見せるとか、これこれの政策を実行したら景気が回復するとかと言うのを常とする。そしてうまうまと政権に有りつくか、予定通り大ブルジョアジーに儲けさせてしまうと――この場合、勿論不景気は深刻になるばかりだ――必ず、不景気は世界的だからどうすることもできないと逃げてしまう。だがこの限りでは彼らは正しい、誠に不景気は世界的だ。前にも述べたように、全体としての、世界資本主義が没落に瀕しているのだ。もし日本の特殊事情というものがあるとすれば、それは日本の資本主義が以下に述べるような種々の特徴のために、他の資本主義列強に比べて特に弱く、それだけ危機が深刻だということだ。

日本の封建主義は、第十八世紀と第十九世紀の前半との間に、商品経済の発展の結果、著しく分解してはいたが、しかし、日本で封建的体制から資本主義的体制への移行および鎖国から帝国主義的拡張政策への転向が行われたのは、白人帝国主義の圧迫の下においてであった。今から八十年前、すなわち一八五三年に日本に現れて、外国貿易のために開国を強要したのは、アメリカ合衆国の艦隊であった。だから日本の支配階層は、日本が他のアジアの諸国民のように、帝国主義列強の植民地となるのが厭なら、古ぼけた封建的な軍事組織、・軍器および軍事技術を棄てて、これらを全く資本主義化しなければならなかった。そして彼らは、この点では、異常の成功を収めた。ごく短い期間中に、敵対帝国主義列強とほぼ同格的な、近代的軍国主義、近代的軍隊組織および近代的戦争工業を築き上げた。日本資本主義の軍国主義的特質は、こうして、そもそもの出発点からの、その必然の運命だったのだ。

日本資本主義は、だが、一般的に言って工業の建設のため、特殊的に言って戦争工業のための、すべての工業原料が日本にないという障害にぶつかった。銅と生糸の外には、日本には充分の分量の重要原料は一つもない、殊に鉄鋼と石炭とがない。要するに国土の武装能力にとって決定的な重工業の基礎がない。日本の支配階級は、この欠陥を克服し、輸入による鉄鋼と石炭との基礎の上に重工業を築くため、あらゆる努力を払わなければならなかった。彼らこの努力は、アジア大陸征服のための、数度の大軍事行動に現れた。そして、この同じ原因は、いつまでも、しかも益々日本の支配階級の征服欲を刺激し、且つ征服による重要原料の確保を必至的にならしめているのだ。

日本の資本主義を、早くから（もとから）軍国主義＝帝国主義として特徴づけているものは、国内市場の狭隘否《いな》皆無ということである。第一に、一八六八年の革命（明治維新）は、決して封建主義を完全に一層しなかった。殊に農業革命は全然行われず、日本人口の過半数を占めている農民の大部分は、封建的地代搾取の重圧の下に、絶えず殆ど飢餓状態に曝されている極貧農民である。だから、日本の農民は、資本主義的工場製品の販売市場の対象としては、始めから全然可能性がなかったのだ。第二に日本の都市工業は、前に述べたように、外国から輸入した原料で生産し、しかも、それを既に充分発達した先進資本主義列強と競争して市場に出さなければならぬ。このためには、労働賃金を最大限度に安くしなければならぬ。農民の極度の貧困状態はこういうべらぼうに安い賃金で働くことを余儀なくされる都市プロレタリアートを、不断に大量的に供給するのに充分だ。たとえば、日本の繊維労働者の一時間当たりの賃金は、イギリスのヨークシャーの繊維労働者の一時間分の賃金の、三分の一あるいは三・五分の一という低廉さだ。かくて都市人口の重要部分を占めている工業労働者もまた、日本資本主義の国内市場として全然無価値である。だから、日本資本主義は、その存続発展に欠くことのできない販売市場の獲得、確保のためにもまた、国外に征服の手を延ばさなければならなかった。

資本主義日本の支配階級の、これらの征服欲はまた、封建主義の最大の残存物である天皇制と、固く結びあっている。あらゆる領域の教育を通じて、三千年来の歴史の名において、共同宗家という欺瞞の下に、不可欠という強圧を以て、日本の支配階級は、彼らの征服欲の満足のためにも、革命的プロレタリアートの弾圧のためにも、最も徹底的にこの天皇制を利用している。軍隊は天皇の軍隊であり、戦争は天皇のための戦争であり、国民は天皇の赤子なのだ。然り、ローマにおける父権専制の下におけるがごとく、その一切の生殺の権を握られている赤子なのだ。

以上述べたところによって明らかなように、日本資本主義は、封建主義の強い残存物をもちながら、極めて短期間に、最高度に発達した帝国主義の段階に入った、資本の集積は極度に行われ、七つの大金融閥が、日本の工業、商業、交通および銀行を、ほとんど残るくまなく支配している現状である。そして忘れてならないことは、資本主義一般にとって、帝国主義的段階は、その発展を、その強さを、その繁栄期を意味するものではなく、その行き詰まりを、その弱さを、その没落期を意味するということだ。日本の資本主義が、その出発点から帝国主義的特質をもっており、極めて短期間の間に、言葉の正しい意味における帝国主義の段階に入ったということは、今まで述べたところによって明らかなように、その特別の弱さのためであったのだ。

刻下の世界恐慌と日本資本主義

第一次世界帝国主義戦争は、日本の資本主義にとって、飛躍的発展の一時期であった。日本は世界戦争に初めから参加はしたが、その参加は、僅かに中国においてドイツ人が占領していた小地域（青島）と、ドイツ領南陽諸島との占領だけに限られていた。従って経済的には、アメリカ合衆国よりも、遙かに著しい度合において、一つの中立国家の役割を演じた。この戦争に要した日本の総費用は、ロシアの二百二十六億ドル、フランスの二百五十八億ドル等に比べて、僅かに四千万ドルにすぎず、ギリシャの戦争費でさえ、日本に比べると幾倍かになっている。しかも日本は、この戦争によって、何年間も引き続いて、外国工業製品と市場を争う必要がなかったばかりでなく、自分自身連合諸国への供給者となった。日本の工業設備はこの需要を充たすには足らず、多くの古い工場施設をアメリカから輸入した。鋼鉄生産は一一六％増加し、銑鉄生産は一四三％増加した。銑鉄の価格は一九一五年のトン当たり二十四ドルから、一九一八年秋の二百五十ドルに騰貴した。鉄工場の利潤は飛躍的に高くなった。多くの工場の配当金は、一九一八年には一〇〇％以上であった。戦具供給の莫大な利益によって、日本は文字通り成金国になった。日本はアメリカ合衆国と同じように、債務国から債権国になり、連合諸国に対して多くの借款を与えることができた。

だが戦争によって得た異常な利益は、今度は戦争の終結と共に、逆に日本資本主義を、異常な困難に突き落とした。ヨーロッパの資本主義列強は、戦争から受けた痛手を回復するために、血まなことなって産業の立て直しに没頭し、世界市場の回復に狂奔し始めた。日本資本主義は、そのため、今までせしめていた外国貿易における独占的地位を失ったばかりでなく、戦争景気にもとづく異常な物価騰貴を容易に清算することができず、それにより工業製品の生産費が諸外国に比べて非常に高かったため、至るところの市場で、敗北の憂き目を見なければならなかった。日本資本主義にとってのこういう不利な情勢は、戦後の全時期に亘って、再び回復されることなしに、慢性的に継続した。米騒動、震災銀行破綻等々は、こういう不利な情勢の端的な現れでもあり、またその情勢を益々悪化させる要因でもあったのだ。そしてこの情勢は、最後に世界経済恐慌と共に極度に先鋭化し、日本資本主義を絶望的な窮地に陥れた。

前に述べたように、日本の資本主義の存立の基礎は輸出貿易にある。そしてその主なる輸出先は、アメリカ合衆国を第一位とし、中国、インドがこれに次ぎ、他は殆んど言うに足りない。一九二七年について見ると、日本の輸出の百分率は、合衆国へ四一・九%、中国へ一六・八%、インドへ八・四%であった。合衆国への輸出の約八〇%までが生糸であるが、合衆国自身が恐慌の波に洗われていることと、日本にとって不利な為替関係とのために、その輸出の総売高は、一九二七年の七億八千百万円から、一九三〇年の四億一千七百万円、一九三一年の三億五千五百万円というように破局的に減少した。中国及びインド方面への輸出は、大部分安い木綿商品及びその類似品から成っている。ところがこの輸出項目は、世界市場における最も先鋭な競争領域である。殊に日本の主要輸出先である、中国、インド方面では、英国製品との競争のため、これらの地方における綿製品工業の勃興のためおよびこれらの地方における恐慌の犠牲の勤労大衆への加重のため、情勢はこの領域においても、日本の資本主義にとって全く破局的となった。

日本のブルジョァジーはどうしてこの窮地から脱しようとしたか

日本の資本は強度に独占化してしまったために、恐慌の負担を、著しい度合で、勤労大衆の上に転化することができた。資本は何よりもまず生産の組織的制限をやっている。それはたとえば、綿糸紡績、人絹工業、印刷紙等では、一九三一年に三〇～四五％に達している。これに反して、恐慌の全幅的な重圧は、日本の農民が市場に持ち出す二つの主要生産物、すなわち米と生糸との価格の暴落という形で、勤労農民の上に襲いかかった。米の価格は一九二六年以来半分に下落した。つまり日本の勤労農民は、米の収穫のうち小作料として払った残りの部分の代金を、数年前に比べて、半分以下しか受け取らないことになるのだ。この点でなお考えに入れなければならないのは、米穀取引と高利貸しとが結びついているために、借金を背負っている日本の農民は、米穀市場における価格下落の水準よりも、なお遥かに低い価格で売らなければならぬということだ。

前に述べた生糸の輸出総額の破局的な減少は、輸出分量の減少によるのではなくて、生糸の価格の低落のためなのだ。輸出分量から言えば、月平均で、一九二九年の二千八百七十四トンから、一九三一年の二千七百五十四トンに減少したに過ぎない。ところでこういう価格低落では、農民が生糸を売って得る売上が、なお遙かに少ないことは明らかだ。大生糸輸出商、誰よりもまず三井銀行が、生糸輸出を為替投機と結びつけていて、国内価格を高く釣り上げたり、低く引下げたりしているので、なお更そうだ。

恐慌の犠牲の第二の負担者は、日本プロレタリアートだ。操業度は一九二六年度を一〇〇に等しいとして、平均一九三〇年には八二に落ち、一九三一年には（最初の十か月に）七四・七に下った。このことは一九二六年に失業した労働者の外に、二五・三％の労働者が失業したことを意味する。日本の欺瞞的な官庁統計は、現在の失業者総数を四十数万と発表しているが、種々の点から考察して、今や日本の失業者は三百万を超えると算定すべき充分な根拠がある。日本資本は更に、そうでなくてさえ低い日本の労働者の賃金を、一層低くするためにこの情勢を利用した。

では、日本のブルジョアジーは、恐慌の負担を、ことごとく労働者と農民の上に転嫁することによって、その窮境から脱出することができたか。否だ。人口の大部分を占める労働者と農民の、こういう犠牲の結果としての飢餓状態は、国内市場におけるは販売の最後の可能性をも一掃してしまった。そのため中小工業は、徹底的に破滅しようとしている。これにもとづく小ブルジョア層の、捨鉢的な不平不満は、たとえファシズムにとって、利用することのできる絶好の情勢であるとは言え、ブルジョアジーにとって、軽視することのできない社会不安の一要因である。文字通り飢えている農民大衆は、既に猛烈な反抗一揆を各地で起こしており、しかもそれが急速に革命化し、組織化し、全国化しつつある。都市プロレタリアートの、資本の攻撃に対する反撃は、最近の数々のストライキが示しているように、全ブルジョア秩序を、根底から揺り動かしているのだ。三百万の失業者――その家族を含めて一千万人が飢えているのだ――の存在はそれだけで、資本主義的社会不安の重大な動因だ。日本のブルジョアジーは、その窮境から脱しようとして、更に一層浮かぶ瀬のない窮地に陥ったのだ。

満州及び上海侵略戦争の意図と効果

右に述べたように。労働者と農民への犠牲の加重によって、恐慌から脱出しようとした日本のブルジョアジーの努力は、ただに予期通り窮境の打開に役立たなかったばかりでなく、革命的プロレタリアートを先頭とする、深刻にして広範な反抗闘争を惹き起こした。日本資本主義は、そのために根底から動揺し始めた。しかも、社会改良主義者＝社会民主主義者を買収して、大衆の革命化を喰い止めるだけの余力はもうなくなった。またそれをするには、大衆の革命化は余りに深刻且つ広範になり過ぎた。そこで日本の支配階級は、大衆の革命的運動に対して、未曾有の弾圧を加える一方、殺気だった国内大衆の気分を、戦争によって国外へ逸出させる必要を痛感した。満州及び上海侵略戦争はこうして開始されたのだ。

戦争開始の意図は、しかし、それだけでは決してない。第一に、日本の資本主義の死命を制する外国貿易の破局的情勢を切り抜けるために、中国における販売市場を確保しなければならない。否、ただ販売市場の確保ばかりではない。帝国主義列強との間の、来るべき中国分割のための闘争における最も有利な条件を、まず制しようと企てたのである。第二に、破竹の勢いを以て発展しつつある中国ソヴェートの成長は、日本の資本主義にとって、正に致命的な脅威である。この点では等しく利害の一致する英、米、仏等の協力の下に、中国ソヴェート絞殺の戦争の先頭に立ったのだ。第三に、しばしば繰り返して述べたように、ソヴェート同盟における、社会主義体制の勝利的躍進は、これまた世界ブルジョアジーにとって、致命的な脅威だ。

この点においても、利害関係の完全に一致する他の帝国主義列強と共に、なかんずく、ヨーロッパにおける反ソヴェート干渉戦争の前衛部隊としての、フランス帝国主義と相呼応して、東部戦線の前衛部隊たる役割が、日本帝国主義に課せられている。満州を日本の勢力下に確保することは、日本帝国主義のソヴェート同盟攻撃の足場を固めるために、ぜひしなければならなかったことだ。日本の満州占領はまた、早晩勃発することを避けることのできない、太平洋争覇のための、日米間の戦争に必要な地歩を固めることもである。かくて結局は、かの有名な田中義一の建白書の計画通り、全アジア大陸を征服して、その上に厖大な大日本帝国を建設しようとする野望の実現への、第一歩を踏み出したことにもなるのだ。

では、こういう意図の下に開始された満州及び上海侵略戦争は、日本の支配階級に少しでも予期の効果をもたらしたか。否だ。正反対だ、国内的社会不安を、戦争と結びついた愛国主義的、排外主義的気運に転換しようとの企図は、小ブルジョア層や社会民主主義的指導者に関する限りある程度まで成功した。このことは、種々雑多なファシスト団体が、雨後の筍のように発生したことを、社会民主主義者の社会ファシズムへ、あるいは純粋のファシズムへの転化等に現れている。しかし同時にそれは、革命的プロレタリアートを先頭とする勤労大衆の、広範にして深刻な反戦闘争にぶつかった。なかんずく、日本の支配階級を戦慄させたことは、満州及び上海における日本の軍隊及び艦隊の、数度の大規模な反乱である。部分的な反抗は、満州にあって、いわゆる匪賊討伐に駆使させられている軍隊に、絶えず見るところだ。

販売市場の確保という点では、この侵略戦争の当然の結果として、中国全土に捲き起こった排日ボイコットのため、また中国において日本と最も先鋭に利害が対立している。アメリカ合衆国の排日ボイコットにより、日本の対外貿易の主要輸出先は、殆んど全く閉鎖されてしまった。

上海戦争は、中国とは比較にならぬ精鋭な武器と軍隊とを以てしたに拘わらず、帝国主義列強の協力にも拘わらず、また帝国主義の走狗蒋介石政府の裏切りにも拘わらず、上海プロレタリアートと第十九路軍の革命的戦士との、決死的反抗によって、実質上日本軍の敗戦に終わった。中国ソヴェートは、それによって微動だにしなかったばかりでなく、全中国大衆の反帝国主義、なかんずく反日本帝国主義気運と結びついて、益々拡大強化しつつある。ソヴェート同盟攻撃のため、足溜りとして、来るべき中国分割のための、またアメリカ帝国主義との戦争のための立脚地として占領した満州では、土着勤労大衆の、頑強なパルチザン的反抗にぶつかった。満州占領以来正に一ヵ年になんなんとするが、十数万の日本軍隊は、これの鎮圧のために、全く奔命に疲れているのだ。日本帝国主義は、国民大衆から搾り取った巨額の戦費と、幾千の労働者、農民の生命を賭して戦った満州及び上海侵略戦争の結果として一体何を得たのだ。

資本主義日本の最後の生命がけの飛躍

資本主義日本に、最後の生命がけの飛躍の時が来た。客観的には、『正気を失って恥知らずとなった泥棒のような』、『次から次へと重ねられて行く愚かな所行』であるにしても、支配階級自身にとっては、全く真剣な、生命がけの努力である。あらゆる領域において、生産が休止し、制限させられているのに、何故軍需品の生産が昼夜兼行で行われ、益々拡張されているのか。何故全国至るところで、あらゆる軍隊が毎日毎夜演習に没頭しているのか。何故濱口、井上、犬養と相次いで殺され、幣原が襲われたのか。何故いわゆる挙国一致の、強力内閣に対する要望――ブルジョアジーの――が高いのか。何故あらゆるファッショ団体の、数限りなき出現が歓迎――ブルジョアジーによって――されるのか。何故農民大衆を欺瞞するための、いわゆる農村救済策が、政府により、各種政党により、各種ファッショ団体によって、われ劣らじと担ぎ廻られているのか。

これと同時に、何故天皇の名によって行われる資本主義日本の裁判が、日本プロレタリアートの前衛、日本共産党の被告たちに対して、死刑の宣告を与えようとしているのか、何故革命的労働者と農民が、絶えず大衆的に逮捕されているのか。何故あるゆる革命的運動に対して、ファシスト的弾圧が加えられているのか。何故一切の言論、集会、結社の自由が――それが革命的大衆に関する限り――その最後のものまで奪い去られているのか。何故軍事警察が一般警察と有機的に結びつき、特高警察が著しく拡張され、且つ、その内容が著しく充実されているのか。

すべては、資本主義日本が、その最後の生命がけの飛躍のための準備にほかならないのだ。否、今やその飛躍を開始したことを意味するのだ。すなわち国内においては、ファシスト的クーデターにより、あらゆる革命的組織を絶滅すると共に、外に向かっては更に大仕掛けな侵略戦争を開始しようとしているのだ。この侵略戦争は、恐らく差しずめは、中国本土に対する第三次の、今までよりも遙かに大規模な、侵略戦争として始められるであろう。だがそれは、情勢如何によっては、日本帝国主義が対米戦争を通じて、第二次世界帝国主義戦争の立役者となるべき充分な可能性をもつものであり、世界帝国主義列強のソヴェート同盟攻撃において、日本をその先導部隊たらしむべき遙かに多くのモメントを蔵しているのだ。

だが銘記せよ、このことは、日本の資本主義の強さから出てくる結果では絶対にないということを。それは、このままではその存在を維持することのできない弱さからの、断末魔のがむしゃらな、きちがいじみた悪あがきの結果なのだ。それは、革命的プロレタリアートを先頭とする、日本の全勤労者大衆の断固たる闘争によって、帝国主義戦争を革命に転化し、ブルジョア支配の絶滅に導き得るものだという意味において、正しく資本主義日本の最後の生命がけの飛躍なのだ。

四　日本におけるファッショ運動

日本におけるファッショ運動の種々相

本年五月二十日付けの、産業労働調査所関西支所の調査報告第二十四号によると、この調査で明らかにされているだけでも、日本におけるファッショ団体の数は、大小とりまぜて百二十近くもある。なおこの中には調査もれのものもあるだろうし、調査の時以後に結成されたものもあるであろうから、文字通り雨後の筍の盛況だ。殊に注意しなければならぬことは、こういうファッショ団体の大部分は、最近数年の間に、なかんずく、対支侵略戦争の前後から、むくむくと、夕立雲のように湧き出てきたという点である。これは全く、前に述べた日本資本主義の最後のあがきとしての、生命がけの大飛躍と照応するものだ。『国亡びんとして忠臣現わるる』とでもいうのか、『資本主義亡びんとして』、我もわれわれもとそれに忠勤をぬきんでようとするファッショが現れ来るわけだ。勿論これらの大部分は、彼らの出現を必要とする社会情勢について、通り一遍の認識さえ持っているものは殆どなく、彼ら自身そこでいかなる役割を演じ得るかということについての、ごく皮相な見通しをしているものさえも殆どなく、またいわゆる忠勤をぬきんでるに足るるだけの最小限の実力さえもち合わせているものは殆どない。その大部分は愛国だとか、正義だとか、大日本主義だとか、君民一致だとか、赤化撲滅だというような、抽象的なスローガンを担ぎ廻って食い代、飲み代をかせいでいるルンペン共か、ギャング団、おっちょこちょい学生共ばかりだ。

しかし、このことは彼らの存在を無視してよいという理由には決してならない。飛びぬけて頭の悪いことを特徴にするこういう連中の意識に、どう反映しているにせよ、第一にこういう輩の横行を促す一定の社会情勢があるのだ。あるいはその社会情勢を反映している日本の今日の支配階級のイデオロギーが、飛びぬけて事大主義であるこれらの連中に反映しているのだ。だからこそ、彼らはそれで食い代、飲み代をかせぐことができ、大手をふって幅を利かせ廻ることができるのだ。第二に彼らは、現在の状態では、お互いに何の連絡も統制もない。しかもそれぞれ個別的には殆ど何の実力もない存在ではあるが、しかし何れも直接もしくは間接に、支配階級ブルジョアジーによって飼われており、買われている存在であるという点において、完全に一致しているという事実に注意しなければならぬ。支配階級が彼らを飼育し、買収しているのは、単に個別的な階級闘争──労働争議、小作争議等──に当たって、勤労大衆に向かってけしかける狂犬としてばかりでなく、近づきつつある革命の際に、バリケードの彼方、反革命の陣営に、統一的な一丸の勢力として結集しようとのもくろみからだ。このことは極めて容易に行い得ることであり、また現に日本の支配階級は、こういう分散する小グループを、その単一の統制の下に置こうとして、あらゆる努力を払っているのだ。

こういうファッショ団体の目ぼしいものとしては、建国会、大日本国粋会、大日本正義団、国龍会全日本愛国者共同闘争協議会、大化会、国本社、明倫会、政党の名を持っているものでは、大日本生産党、愛国勤労動党、日本国民党、愛国大衆党、国粋大衆党、学生ファッショ団体では早大潮の会、帝大七生社、学生興国連盟、日本青年学生革正連盟、京大猶興学会、愛国学徒連盟、一般青年を目標とするファッショ・グループでは、鉄道青年会、愛国青年社、天業青年団、大日本青年護国連盟、全日本青年同盟、洛北青年同盟、修養を名とするものでは修養団、日本青年修養会、働く会、希望社、大日本国民思想善導会、宗教を名とするものでは国教宣明団、鉄道道友会、乃木講、国柱会（その他大抵のものは何ほどかの程度に宗教的色彩をもっている）、婦人団体では愛国婦人会、大阪国防婦人会、朝鮮民族を対象とするものでは相愛会、修養団朝鮮人連合会等々を初めとして、一々挙げて行くのはとても面倒くさいばかりだ。

試みに産業労働調査所関西支所の調査の範囲内で、これらの団体の掲げている目ぼしいスローガンを挙げ、そういうスローガン別に団体を数えてみると、次のようになる。但し社会改良主義＝社会民主主義から純粋ファシズムに転向したものについては、別項で取り扱うこととする。またこの類別は明白に掲げているスローガンによったのであって、特にそういうスローガンを掲げていなくても、共産主義、愛国主義等は全部に共通するスローガンである。

イ、皇室中心主義、天皇親政、忠君愛国、国体擁護等をスローガンとするもの二十七団体。

ロ、愛国主義、帝国主義、日本主義、大アジア主義、社会愛国主義、国際主義の排撃等をスローガンとするもの二十一団体。

ハ、反共産主義、赤化防止、階級意識の滅殺、思想善導等をスローガンとするもの二十団体。

ニ、資本主義の打倒、資本主義の改革または改良、財閥の横暴抑制等のスローガンを掲げているもの四団体。

ホ、議会制度否認をスローガンとするもの三団体。

この他社会改造あるいは改良、政界革正等をスローガンとしているものも若干あり、『六合を兼ねて宇となり八総を掩《おお》うて都を開く』建国の理想を実現する（建国会）とか、仏教教育による階級意識の滅殺（鉄道道友会）だとか、スポーツによる階級意識の滅殺（大日本工場スポーツ連盟）などというふるったのや、ユダヤ人陰謀防止（国教宣明団）、天皇主義と世界革命（国士同盟会）、封建的帝国主義的遺訓の宣伝（明治会）、などのような、わけの判らぬスローガンを掲げているものが随分ある。

次にこれらの団体の指導者あるいは中心人物として担がれている人物はどんな連中かというと、第一に山科伯爵（聖皇会）、徳川達孝伯爵（日本皇道会）等の如き封建貴族、第二に有馬良橘（有終会）、一戸兵衛（乃木講）、佐藤鉄太郎（奉仕会）、等のような陸海軍人の古手、第三に鈴木喜三郎（大日本国粋会）、平沼騏一郎（国本社）、床次竹次郎（立正護国会）、田中廣重（明倫会）等のような官僚あるいは反動政治家、第四に酒井栄蔵（大日本正義団）、野口栄次郎（大阪国粋会）等のような博徒の親分、第五に内田良平（国龍会）、頭山満（大日本生産党）、赤尾敏（建国会）、等の如き愛国ルンペン、第六に大谷尊由（鉄道道友会）、田中智学（天業青年団）等のような坊主、第七に大川周明（学生興国連盟）、蜷川新（日本青年学生革正連盟）等の如き反動学者などが、その目ぼしいものである。

右に挙げたスローガンからは、そのファッショ的本質を遺憾なく見とることができるが、しかしまたこれらのスローガンの表現の仕方により、またその指導者ないし中心人物の顔ぶれから、これらの団体はいずれも、小市民、学生、ルンペンを包容しているにすぎず、極めて大衆性を欠いているということがわかる。ただこれらの中在郷軍事団体、青年団体、学生団体等は、陸海軍の退役または現役軍人の指導下に置かれ、且つ全国的に連絡統一され、前に述べた支配階級の意図を実現しようとしているものだという点に、特に注意しなければならぬ。

社会民主主義から転向したファッショと社会ファッショ

あらゆるファッショの中で最も憎むべく、また後に述べるような理由で、その反革命的役割において最も危険性のあるのは、かつて自らプロレタリア解放運動の指導者を以て任じ（時とすると自ら共産主義者を以て任じさえして）、他もまたある程度までそう評価しておった輩が、ファッショに転向した場合である。その代表的なもので、また他の諸団体に比べて、遙かに大衆性をもっているのは、いわゆる赤松一派の日本国家社会党である。その先頭に立つ赤松克磨は、かつて自ら共産主義者を以て任じていたが、大震災当時の反動時代から急速に右翼化した人物であり、その傘下には旧社会民主党から転化した連中と、旧労農大衆党から馳せ参じた山名義鶴、大矢省三、松谷与二郎等のかつての左翼社会民主主義者がいる。また赤松克磨の実弟五百磨の如きは、かつて新労農党解消運動のお先棒を担ぎ、いつも自分を紹介するのに『ダラ幹克磨の弟だ』と言い、本年初頭の総選挙の時には、最左翼と自称して立候補した男である。また赤松一派と合同してファッショ政党を結成する筈になっていて、結党間際に分裂し、別個のファッショ政党を作る過程として、新日本国民同盟を結成しているグループの幹部　下中弥三郎、坂本孝三郎らは、日本労働組合総連合を率いている元の社会民主主義者である。これらの両団体ほどに大衆性をもたないが、犬養を殺した軍部ファシストの釈放要求だの、左翼の反戦闘争撲滅だのとビラを捲いて、世間の人気を集めようとしているインチキ・ファッショ団体・勤労者前衛同盟のお山の大将　中村義明は、三・一五事件に引っかかって、プロレタリアートの最も憎むべき裏切りを敢えてした解党派の一人だ。この種のファッショ団体の幹部共は、いずれも長い間、兎も角も無産階級運動を指導してきた輩であるから、相当の程度に大衆を引き付けるこつを飲み込んでおり、殊に大衆を欺瞞することには一層熟練している――もちろん彼らの欺瞞は、革命的プロレタリアートによって、事毎に暴露されその結果段々大衆の支持を失ってファッショ化したのではあるが――そのため、その反革命的役割は決して過小評価してはならない。現に総同盟の若干部分、全国労働の若干部分、総連合の全部が彼らの影響下に在り、さらに彼らは総同盟及び全国労働の残りの部分や総評議会等の組織労働者、左翼の影響下に在る労働者層へさえ食い入ろうとして一生懸命になっており、また未組織労働者や農民層をその影響下に引き寄せることに、あらゆる努力を払っているのだ。

試みに、この種のファッショ政党の綱領主張等を列挙してみる。それらが前に挙げたファッショ諸団体（生産党、建国会等のことだ。以後これらを仮に第一種のファッショと呼び、本項で扱っている日本国家社会党等を第二種のファッショと呼ぼう）と、どんなにその本質において異ならないものであるか、同時にまた、やたらに革命的な言辞を弄して、どんなに労働者・農民を欺瞞するものであるかに注目する必要がある。

まず日本国家社会党の綱領及び主張はこうだ。

綱領　一君万民の国民精神に基き搾取なき新日本の建設を期す。

主張　吾党は国民運動により金権支配を廃絶し、皇道政治の徹底を期す。

吾党は合法的手段により資本主義機構を打破し、国家統制経済の実現に依り国民経済の保証を期す。

吾党は人種平等資源衡平の原則に基きアジア民族の解放を期す。

又日本国家社会党の学生班である全日本学生協議会の基本綱領として掲げられているものは次の通りだ。

一、戦闘的国家社会主義意識の確立。
二、共産主義的、社会民主主義的、ファシズム的諸グループの粉砕。
三、労農青年との戦闘的同盟。
四、資本主義日本の打倒、社会主義日本の建設。
五、反動教育の打倒、自主的討究の確立。
六、軍事的訓練の徹底。

次に新日本国民同盟の綱領、主張等については、遺憾ながら、今筆者の手許に適確な資料がない。だが、彼ら赤松一派と合流して、本年五月二十九日に結党式を挙げようとした時に、その会場に掲げられてあった。スローガンは左記の通りだ。もちろんこの結党は、結党式のその当日に、両派の分裂によってお流れとなったが、分裂の原因は決してその主義主張の相違にあったのではなく、少なくともこれらのスローガンは、両派一致の上で作成されたのであるから、これにより新日本国民同盟の主義主張を大体知ることができると同時に、彼らのグループもまた、本質的に日本国家社会党と殆ど一致するものだということを知ることができる。ともあれ当日掲げられたスローガンはこうだ。

一君万民新日本建設万歳。
国民生活絶対保障、国家統制経済樹立。
ブルジョアジー走狗党粉砕。
亡国社会民主主義撲滅。
搾取なき大アジア民族の結合。

労働者農民市民軍人の結合。
亡国共産主義撲滅。
亡国資本主義撲滅。
財閥独裁議会粉砕。
日本と満州の国民経済連盟の樹立。
国民日本党結成大会万歳。

最後に解党派中村義明一派の、勤労者前衛同盟の綱領主張についても、今筆者の手許に適確な材料がない。筆者の手許には、中村が『何故に僕は日本共産党の裏切者になったか（その二）』という恥さらしないよ迷いごとと綱領解説（その二）、失業闘争に関するごたごたした主張などを載せた機関紙、日本勤労者新聞第八号があるだけだ。だが見よ、ちょうどこの号の綱領解説の真っ先に、次の綱領がでかでかと書いてあるではないか。

本同盟は天皇の下万民平等の国民的協調による天皇統治の徹底を期せんがための前衛たらんことを期す。

これらの綱領主張は、一目見てわかるように、はっきりと二つの部分に分けることができる。すなわち一方の部分には天皇主義、愛国主義、排外主義、帝国主義的侵略主義、共産主義撲滅等が入る。この部分は第一種のファッショ諸団体と完全に一致する。そしてそれが彼らの本質の正直な現れだ。第二の部分には資本主義の打破、国家統制経済の実現、社会主義の樹立等が入る。この部分は一見はなはだ革命的だ。そしてこの点に彼らと第一種ファッショ団体との相違がある。第一種の諸団体は、大部分、頭から労働者・農民の敵として、正直に自らを規定している。第二種のファッショ団体は、その指導者たちが、かつて無産階級運動に参加していた——その役割は常に裏切的であったが——経験によって、巧みに勤労大衆を引きつける策として、こういう革命的に見えるスローガンを掲げているのだ。ここに彼らの欺瞞性があるのだ。労働者・農民は、その手に乗っちゃならないぞ。

社会ファシズム

前項で引用したように、国民日本党結党大会の当日、会場に掲げられた諸スローガンの中に、『亡国社会民主主義撲滅』というのがあった。また先月すなわち七月二十四日に、東京協調会館で挙行された社会民主党残留派と、全国労農大衆党との合同、社会大衆党結成大会当日のスローガンの中には、『ファッショ反動の粉砕』というのがあった。こういうスローガンにおける対立ばかりでなく、これらの両派は、あらゆる機会に、互いに口を極めて毒つきあっている。ところで、前者すなわち第二種のファッショが、労働者・農民の憎むべき敵であることをわれわれはすでに明らかにした。ではこれと対立して、これに向って攻撃を加え、ファッショ反動の粉砕をスローガンとして掲げている社会民主主義者は、労働者・農民の味方か、あるいは少なくとも、ファッショに対する闘争において革命的労働者・農民と共同戦線を張ることができるのではないか。否だ。断じて否だ。純粋のファッショ自身でさえ、ファシズム的グループの粉砕というスローガンを掲げているではないか（全日本学生協議会の基本綱領第二項）。彼ら両派は、その見せかけにおいて、相協力によってよりも、相対立することによって、どちらもがよりよく大衆を欺瞞し、よりよくブルジョアジーに奉仕することができるのだ。それはちょうど彼らいずれもが、従来資本主義擁護を叫ぶ代わりに、資本主義打倒を叫ぶことによって、大衆を革命的組織の影響から切り離し、そうすることによってブルジョアジーの支配を、より強固にすることに役立ってきたのと同じことだ。

国際赤色労働組合の第四回世界大会決議は、われわれが本書第一章『ファシズムとは何か』という章で、引用したところに直ぐ続けて、次のように言っている。

『その反プロレタリア的政策全体によって、改良主義的（社会民主主義的と同じ意味と解せよ――筆者）アムステルダム官僚は、労働組合運動におけるファシズムに対して、路を開いている。この改良主義的官僚は、この改良主義的労働組合内に強く残る階級闘争の諸観念と、諸方法との最後の残骸をも除き去ろうとし、「産業平和」と強制的調停との政策を声明し、且つ実行し、資本主義的ブルジョアジーを、国内的規模及び国際的規模において援助して、資本主義を安定させ、生産を合理化させて、その日常利益の擁護ための労働者層の全闘争をサボタージュして、実質上ファシストの立場に立っている。彼らの思想とファシズムの思想との間の境界は、次第に消滅して、改良主義的官僚は、労働組合運動の内部におけるファシズムの一拠富者に転化する。労働組合民主主義の破壊に際し、分裂と組合員の除名とによって真の大衆団を破壊するに際し、革命的分子と労働組合の中の大衆との間にすきをつくり出そうとする努力に際し、労働組合運動内の左翼的革命的潮流に対する恥知らずな迫害に際し、すべてこれらの場合に際して、改良的主義的官僚は、ファシズムと統一戦線を張って行動する』。

『改良主義的労働組合の指導者の一部は、すでに明白に、イタリア、ブルガリア、ハンガリー等のファシズムと、思想的に、政治的に全く一致している。他のものはそれに至る途上にある。改良主義的労働組合内の大衆が左傾し、革命化すればするほど、また彼らが改良主義的官僚の裏切政策に反抗すればするほど、階級闘争の尖鋭化の過程において、改良主義的労働組合の幹部は右傾してファシズムとなるのである。』『労働組合運動の領域における改良主義的政策は、改良主義的組合内の半ば目覚めたる部分の中に幻滅と不信を呼び起こし、その組合内の上層を腐敗せしめ、ファシズムのための確実なる地盤をつくり出す』。

一九二八年のプロフインテルンのこの決議は、まるで、それから四年後の一九三一年の、日本の改良主義=社会民主主義官僚のやり方《かた》を、まのあたりに見て指摘しているようではないか。

すでにしばしば述べたように、日本国家社会党の赤松一派は、かつて日本における社会民主主義のチャンピオンだったし、この一派と結びついた山名、望月、安藝、大矢等は左翼社会民衆主義をもって自任していた全国農民大衆党の幹部だったのだ。新日本国民同盟を結成している下中、坂本等の輩もまた、同様に改良主義的=社会民主主義的官僚だったのだ。この事実は何を示すか、社会民主主義者は、支配階級の要求に応じて、その時の社会的情勢如何により、よりよく支配階級に奉仕するために、何時でも純粋ファシストに変わることができるということを示しているのだ。社会民主主義の孤城を守ると言っている阿部磯雄や、松岡駒吉にしても、また左翼的、革命的言辞を、口先だけで振り廻している山川、猪俣らに理論的かてを頂いている麻生久一派にしても、日本の支配階級がそれを要求するならば、何時でもその社会主義の看板を、純粋ファシズムに塗り替えることができる。否や塗り替えようとしている存在なのだ。こういう意味で、彼らと赤松一派ないしは下中一派との間は全く紙一重だ、否、社会民主主義の流れは、まっすぐにファシズムの流れに続いているのだ。

社会民主主義者はまた、社会民主主義という看板のままで――ファシズム粉砕などというスローガンをかざしてさえ――ファシズム的役割を演じているのだ。すなわち彼らは反共産主義というスローガンの下に、その指導下にある勤労大衆を革命的組織から切り離し、彼らの革命化をへしつぶし、階級闘争のイデオロギーを階級協調のイデオロギーにすりかえるために努力しているのだ。第三インターナショナルに反対することによって、ソヴェート同盟に対する干渉戦争に協力しているのだ。満蒙の権益を勤労大衆によこせなどと言って、満蒙侵略戦争が勤労大衆の利益となるものであるかの如き幻想を大衆に抱かせることにより、この戦争を支持しているのだ。反戦闘争に少しも積極的に参加せぬばかりか、革命的労働者農民のこのための闘争を妨害することによって、帝国主義戦争を声援しているのだ。革命的農民の闘争を、請願運動にすりかえることによって、農業革命をへしつぶそうと努力しているのだ。天皇制に対する闘争を全然行わないことによって、これとむすびついているブルジョア＝地主の支配の強化に、積極的に役立っているのだ。彼らの従来の行きがかりや、赤松一派ないしは下中一派との勢力争いや、その指導下にある大衆への気兼ねやらで、また純粋ファシズムの看板を掲げ得ないだけで、その実全くのファシストだ。労働者・農民及び一切の勤労大衆は、自分たちの最も危険な敵の一翼としての、社会ファッショの正体をはっきり知らなければならない。

軍部を中心とするファッショ・グループ

本年五月十五日の夕方の、いわゆる帝都襲撃事件は、日本におけるファシスト恐怖政治《クーデター》を、具体的に、日程にのせたものだ。すなわち現役陸海軍将校からなる一派が、武装して犬養総理大臣邸を襲って、一発の下に彼を射殺し、同時に警視庁、日本銀行、三菱銀行、政友会本部、牧野内大臣邸も、同様グループの襲撃を受けた。同じ日にまた、彼らの別動隊である『農民決死隊』という一団が、東京附近の発電所を襲って、帝都の暗黒化を企てた。勿論この事件は、この時に始まったことでなくて、昨年十一月三日に企てられた同様の事件の延長拡大であり、前よりもはるかに成功的に行われたというにすぎないのだ。

われわれは遺憾ながら、この軍部を中心とするファッショ団体の組織、綱領主張等について知ることのできる材料を、全然持ち合わさない。ただ襲撃の際に彼らがまいたビラには、『君側の奸臣を葬り、錦旗革命によって、国民生活の安定を期す』と、書いてあったということだ。彼らの意図は、あるいは一部分本当に、国民生活の安定を期すという点にあったかも知れない。それはあり得ることだ。何故かというと、彼らの多くは、日頃労働者・農民の中から引き出された兵士大衆と、直接接触している下級将校たちであり、従って労働者・農民の極度の窮乏化からの不平不満が、兵士大衆を通じて彼らを刺激しないはずがないからだ。だが彼らの社会的無知識は、いわゆる錦旗革命によって、国民生活の安定が期せるかのような幻想を彼らに抱かせることにより、彼らを、天皇制＝ブルジョア＝地主の支配の強化のための、最も有力な一翼である軍部内の彼らの指導者にとって、最も好都合なあやつり人形たらしめているのだ。彼らを駆使することによって、中国侵略戦争、ソヴェート同盟攻撃の戦争に拍車をかけることができ、兵士大衆の革命化をこの侵略戦争に方向転換させることができるのだ。事実この襲撃事件の後にできあがった斎藤協力＝強力内閣は、従来のどの政府よりも、はっきりとファッショ政権としての本質をさらし出したではないか。

彼らが犬養を倒したことにより、牧野内大臣邸や、警視庁を襲撃したことにより、またその別動隊が井上や團を殺したことによって、こういうファッショ団体が、日本の支配階級の敵であると考えてならないと同時に、殺された連中や今なお生存しているその同類、警視庁などが大衆の味方であったと考えてならないのは、勿論、彼らが日本の資本主義体制への奉仕において、少しでも不忠実、不熱心であったと考えてはならない。ただ彼らの従来のやり方、彼らの従来の努力だけでは、日本の現在の支配体制の維持が危なっかしくなってきたのだ。同時にまた総理大臣の一人や二人を、金融大資本閥の番頭の一人や二人を射殺して見せることにより、警視庁や大銀行を襲撃して見せることにより、彼らが真に国民大衆の味方であるかのように信じさせる必要があったのだ。船が難船した時に、船そのもの及び乗り合わせている人間を救うために、大事な荷物や食料品を、否、時とすると乗り込んでいる人間の若干さえ、わざと海へ投げ込んでしまうことがあるのと、ちょうど同じことなのだ。勿論支配階級の間においても、種々の勢力争いはある。それは世界資本主義の範囲内で、個々の資本主義国相互間に、帝国主義的闘争があるのと同じことだ。帝國主義的対立闘争が、世界資本主義が行き詰まれば行き詰まるほど、先鋭化し、猛烈となるのと、ちょうど同じように、一つの資本主義国の内部においても、支配階級の間における覇権争いは、その国の支配体制にゆるみが生じて来れば来るほど、激化してくるものである。こういう状態が最も顕著に現れてきたのが、最近の日本なのだ。そして今までのところ、日本の支配階級の中で、軍部を代表する一翼が、彼らの支配下にあるかのファッショ団体の行動を通じて、政党政治家をたたき伏せ、資本主義日本の支配権を、その一手に掌握することに成功したわけなのだ。こうして彼らは、中国侵略戦争とソヴェート同盟攻撃戦争を、何の躊躇もなく、より徹底的に遂行し、同時に国内大衆の反抗運動をより徹底的に弾圧することができるようになったのだ、そして、結局は、いわゆる軍部のファッショ団体は、『国民生活の安定』ではなくて、資本主義日本の支配体制の安定のために奉仕していることになるのだ。

日本の国家機構のファシスト的体質

最後にわれわれはまた、日本の国家機構そのものの、ファシスト的体質を見逃してはならない。このことは、前に述べたように、日本の資本主義につきまとっている顕著な封建残存物の存在、殊に天皇制の支配が、大地主及び大資本家の支配と、密接に結合しているという事実によって特徴づけられている。軍隊は天皇の軍隊であり、一切の支配機構は天皇制の絶対的支配下にある。実に、日本の国家機構は、そのどんな部分でも、天皇制と切り離して考えることができない。だからこそ、あらゆるファッショ団体が、すべて天皇制の擁護と、天皇政治の徹底を——まるで今日それが徹底していないかのように——第一の綱領に掲げているのだ。

またあらゆるファッショにとって、同様に最も代表的な目標である帝国主義的侵略政策も、日本の国家が、終始一貫して遂行してきたところの、そして現に益々大規模に遂行しつつあるところの政策である。しかもこの場合においても、もっとも重要な役割を演じているのが天皇制だ。それはただに労働者・農民及び一切の勤労大衆から引き出されている兵士に対し『天皇のために死ぬ』ということによって彼らを戦場にかり出すために役立っているばかりでない。それはまたただに、戦争に反対する者を、天皇の名において即刻処罰することによって、いわゆる軍律を保つために役立っているばかりではない。天皇自身が、帝国主義的侵略戦争に関する、極めて具体的な指令を与えているのだ。例えば故陸軍大将田中義一が、一九二七年七月二五日に、天皇に差し出した。満州における積極政策に関する『建白書』の中には、次のように書いてある。

『中国を征服するためには、われわれは先ず満蒙を征服せねばならぬ。世界を獲得するためには、最初に中国を獲得せねばならぬ。若しもわれわれが中国を獲得し得るならば、総べて、他のアジア諸国及び南洋諸国は、われわれを怖れ、われわれに降服するであろう。その時に、世界は、東亜が我国のものであることを理解し、我国の権利を敢えて犯すことはしないであろう。明治天皇によってわれわれに指示された計画は、かくの如きものであり、そして、この計画の成否は、我国家存在にとって重大な意味をもつ……』。

『明治天皇の遺訓によれば、われわれの第一歩は台湾の獲得であり、第二歩は朝鮮の併合であった。今や第三歩の、すなわち満蒙及び中国の獲得に踏み出さねばならぬ。このことが為されたとき、南洋諸島をも含めた全ての他のアジアが、われわれの支配下に置かれるであろう。過去において、この任務が未だ果されなかったことは、天皇に仕える者の罪であった……』。

そして日本の国家は、このプログラムで示されているところを、最も忠実に、もっとも精力的に実行しているのだ。

革命的プロレタリアートを先頭とする労働者・農民および一切の勤労大衆の反抗闘争に対する、国家の弾圧もまた、世界にその比を見ない徹底的なものであり、しかもそれはまた、日本の資本家・地主の支配が、天皇制と緊密に結びついていることに基づくのだ。例えば治安維持法を見よ、それは天皇制と私有財産の擁護のために、革命的労働者・農民に対する死刑を約束し、且つ、これを実行しているのだ。しかも留意せよ、革命的労働者・農民は、ブルジョア的に解釈しても、言葉の厳密な意味での、私有財産制度の否認を、当面の目的としてはいないのだ。帰するところ『国体変革を目的とする』という口実の下に、天皇制と大資本家＝大地主の支配に反抗する幾千幾万の大衆を逮捕し、投獄しているのだ。この弾圧は世界無比の完備した警察網によって、最近益々激しくなり、天皇の軍隊の一部をなす憲兵隊が、その目的のために不断に動員され、機関銃を備えた正規の軍隊さえしばしば出動させられている。かくて日本の国家機構それ自身が、実にファシズムの本流であり、大小一切のファッショ系統はそれに合流し、またそこから分流しているのだ。

——（終）——

（付録）

一九三七年、軍部ファシズム批判にかんする辰巳経世「遺稿」

〔本資料はわら半紙二つ折用紙に、辰巳がペン書きした断片的で未完成の遺稿である。タイトルはなく、ページ数は一〇頁までで中断しているが、三、四および七、八頁が逸失され発見できなかった。このために論考の全体を通じる一貫性、結論を理解することに困難がある。しかし部分的であっても本「遺稿」は、辰巳経世の一九三二年以後のファシズム批判がどのような思想的発展の経路を進んだかを示すものとして、またパンフレット『ファシズムの正体』を補足するものとして重要な価値を持つと思われるので、ここに掲載させていただいた。現物は関西大学年史編纂室へ寄託〕

できるかぎり原文のままにしたが、文中の（　）内は辰巳の原文であり、〈　〉内は文責・木津力松が付加した。

一

過般の総選挙の結果は、軍事的ファシズムに対する国民の全階層の反対、反抗を明々白々に顕示した。

去る二月に行われた衆議院議員の総選挙は、満州事変――五・一五事件以来前面に現れて来て、あらゆる市民的自由―それは従前といえども日本資本主義の特殊性のゆえに極めて不充分なものであった―を次々と抹殺し、全国民を駆って戦争の危機に追いやりつつあるこの国の軍事的ファシズムに対するあらゆる階層の、それぞれの立場からの反対ないし反抗を明々白々に顕示した。すなわち次の諸事実を見よ―

一、無産派の躍進、軍事的ファシズムに対する唯一の対抗勢力たる無産大衆の立場に立つと見られた社会大衆党その他の無産派議員候補者たちの異常の躍進。

一挙、二十数名の当選―その約半分はそれぞれの選挙区において最高点を獲得―もっとも明白に反ファシズムを標榜して立った東京府第五区の加藤勘十は全国最高点で当選。

二、与党民政党の相対的勝利。岡田内閣は斎藤内閣の後をうけて、一般的には極端、露骨なる軍事的ファシズムの支配に対し一種の緩衝地帯をなすものと看做されていた。自らこの内閣の与党をもって任じていた民政党が、相対的に勝利を得たということは、かくのごとき緩衝地帯の存続に対する国民の要望の現れと見ることができる。

三、国体明徴の旗幟を担ぎまわった政友会の惨敗。五・一五事件に際して軍事的ファシズムの前衛たちは、暴力をもって政友会総裁にして時の内閣総理大臣たる犬養毅を殺した。しかるに、当時衆議院において絶対多数を擁していた政友会は、これに対して一片の抗議も表明しなかった。かえって自党総裁と議会政治――政党それ自ら――の怨敵の前に尾を垂れ、這いつくばって迎合し、国体明徴の旗を担ぎまわるという醜態のかぎりをつくした。国民の支持を失って惨敗したのは当然だ――現党首鈴木喜三郎の落選の惨めさを見よ。

四、軍事的ファシストに迎合し天皇主義、日本主義、国体明徴、勤皇維新等々を看板とする大小ファシスト団体、もしくは個人の惨敗。

〈これ以後の文章二ページ分が逸失しているので、つながらないまま次章に移ることになる。〉

二

軍事的ファシストの前衛は、主として尉官級の現役軍人、すなわちいわゆる青年将校たちから成る。これらの青年将校たちは一体、何を目標として数々の暴挙をくりかえすのか？　雑誌『日本評論』三月号所載『青年将校に物を訊く』のなかで『青年将校は、何を望んでいるか』という設問に対して次のごとき〈青年将校による〉答えが与えられている。

簡単にいえば一君万民、君民一体という境地である。大君と共に喜び、大君と共に悲しみ、日本国民が本当に天皇の下に一体となり、建国以来の理想顕現に向って前進するということである。

ここに何よりもまず第一に、天皇主義が来る。しからば天皇の下に一体となって、その顕現に向かって前進すべき『建国以来の理想』とはなにか？　彼〈青年将校〉は続けて言う。

真にわれわれは陛下の赤子であるという境地を現出して、日本をあげて、世界における最強の大和民族たらしめ、日本が世界の封建的資本主義国家（原文通り）の上に君臨する日本帝国を建設することによって、世界の平和を招来することだと思う。われわれは人間として平和郷を現出することを希望しているが、今日国際間においても大和民族は座して他のアングロサクソンとかスラブ民族によって踏みつけられるに甘んずるわけには行かない。故にこれに対して敢然××すべく突進せねばならない（伏字は原文通り、以下同じ）。

ここには世界侵略を意味するところの大日本主義がある。彼らのいう『建国以来の理想』とは、要するに世界侵略ということなのだ。

ところで、彼らがこの理想顕現に向かって『勇敢に』突進するためには、国内の事情がそれに適応しなければならない。すなわち軍備が充実し、兵士に不満なく、後顧の虞なき状態でなければならぬ。だが彼らはこの点で特に不安を感じている。

それでは青年将校として切実に感じることは何かというと、安心して国防の第一線に活×××躍することだ。すなわちわれわれは今日、兵を教育しているが、今のままで××××××××××××。今日、兵の家庭は疲弊し働き手を失った家が苦しむという状態で×××××××××××××××。すなわち自分たちが陛下から、一般国民から信頼されている以上は、この国防を完全に、国防の重責を尽くすような境地にしたい。そのために日本の国内の情勢は、明瞭に改善を擁〈ママ　要〉するのである。軍隊の圧倒的部分は、勿論いうまでもなく下士官、兵士である。将校の多くは地方農村の中農階級の子弟である。下士官、兵士はほとんど例外なく無産労働者および農民、なかんずく最も多く貧農の子弟である。しかもこれら下士官兵士と日常、直接の接触をもつものは、彼ら青年将校である。われわれはまずこの事実から出発しよう。

『われわれは毎年十万以上の壮丁を入れてそれを直接教育する。彼らは世間のすべての職業を網羅している。……われわれ青年将校がこの一般社会から入って来る兵卒の演習場においても共に露営し、共に同じ飯を食い、泥まみれになっているうちに、彼らの思想信条を知り、彼らの悩みを感得し苦しみを知るわけだ。従って民衆の生活感情や思想内容に対する知識というものは非常に強いものだ』(「青年将校に訊く」『日本評論』三月号二七二頁)

青年将校たちが、絶えず下士官たちと密接に接触することにより、後者の思想信条、悩み、苦しみを、その『感情』をもって感得することは疑いないところである。しからばいうところの、下士官兵卒たちの思想感情、悩み、苦しみとはいかなる性質のものであるか。言うまでもなく一般無産勤労階級、なかんずく貧農の生活に根ざすもの以外ではないはずだ。都市プロレタリアートの思想感情が反資本主義的であるのは言うまでもない。だがここで特に重要なのは貧農の生活である。(軍事的ファシストのイデオロギーの重要な特質は農本主義である)下士官兵卒の最大部分が前述するごとく貧農の子弟だからである。

日本の農業における半封建的諸特徴は、都市地域を中心とする資本主義の発展とともに、農民なかんずく貧農(小作農民)の生活を益々困難に追いやったが、この窮迫は一九三〇年以来の世界的農業恐慌によっていよいよ耐えがたきものたらしめた。——特に東北地方その他における貧農の飢餓的窮状態を見よ。かくのごとき貧農の飢餓的状態にある生活が、その子弟たる兵卒大衆の思想感情、悩み、苦しみを特徴づけていることは明らかだ。

しからばこういう兵士大衆の思想感情なり、悩みなり、苦しみなりは、彼らと日常生活を共にする青年将校たちの『純情』にどう反映するか。まず青年将校たちの頭脳がどういう用意をもって、兵士たちの側からの刺激に反応するかを見る必要がある。

前述するごとく彼ら(青年将校)の多くは農村出身であり、中農の子弟である。貧農を窮迫のドン底に陥れつつある同じ原因が、続々として中農（中小地主または自作農民）を没落せしめつつあるのが、現在の日本農村の特徴である。さらに彼らが軍人として受けた特殊教育は非常に特徴的である。その物質的基礎については後に再び詳しく見ることとして、要するに天皇主義、大日本主義、軍事的侵略主義こそ彼らの有する教養の一切である。

日常生活を通じて青年将校たちを最も強く刺激するものが、彼ら自身の出身層の生活特徴からも、兵士大衆の家庭の事情からも、農村の窮迫、疲弊であることは、右に見たところでも明らかだ。さてこの農村の窮迫、疲弊は彼らの頭脳の用意をもってして、その軍人らしい単純さから、

一、日本の人口の増加と領土の狭隘

二、都市資本主義による農村の搾取——都市本位の政治

として理解される。従って彼らの理解からは、農村の疲弊窮迫からの活路は、

一、領土の拡張すなわち軍事的侵略（排外主義）

二、資本主義の打倒または根本的修正

である。

『真にわれわれは陛下の赤子であるという境地を脱出して、日本をあげて、世界における最強の大和民族たらしめ、日本が世界の封建的資本主義国家（原文通り）の上に君臨する日本国家を建設することによって、世界の平和を「建設する」ことだと思う』

『従って国外に対しては、日本の国策を妨害する、例えば×、×、×のごときに対しては、国防の第一線に立って敵を倒し・・・』（前掲二六八、二六九頁）。『はっきり言うと、今日の資本主義経済機構は××××××』。『われわれは今日の資本主義組織というものを打破するために少なくとも、三大原則あると信じている。大資本と、私有財産と、土地と、この三つの部門というものが、今日の資本主義経済の三つの大きな因子であると思うが、この因子に根本的修正を与えなければならぬ』（同二六九頁）。

彼らの軍事的侵略の欲求は、農村の窮迫化によってますます刺激される。

〈次の一ページ分が逸失されているために、ここから先の論及不明〉

三

天皇主義と言い、大日本主義と言い、〈その議論の延長としての〉資本主義そのものの否定さえも、青年将校たちに固有のものにあらずして、実は日本の資本主義そのものの特質に根ざすところのものである。

天皇主義

日本の資本主義は封建主義の全くの解消の上に打ち樹てられたものではない。明治維新はブルジョア革命をとしては甚だ不徹底なものであった。否、正しい意味でのブルジョア革命は全然、起こらなかった。土地は農民に分配されず、権力は以前と同じ封建的階級の手に残り、その後の資本主義の強度の発展にも拘わらず、政治的支配体制は、ブルジョア的支配体制ではなくて、今日もなお封建主義的―官僚主義的―軍国主義的体制が支配的なのである。しかして天皇制は実にこの封建的支配体制の集中的現れなのだ。資本主義はこの封建主義との苟合〈こうごう　迎合〉により、この封建的支配体制の擁護によって発展したのであり、またそれによってなしえたのである。

だからこの国の支配的特権階級――官僚、軍閥はもちろん、地主、資本家、政党でさえも×××にして、天皇制の維持と強化を致さざるものはなく、そのために努力を怠るものはない。『国体変革を目的とする』という名目の下に、共産主義者を罰する死刑法（治安維持法改悪）を制定したものが、ブルジョア地主的政党であることを思え。

大日本主義（世界征服）

『封建的体制から資本主義体制への移行および鎖国から帝国主義的拡張政策への転回は、白人帝国主義者の圧力の下に行われた。一八三五年に日本に現れて外国貿易のための開国を強制したのはアメリカ合衆国の艦隊であった。日本の諸支配階級は、日本が他のアジア諸民族のように帝国主義列強の植民地となる運命を欲しないならば、完全に古ぼけた封建的軍事的組織および〈後れた〉兵器技術から資本主義的なそれへ移行せざるを得なかった。この目的は粘り強く終始一貫して追求され、短期間に敵対者にとって多かれ少なかれ同格的な近代的軍国主義、近代的軍隊組織および近代的戦争工業が築き上げられた。』

『一般的に言って工業の建設、特殊的に言って戦争工業は、日本にすべての工業原料がないという障碍にぶつかった。鋼および生糸の他には、日本に充分な分量の重要原料は一つもない。殊に鉄鉱および石炭がない。つまり国土の武装能力にとって決定的な重工業の基礎がない。日本の諸支配階級はこの欠陥を克服し、輸入鉄鉱および石炭の上に重工業を築くために最大の努力をやった。彼らはやがてアジア大陸の諸軍事的征服によって、その原料基礎を拡大し、同時に農民の極度の貧困の結果、工業のためには国内市場はあまりに狭かったので、海外に販売市場を獲得しようとするようになった。』

『封建主義の非常に強い残存物をもちながら、日本資本主義は最も短い時間に最高度に発展した帝国主義の特質を発展させた。資本の極度の集積——七つのコンツェルンがほとんど残る。

（以下は欠損している）

第三部　『資本論読本』

辰巳経世　著

清和書店版

〔編集者（福田泰久）注〕

原本の漢字の旧字体は新字体に変更、仮名遣いは現代仮名使いに変更した。日常使用しない漢字は仮名に変更するか、またはふりがなをつけた。

引用文は左記の訳文を併記した。

上製版『資本論』、新日本出版社

大月書店版『マルクス＝エンゲルス全集』第十三巻の『経済学批判』

古典選書『経済学批判』への序言・序説、宮川彰訳、新日本出版社

古典選書『空想から科学へ』、石田精一訳、新日本出版社

現在使用されていない訳語は現在の訳語を併記した。例えば、収取〔搾取〕。

また次のような場合は現在の訳語に改めた。

「時間賃銀」→「時間賃金」

「請負賃銀」→「出来高賃金」

「資本の有機的組成」→「資本の有機的構成」

「労働の二重人格」→「労働の二重性」

序

本書は、その書名から一見して感じられるような野心的なものではありません。ただ、何よりも一気に通読のできる、最も簡潔な、それでいて『資本論』の精神を誤り伝えないような、それに、もう一つ、欲を言えば、読者に充分な興味を持って貰えるような『資本論』の入門書を作ることが、執筆の動機であったことは確かです。しかし、そのためには、私としては、どうしても何らかの権威ある原典に拠ることが必要でした。そこで本書の第一章から第三章までは、主として、フランツ・メーリング〔Franz Mehring：1846～1919〕の精彩ある解説〔国民文庫『マルクス伝』2　栗原佑訳、大月書店〕に拠って、『経済学批判』および『資本論』全三巻に大体どのようなことが書かれてあるかを、鳥瞰的に示そうとしてみました。それから第四章は、本書の構成から言うとむしろ付録と言う方が適当かも知れぬものですが、第三章までの叙述を補うものとして、資本主義社会の歴史的な発展過程に一瞥を与えようとしてみました。この章は専らエンゲルス〔Engels, Friedrich：1820～1895〕の権威〔『空想から科学への社会主義の発展』〕に拠っています。いまこれを翻訳或いは訳編という風にしなかったのは、私の表現の仕方が、原典から可成り自由であったため、むしろ自由でありすぎたためであります。それはしかし、やさしく誰にも分るように書くということと、現在の事情で出版するのに支障が起らぬようにするためとの、二つの理由から致し方のないことだろうと考えられたからです。従って本書がもっているであろう諸々の欠陥は、勿論、すべて私の負うべきものであります。

『資本論』は、むずかしいと言えば、成程、むずかしいにちがいありませんが、読んで興味のない書物ではない。それどころか、読めば読む程尽きざる興味が湧き、読むたびごとに新しい示教を与えられることは、すでに定評のある通りであります。それにも拘らず〔かかわらず〕、ただそれが非常に大部であるというために、読破されることが案外に少く、多くの人々にとっては、堀り出されざる宝の山にすぎぬことは否めない事実だと思います。現在世に行われている解説書も少なくないようでありますが、そういう解説書自身が、また当然のこととして非常に大部であり、しばしばむしろ原典を読むに如かざるを思わせます。世に『資本論』の一章だけでも読まないで、種々雑多な、自分勝手な経済学説をマルクス〔Marx, Karl：1818～1883〕に押しつけ、それを駁撃して得々としているマルクス批判家（？）が、非常に多いように見受けられます。そういう人々は、せめて本書にだけでも眼を通してから――それは、ほんの僅かの時間で済むことです――マルクスの経済学説を云々して欲しいと思います。

近頃、若い人々の間で『資本論』が非常に熱心に読まれていると聞き、大へん喜ばしいことだと思います。もし、そういう人々が、本書のような至極簡単に読める書物によって、絶えず『資本論』の全構成を鳥瞰しながら、読んで行けば、相当効果があるのではないかと考えます。これは手前味噌のようですが、実はそうではありません。エンゲルスやメーリングの原典に対する私の評価であります。本書が、そういう意味で少しでも役立つならば、それ程私を満足させることはないでしょう。また若し〔もし〕人々が、ほんの気紛れからにせよ、本書を一読することによって、『資本論』なり、『経済学批判』なり、そのものを読むことに興味を持つに到るならば、これまた非常に大きな収獲だと考え、そうあって欲しいと期待しております。

『あります』口調で書いたのは、他の技術的な心くばりと同様、なるだけ安易に読めることを主眼としたからであって、決して、気障な動機からでないことを諒解して欲しいと思います。勿論、その意図がどの程度まで達せられているかは、問題でありますが。

最後に、どのような意味から言っても、決してその人とは言えない私などが、こういう僭越な企てを敢えてしたのは、私自身こういうものの必要を痛感させられる機会が多く、然るべき人に依ってそれがなされるのを、もはや待ち切れなくなったからであります。幸い先輩・同学諸氏から好意ある御叱正を賜るならばこれに越した喜びはなく、更に本書の出版が、もっと立派な同種の書物の出現を促す機縁ともなれば、これまたこの企てが、必ずしも無意義でなかったことになろうと思います。

本書の出版までに、若干の人々から、何かと示唆や援助を与えられました。ここに諸氏のご厚意を深く感謝したいと思います。

辰巳経世

一九三五年　秋

目次

序

第一章　『経済学批判』——商品と貨幣——
第一節　総論
『経済学批判』……ブルジョア経済の体系……商品と貨幣……研究の道程……ブルジョア社会の解剖学……社会の一定の歴史的形態……労働時間による商品価値の決定……労働の価値構成上における性質……二者闘争的性質（商品に表わされる労働の二重性）
第二節　商品——使用価値と交換価値
商品……使用価値……交換価値……等形態の・無差別の・単純な・労働……抽象的な・一般的な・労働……労働時間……抽象……平均労働……単純労働……複雑労働……必要労働時間……労働の二重性
第三節　貨幣——商品の流通過程
使用価値と交換価値との直接的な統一……交換過程……特殊な排他的の商品……貨幣……貴金属……金……価値の尺度……価格の本位……流通手段……生命がけの飛躍……貨幣としての貨幣……商品界の神……汽鎚……商品流通の神秘と神話……ロッシャー……資本……貨幣とは『好ましき商品』なり

第二章 『資本論』第一巻 ――資本の生産過程――

第一節 総論・貨幣の資本への転化

『資本論』第一巻……資本の生産過程……第一篇……いかにして貨幣は資本に転化するか……特殊な商品……労働力……労働賃金と労働生産物との差異……労働力の価値……剰余価値の源泉……不払労働……貨幣が資本に転化する……資本の出発点……原始的［本源的］蓄積……賃金労働の特殊的歴史的形態

第二節 剰余価値の生産

労働過程……価値増殖過程……労働過程と価値形成過程との統一……不変資本……可変資本……剰余価値……絶対的剰余価値……労働日の長さをめぐる闘争……相対的剰余価値……労働の生産力……機械および大工業……家族や男女関係のより高度な一形態に対する新しい経済的基礎……機械

第三節 労賃理論

労賃理論……労働力の価値……奴隷の場合……労働力の価値と価格の労賃形態への転化……時間賃金……出来高賃金

第四節 資本の蓄積過程

労賃と剰余価値との関係……蓄積過程……商品生産および商品流通を基礎とする私有の法則……資本主義的私有の法則……『節欲説』……労働者の生活が『贅沢』すぎる……資本主義的蓄積の一般法則……資本の有機的構成……資本の集中……相対的に過剰な人口……産業予備軍……資本主義的蓄積の一般的絶対的法則……資本主義的蓄積の歴史的傾向……生産様式の桎梏

第三章　『資本論』第二巻および第三巻　――資本の流通過程――
――資本主義生産の総過程――

第一節　総論

『資本論』の第二巻および第三巻……エンゲルス……偉大な精神的労働の結晶……尽きざる泉……第一巻の本質的な補充……マルクス出現以前……『科学的』弁護者たち……社会主義の諸流派……資本家的致富の真実の根源……資本家と労働者との間における売買取引……第一巻の主要内容……仕事場……収取〔搾取〕の根源……第二巻

第二節　資本の流通過程

第二期の生産段階……自由競争……工場と市場との間の不断の往復……資本の循環……個々の資本の恒常的な循環運動……一個の巨大な組合関係……信用……社会全体の生産と消費との循環運動……全体の連結

第三節　平均利潤率

荊棘〔けいきょく：困難〕に充ちた資本家の課題……剰余価値の分割……同じ企業家の間においても……『不公平』呼ばわり……平均利潤率……交換の機構から……利潤率……生産価格……社会的価値から個別的価格への還元……一株式会社の単なる株主……資本家の階級的結成の堅固な物質的基礎……平均利潤率そのものは次第に低下する傾向……利潤率の傾向的低下

第四節　剰余価値の分割

商業利潤……流通過程……商業資本……流通過程は価値を生まない……貸付資本家……利子……利子率

……企業者利得……地代……差額地代……『収穫逓減の法則』……独占……絶対地代……超過利潤……
労働地代……物納地代……金納地代……資本主義的地代
第五節　全三巻の総括
全体として概観……生命の液汁をつくり出す心臓……血液の循環……全身の栄養……違った舞台……
日々の闘争に於ける労働者の精神的武装……一つの例……恐慌の問題……過少消費説……労資協調の思想
第四章　資本主義経済の発展傾向　――恐慌の必然と独占化の必然――
第一節　資本主義的生産様式の諸特質
資本家的生産以前……中世に行われたような商品生産……社会的生産手段……他人の労働の産物……現代のあらゆる対立抗争の萌芽……社会的生産と資本主義的領有との不調和……賃労働がいまや全生産の常態となり基本形態となった……終生の労働者……プロレタリアートとブルジョアジーとの対立……商品生産に立脚する社会の特徴……社会的生産の無政府状態……独特の法則はある……生産物が生産者を支配する……生産をますます社会的に組織化すること……大産業と世界市場の樹立……個々の工場に於ける生産の組織化と全社会における無政府状態の対立……逃げ道のない『循環』……機械の無限の完成……機械の完成はこれ人間労働の不用化……産業予備軍の生産……重き足枷……貧困の蓄積
第二節　資本主義的生産様式の発展
大産業の巨大な膨脹力……衝突……周期的……最初の一般的恐慌……十年ごとに……『過剰による恐

慌』……生産手段および生活資料の資本化の必要……生産力の社会性……ヨリ多くの生産手段を社会化する企業形態……株式会社……トラスト……自由競争は独占に転化……国有化……生産力の資本性……解決

第一章　『経済学批判』――商品と貨幣――

第一節　総論

『経済学批判』が世に現われたのは一八五九年でありました。これは、マルクスの経済学研究が結んだ謂わば〔いわば〕初成りの実であって、経済学の歴史の上で極めて重要な書物であります。というのは、嘗て〔かつて〕アダム・スミス〔Smith, Adam：1723~1790〕やデイヴィド・リカードウ〔Ricardo, David：1772~1823〕によって展開されたブルジョア経済学が、この書物によって、いまや決定的に乗越えられたからであります。

その序文のなかで、マルクスは

ブルジョア経済の体系　を、次のような順序で観察しています。

すなわち、

　資本、土地所有、賃労働

それから

国家、外国貿易、世界市場

という風に。はじめの三つの項目で、彼は、近代ブルジョア社会が分れている三大階級の経済的存立条件を討究しようとしたのであります。そして、このうちの『資本』を論ずる第一巻の第一冊は

商品に関する章

貨幣に関する章

資本一般に関する章

の三章から成る筈〔はず〕でありました。このうち**商品と貨幣**　とに関する二章だけが、この第一冊たる『経済学批判』の内容となったわけであります。同じ序文のなかでマルクスは、自分の**研究の道程**　をふりかえって、これに一瞥を与えています。彼はこう言っています。

自分はヘーゲル〔Hegel, Georg Wilhelm Friedrich：1770～1831〕の法律哲学を研究したが、その結果、次のような結論に到達した。すなわち、法律関係や国家形態というものは、それ自身によって理解さるべきものでもなく、また、謂ゆる〔いわゆる〕人間精神の一般的発展によって理解さるべきものでもない。むしろそれは、かつて、かのヘーゲルが、その全体を『ブルジョア社会』という名称で包括したあの物質的な生活諸関係のなかに、その根拠を有するものである。しかもこの**ブルジョア社会の解剖学**　は、これを経済学のうちに求むべきものである

〔私を悩ました疑問の解決のために最初にとりかかった仕事は、ヘーゲルの法哲学の批判的検討であって、その序説は、一八四四年にパリで発行された『独仏年誌』に掲載された。私の研究が到達した結果は次のことだった。

すなわち、法的諸関係ならびに国家諸形態は、それ自体から理解されるものではなく、またいわゆる人間精神の一般的発展から理解されるものでもなく、むしろ物質的な生活諸関係に根ざしているものであって、これらの生活諸関係の総体をヘーゲルは、一八世紀のイギリス人およびフランス人の先例にならって、「ブルジョア社会〔市民社会〕」という名のもとに総括しているのであるが、しかもこのブルジョア社会の解剖は経済学のうちに求められなければならない、ということであった。（科学的社会主義の古典選書、『経済学批判』への序言・序説、宮川彰訳、新日本出版社、一三～一四ページ）

と。こう言ってマルクスは、その後にすぐ、あのいつもよく引用される唯物史観の古典的な叙述をつづけているのです。

このように、マルクスは、その序文のなかで、この書物の歴史的性質を極めてはっきりと書き表わしているのですが、本文のなかでも、そのことは頁ごとに、やはり同様に明瞭に示されています。開巻まず（『経済学批判』第一章「商品」の冒頭のところで）

『一見すると、ブルジョア的富は、一個の恐ろしく厖大〔ぼうだい〕な・商品の集大成として現われ、個々の商品は、その富の原基的な存在として現れる。』

〔一見したところでは、ブルジョア的富は一つの巨大な商品の集まりとして現われ、個々の商品はこの富の元素的定在として現われる。（『マルクス＝エンゲルス全集』第一三巻、一三ページ）〕

という言葉で筆が起されています。これはマルクスが**社会の一定の歴史的形態**を研究していることを示すものであります。彼は、商品や貨幣が、何かこう普遍的な意味で、いかなるものであり得るかとか、或いはいかなるものであるべきか、といったものを規定し

ようとしているのではなくて、かかる商品や貨幣が

近代ブルジョア社会において、現にいかなるものであるかということを規定しようとしているのでありま

す。

マルクスは、すでに、そのプルードン〔Proudhon, Pierre-Joseph：1809~1865〕を駁撃した書物〔『哲学の貧困』〕のなかで、ブルジョア社会の生存条件を人間社会一般の生存条件

として神化した経済学者たちを嘲笑しています。『経済学批判』のなかでは、彼は多くの頁を割いて商品および貨幣に関する諸学説の歴史的発展を述べ、それによってまた、それらの学説がもつ歴史的な制約を述べております。それにも拘らず〔かかわらず〕、ブルジョアの側では、相も変らず、意識的な欺瞞か、無意識的な自己欺瞞か、ただ例によってやりきれない混乱をもって、こういう当て推量をしているのです——

マルクスは、特にその価値論では、何かこう理想的な原理というか、道徳的な原理というか、そういったものを頭からひねりだしている。で、その原理は、もっと悧巧な、もっと倫理的な頭脳からしぼりだした何かもっと違った理想の原理か道徳の原理があれば、それでひっくりかえせる筈〔はず〕

だ

と、こうです。これがいつものやり口です。冗談じゃない。そのマルクスこそ、リカードウが極くぼんやりと認識していた学説の歴史的な前提を、詳しくいうと

価値論の完全なる発展は、大工業的生産と自由競争との社会、言いかえれば、近代ブルジョア社会を

前提する

ということを、徹底的に述べたその人ではありませんか！

その歴史観から当然に理解されることでありますが、マルクスは、彼がブルジョア経済学と袂を別ったその地点から、再び研究の糸口を取り上げたのであります。リカードウは**労働時間による商品価値の決定**を最も純粋に発展させました。だが、それにも拘らず〔かかわらず〕、彼の理論からは、ブルジョア経済学も、当時までの社会主義も、いずれもまだ解き得なかったたくさんの矛盾があらわれました。そのことは、ただ労働賃金と労働生産物との間の差異だけを考えても、想い起されることです。それは、リカードウの価値法則に極めてするどく矛盾したものであり、またそれは、グレイ〔Gray John：1798～1850〕、プルードン、ロートベルトゥス〔Rodbertus-Jagetzow, Johann Karl：1805～1875〕らが、貨幣を排棄することによって止揚しようと試みたところのものであります。マルクスは、誰よりもするどく

こんな態度では解決は絶望だ

ということを証明しました。しかし、いまや肝要なのは、リカードウが失敗したその地点で、言いかえると

ブルジョア経済学が、ブルジョア社会の有機体のなかに充分深く突入していなかったその地点で

積極的な証明をすることでありました。

そこで、マルクスは

労働の価値構成上における性質　を根本的に修正しようと企てたのであります。すなわち彼は

いかなる労働が価値を構成するか、

またそれは

いかなる理由によって、そしてどういう風にして、価値を構成するのか

また

なぜ価値はこの種の支出せられた労働にほかならぬのかということを研究しました。ついで彼は、商品と貨幣との関係をバラバラに分解し、そして商品および商品交換は、この商品に内在するところの価値性質のために、いかにして、またいかなる理由で、商品と貨幣との対立を生まざるを得ないかということを立証したのであります。すなわち、マルクスは、まず真先に、ブルジョア社会において労働がもつところの**二者闘争的性質（商品に表わされる労働の二重性）**を暴露したのです。というのは一体どういうことでしょうか。これを次節で述べましょう。

第二節　商品――使用価値と交換価値

商品　それぞれの商品は、いずれも使用価値と交換価値との、二重の視点のもとにあらわれます。まず**使用価値**　でありますが

『使用価値は、つねに、富の社会的形態がどんなであろうと、かかる形態に対しては、差し当り無関係な内容を形成している。小麦を味わってみただけでは、誰がそれを作ったかはわからない。ロシアの農奴が作ったか、フランスの自作農が作ったか、それともイギリスの農業資本家が作ったか、そんなことはわかるものでない。使用価値は、たとえ社会的欲望の対象であり、したがって社会的連絡のうちに置かれているにしたところで、少しも社会的生産関係をあらわしてはいない。……かように、

経済的形態規定に関しては無関係な使用価値、言いかえれば使用価値としての使用価値は、経済学の観察範囲のそとに横たわっている。使用価値がこの範囲内にはいってくるのは、使用価値それ自体が形態規定である場合だけである。直接的には、使用価値は、一定の経済関係……すなわち交換価値……が自己を表示する物質的な基礎である。』

〔富の社会的形態がどんなものであるかにかかわりなく、使用価値はつねに、このような形態にたいしてはさしあたり無関係な富の内容をなしている。小麦を味わっても、だれがそれをつくったのか、ロシアの農奴がつくったのか、フランスの分割地農民がつくったのか、それともイギリスの資本家がつくったのかは、わからない。使用価値は、たとえ社会的欲望の対象であり、したがってまた社会的関連のなかにあるとはいえ、どのような社会的生産関係をも表現するものではない。……経済的形態規定にたいしてこのように無関係な場合の使用価値は、すなわち使用価値としての使用価値は、経済学の考察範囲外にある。使用価値がこの範囲内にはいってくるのは、使用価値そのものが形態規定である場合だけである。直接的には使用価値は、一定の経済的関係である交換価値があらわされる素材的土台である。(『マルクス＝エンゲルス全集』第一三巻、一三〜一四ページ)〕

このように事理明白な命題によって、マルクスは、はてしもない誤解の源泉を絶ち、そして山と積まれた経済学の教科書を火に投じたのであります。ところで

交換価値 となると、事情が全く違ってきます。一つの使用価値は、それが或る一定量の割合で存在する場合にかぎって、交換価値として、他の使用価値と全く等しい値打をもつのであります。即ち

『一個の宮殿の交換価値は、箱詰の靴墨の一定数で表現される。逆にロンドンの靴墨製造業者たちは、自分たちがもっている沢山の箱詰めの靴墨の交換価値を、数個の宮殿で言いあらわすのである。』

〔一つの宮殿の交換価値は、一定数の靴墨の罐で表現することができる。ロンドンの靴墨製造業者たちは、その反対に彼らのたくさんの靴墨罐の交換価値をいくつかの宮殿で表現してきた。(『マルクス＝エンゲルス全集』第一三巻、一四ページ)〕

　商品は、その自然的な存在の仕方とは全く無関係に、またそれらが満足させる特殊な欲望とは無関係に、たがいに交換されるのでありますから、それらの商品はその多種多様な外観にも拘わらず〔かかわらず〕

　同一の単一物

を表示しているのであります。いろいろの使用価値は、そのまま生活資料であります。ところで、この生活資料そのものは何かというと、それは

　社会的生活の生産物であり、人間の生命力の支出された結果であり、すなわち、対象化された労働に

　ほかならないのであります。

あらゆる商品は、社会的労働の体化物として、同じ単一物の結晶であります。

『いろいろの使用価値に一様に対象化されている労働、これを言いかえると、交換価値という姿で自己を表示しているところの労働は、それが金であれ、鉄であれ、小麦であれ、絹であれ、それらのうちのどれにあらわれていようとも、そのことにはおかまいなく、それ自身が

　等形態の・無差別の・単純な・労働　でなくてはならない。それはあたかも、酸素にとっては、それが鉄錆のなかに存在するか、大気のなかに存在するか、葡萄酒のなかに存在するか、あるいはまた、人間の血液のなかに存在するか、というようなことがどうでもよいのと同様である。』

〔これらの使用価値は、その質的区別を抹消したこのような等価物としては、同じ労働の等しい量をあらわして

いる。これらに一様に対象化されている労働は、それ自体、一様な、無差別な、単純な労働でなければならない。この労働にとっては、それが金、鉄、小麦、絹のうちどれに現われるかはどうでもよいことであって、それはちょうど酸素にとって、それが鉄の錆、大気、ブドウ汁または人間の血液のうちのどこに存在するかが、どうでもよいことであるのと同じである。(『マルクス＝エンゲルス全集』第一三巻、一五ページ)

いろいろの使用価値の差異は、この使用価値を生産する労働の差異から生ずるのでありますが、交換価値を創造する労働は、使用価値の特殊な材料に対して無関係であると同様に、労働そのものの特殊な形態に対しても無関係であります。更にまた、異なったいろいろの使用価値は、異なった個人々の活動の生産物であり、したがって個人的に異なった労働の結果であります。だが、それらのものは、交換価値としては

平等な・無差別な・労働を表示しています。

すなわち、労働するものの個性が消えうせている労働を表示しているのであります。そこで、交換価値を

創造する労働は

抽象的な・一般的な・労働 であって、その労働は、それが種々なる大きさの交換価値のなかに対象化するところの量の大小を通して、ただ量的にのみ自分自身を区別するものであり、もはや質的には区別がつかないものであります。

では、このような抽象的な・一般的な・労働の量的に相違する大きさをはかるものは何かというと、その

唯一の標準は

労働時間 であります。そして、その労働時間は、時、日、週、などの自然的な時間尺度を、尺度とします。労働時間は、労働の形態や、内容や、個性などには無関係な、労働力の生きた存在であります。あらゆ

る商品は、交換価値として見れば、
凝結せる労働時間の一定分量であるにすぎません。
いろいろの商品の使用価値のなかに対象化されている労働時間は、それらの使用価値を交換価値にし、従って商品であるところの実体であるとともに、それはいろいろの
商品の大きさを測定するものであります。

ところで、種々な労働を、無差別の・等形態の・単純な・労働に還元することは、一つの**抽象**　としてあらわれます。が、抽象と言っても、それは社会的生産過程のうちで、日々に行われている抽象であります。

『あらゆる商品を労働時間に解消することは、あらゆる有機体を原素に分解することより、ヨリ大きな抽象でもなく、しかもまた同時に、ヨリ非実在的でもないのである。』〔すべての商品を労働時間に分解することは、すべての有機体を気体に分解すること以上の抽象ではないが、しかしまた同時にそれより現実性の乏しい抽象でもない。（『マルクス＝エンゲルス全集』第一三巻、一六ページ）〕

このような抽象は、この社会の平均的個人が誰でも遂行することのできる
平均労働　として存在しています。言いかえれば、このような抽象は、人間の筋肉や、神経や、脳髄などを、ある一定量だけ生産的に支出するという事実のなかに、実際に存在しているのであります。

ブルジョア社会におけるすべての労働の極めて大きな部分を形成しているものは、この
単純労働　であります。これに対して
複雑労働　というのは、高次の単純労働にほかならないのであります。例えば、複雑労働の一日は、単純

労働の三日に等しいといった風に。同様に、この複雑労働が単純労働へと解消して還元されることは、一体
　いかなる法則に従って規制されるか
ということも、日々に進行している実際の経験が、差し当たりこれを示しているのです。何よりも現実の事実として、複雑労働の生産物は、毎日々々一定の割合で、単純労働の生産物と交換されているのでありますから。

さらにまた明白なことは、価値を構成する労働時間というものは

必要労働時間　でなければならぬということであります。こゝに『必要』というのはどういうことかと言えば

　与えられた一般的な生産条件のもとにおいて、同じ商品の新らしい見本を一つ生産するに必要なという意味であります。

それは、一個の物が実際に生産された時間ではなくて、この物が生産され得る最小限の時間であります。この最小限の時間が、この物の価値を形成するということは、マルクスがすでに、『哲学の貧困』という書物のなかで立証していたところであります。

さて、これまで述べられた

労働の二重性ということは、

　歴史的に特定の社会的生産方式に属するものであります。

資本主義社会においては、商品生産が支配的な生産方法となっています。しかし、労働が使用価値をもたらす限りでは、それは考えられ得る一切の社会形態に共通であります。というのは、労働は、それがいかな

る形態をとっていようと、それが自然的なものを獲得しようとする合目的的な活動である限りは、人間的存在の自然的条件であります。そういう労働は、人間と自然との間の物質代謝の条件であって、一切の社会的形態から独立なものであります。この労働は、それの前提として素材を必要とします。だから、この労働は、それによって生産されたものの、すなわち物質的富の、唯一の源泉ではありません。種々なる使用価値における、労働と自然的素材との組み合わせは、多種多様であり得るでしょうが、使用価値という場合には、そこにはいつでも、自然的な支え物がはいっています。

これに反して、

交換価値を形成する労働は、労働の、ある特殊な形態であります。

あらゆる文化民族の歴史の第一頁を占めているかの原始共同体においては、個々の労働は、直接に、社会的有機体に統合されていました。中世の賦役や、現物貢納においては、労働の一般性ではなくて、特殊性が、その社会の紐帯を構成していました。農業的家父長制の家族においては、家族の自己欲求に対して、婦人が紡ぎ、男子が織る、という制度でありましたが、そこでは、撚り糸や亜麻布は社会的生産物であったし、紡糸や機織は、家族の圏内における社会的労働だったのであります。だが、原生的な分業を行うこの家族集団は、その労働の生産物に対して、次のごとく、それ独自の社会的刻印を押しています。すなわち、撚り糸と亜麻布とは、等しい値打があり・同じように通用するところの・等量の一般的労働時間の表現として、互に交換されはしないのであります。

商品生産において、はじめて、個々の労働は、それがその直接の反対物の形態、すなわち抽象的一般性の形態をとることによって、社会的労働となるのであります。

交換価値は、労働の、ある特殊の社会的形態を、対象的に表現したものであります。交換価値は、そういうものでありますから、一片の自然的素材をも含んではいません。むしろ労働こそ、この交換価値の唯一の源泉であり、従ってまた、交換価値から成立している富の唯一の源泉でもあるのです。

第三節　貨幣――商品の流通過程

さて、いまや商品は
使用価値と交換価値との直接的な統一　であります。それと同時に、商品は、ただ他の商品と関連していることによってのみ商品であります。商品同志の間の現実的な関係は
交換過程　であります。この過程は、互に独立した個々の個人が結び合っている関係でありますが、この交換過程においては、商品は、

同時に、使用価値として、また交換価値として現われねばなりません

言いかえると、特殊な欲望を充足せしめる特殊な労働として現れると同時に、また等量の一般的労働に対してはいつでも交換せられ得るところの一般的労働として、現われねばなりません。そこで、商品の交換過程というものは、

特殊な商品に対象化されているところの個人的労働が、そのまま一般性という性質をもたねばならぬ、という矛盾を発展させざるを得ないと同時に、これを解決しなければならないのであります。

ところで、交換価値として見れば、商品は、どんな商品でも、あらゆる他の商品の価値の尺度となります。だが、これと反対に、どんな商品でもよいが、もしその商品（例えば米）によって他のあらゆる商品がその価値を測定し、かくてその商品（米）が交換価値の適当な存在となるとするならば、こんどは、この交換価値が

> いまやあらゆる他の商品がそれに転身することによって、そのまま一般的労働時間を対象化するような

特殊な排他的の商品　となります。こうして、一種の商品（すなわちここでは米という商品）において、一般に商品が商品として含んでいるところの矛盾が解決されます。すなわち、特殊な使用価値が、同時に、一般的等価物であり、従って万人に対する使用価値、さらに言いかえると一般的使用価値でなければならぬという矛盾が、ここに解決されるのであります。そしてこの或る商品（ここでは米）こそ、まさに**貨幣**　であるわけであります。商品の交換価値は、貨幣のなかに、一つの特殊なる商品として結晶しております。だからこの『貨幣結晶』こそこの交換過程の必然的産物であって、この交換過程のなかで多種多様な労働生産物が、事実上相互に等置され、そして、それを以ってこの労働生産物が事実上『商品』に転化せしめられるのであります。

この貨幣結晶の成立は、歴史的道程において、おのずから本能的に発展して来たものであります。即ち次のような道程を辿ったでしょう。まず直接の交換行為、すなわち

> 交換過程の原生的形態は、商品から貨幣への転化というよりも、むしろ、使用価値から商品への転化のはじまりを示すものであります。

交換行為が発展すればするほど、また使用価値が商品になればなるほど、従って交換価値が自由なる形態をとり、そして直接に使用価値と結合しなくなればなるほど、交換価値は、いよいよ貨幣形成へと突き進んで来ます。最初には、最も一般的な使用価値をもつ一種の商品、もしくは数種の商品が、すなわち

家畜とか、穀物とか、奴隷などが貨幣の役割を演じます。

必ずしもはまり役とはいえない種々様々な商品が、代るがわる貨幣の職能をつとめて来たものであります。この職能は、おしまいには

貴金属　に移って来ました。それは貴金属が、この特殊なる商品に必要な、いろいろの属性をそなえているからであります。またこの物理的ないろいろの属性が、交換価値の性質から直接にあらわれるかぎり、

一切の商品の貨幣性は、必然にこれらの属性のなかに結晶させられざるを得ないからであります。その属性とは、この商品の

使用価値が耐久的であること、分割が自在であること、各部分が一様であること、そのすべての見本が無差別であること、などであります。

というのは、この商品は、交換過程の内部に永く留っていなければならないからであります。またそれは、一般的労働時間の体化物として、等質なる物質であって、単に量的差別のみを表示し得るものでなければならないからであります。貴金属のうちでも、ますます排他的の貨幣商品となるものは

金　であります。金は

価値の尺度　として、また

価格の本位〔価格の度量基準〕　として役割をはたします。それはまた、商品の

流通手段　という役割をもっています。流通手段としての金は、

　商品の購買と販売との連続する循環を可能ならしめます。

だから結果から見れば、それは、商品から商品への変体を仲介する、言いかえると、現実の物質代謝を媒介する手段となるのであります。この場合、商品はまず金へ転形しなければなりません。商品は、この、金への

生命がけの飛躍　をやることによって、この商品のなかに蓄えられている特殊な労働が、抽象的な・一般的な・労働であり、社会的労働であることを確かめます。もしこの聖餐の化体＊が成功しないならば、商品は、ただに商品でなくなるばかりでなく、また生産物としての資格をも失墜するでありましょう。なぜならば、商品が商品であるのは

　その所有者にとって、何らの使用価値をも持っていないからであります。

＊聖餐の化体……聖餐のパンと葡萄酒とがキリストの血と肉に変したという。ここでは商品の金への転形を指している。

価値の尺度として、また商品の流通手段として作用するこの特殊なる商品、金は、これまでのところは、まだ、『特殊なる商品』という資格で見られたわけでありますが、しかし、いまやそれは、これ以上社会の助けを借りなくとも、貨幣となります。マルクスはこれを

貨幣としての貨幣　と言っています。商品は、交換価値の独立的な存在であり、一般的社会的労働、すなわち抽象的な富の・独立的な存在を表示するものにすぎぬのでありますが、いまやこの商品と対立するところの金は

抽象的富の物質的存在であります。

しかし金はまた、物質的富の物質的な代表者でもあります。というのは、金はいかなる慾望の対象に対しても直接に交換されるのでありますから、そのかぎりにおいて、金はいかなる慾望でも充たし得るからであります。その鉱山から掘り出されたばかりの金属性のなかに、金は、商品の世界にあらわれる一切の富を秘めているからであります。だが同時に金は、その形式からすれば

一般的労働の直接的な化身であり、

そして内容からすれば、

一切の現実の労働の総体であります。

それは、個体としての一般的富であります。かくて金は、奴隷から主人公になり、はしたなき下僕から

商品界の神　になるのであります。

マルクスは、ブルジョア社会の内部における貨幣の役割を、その派生せるすべての枝葉にわたって発展させました。今日まで、薄明のなかにぼんやりとして横たわっていたところに、あるいはまったくの真暗やみであったところに、いたるところに光を投じました。経済的分析における彼の洞察の鋭さは、かつてマルクスが語ったあの

汽鎚〔きづち：蒸気ハンマー〕　の強い力を思い出させます。……

『それは、巨大な花崗岩を、苦もなく粉々に打砕く。軽くトン、トン、トンと、柔らかい材木に釘を打ちこむことなどはもっと雑作もない。』

〔蒸気ハンマー……。それはやすやすと花崗岩塊を粉砕し、また同様に軽い連続打によってやわらかい木材に釘

を打ち込むこともできる。〔『資本論』第一巻第四編第一三章、四〇七ページ〕〕

彼をびょうぼう〔渺茫：ひろびろとしてかぎりのないさま〕たる神話や、暗い神秘をもって批難するほど、おかど違いな話はないでしょう。ところがそれを、あのロッシャー〔Roscher, Wilhelm Georg Friedrich：1817～1894〕とその一党とがやってのけました。話はまさに逆で、マルクスこそ、ブルジョア経済学者たちを再三再四愚弄したあの

商品流通の神秘と神話

の面紗〔めんしゃ：ベール〕を剝ぎとったその人であります。……

どうして、社会の生産方法は、個々の個人の外に存在する対象としてあらわれるのか？

また

どうして、個々の個人が、その社会的生活の再生産過程においてとり結ぶ一定の関係は、物の特殊なる性質としてあらわれるのか？

また

どうして、かかる転倒は、そしてまた空想的ではなく散文的に現実的なこの神秘化は、交換価値を創造する労働の一切の社会的形態を特徴づけているのか？

こうした問題を、マルクスはハッキリと証明したのであります。マルクスは言っています。……

『商品においては、かかる神秘化はまだまだいたって簡単である。ここでは、交換価値としての諸商品間の関係は、むしろ人々の、彼ら相互の生産的活動に対する関係であるという考えが、多少とも、すべての人々の頭にはいっている。ところが、少し高度の生産諸関係となると、そうした簡単な外観は、立ち消えてしまうのだ。重金主義は、貨幣を見て、それが、一つの社会的生産関係を表示してい

るものだ、ということをさとらないで、むしろ貨幣をば、一定の諸属性を有する自然物の形態において見たのであるが、重金主義のすべての錯覚は、ここに由来しているのだ。ところで、重金主義のいろいろの錯覚を攻撃している近代の経済学者連にしたところで、彼らが、ヨリ高度の経済的諸範疇を取扱う段になると、例えば資本というようなものを取扱う段になると、忽ち〔たちまち〕にして、同一の錯覚を暴露するのである。彼らが、それこそ不手際に、物として摑もうと思うところのものが、忽ち〔たちまち〕社会関係としてあらわれ、そして彼らが、やっとのことで、社会関係として定義してしまったところのものが、こんどは、物として飛び出してきて彼らを愚弄するとき、彼らが発する素朴なる驚嘆の自白のうちに、この錯覚は突如として姿をあらわすのだ。』

〔商品では、この神秘化はまだきわめて単純である。交換価値としての諸商品の関係は、むしろ人々の彼らの相互の生産的活動にたいする関係であるという考えが、多かれ少なかれ、すべての人の頭にある。もっと高度の生産諸関係では、単純性というこの外観は消えうせてしまう。重金主義のすべての錯覚は、貨幣は一つの社会的生産関係を、しかも一定の性質をもつ自然物という形態であらわすということを貨幣から察知しなかった点に由来する。重金主義の錯覚を見くだして嘲り笑う現代の経済学者たちにあっても、彼らがもっと高度の経済学的諸範疇、たとえば資本を取り扱うことになると、たちまち同じ錯覚が暴露される。彼らが不器用に物としてやっとつかまえたと思ったものが、たちまち社会関係として現われ、そして彼らがようやく社会関係として固定してしまったものが、こんどは物として彼らを愚弄する場合に、彼らの素朴な驚嘆の告白のうちに、この錯覚が突然現われるのである。』（『マルクス＝エンゲルス全集』第一三巻、二〇ページ）〕

と。かの

ロッシャー　は、浩瀚〔こうかん：書籍の大部なこと〕なその著書のなかで、

マルクスは才人だが、どうも炯眼〔けいがん：眼力の鋭いこと〕の士じゃないと言って、才人呼ばわりを半ダースも繰返すことで自ら慰めていますが、そんなことはやめにして、この紙背〔しはい〕に徹する炯眼を*、少々味わって見たらどんなものだろう。

＊ 紙背に徹する炯眼（眼光紙背に徹す）：書を読んで、ただその字句の解釈にとどまらず、その深意に徹底するをいう。

さて、これまで述べたように、マルクスは、商品と貨幣とについて、商品生産の神秘化を立証しました。彼は、こんどは

資本　について、同じ証明をしようと思いました。しかし、外部の事情が、殊に〔ことに〕あの長びいた病気が、彼の仕事を何度も何度も中断させ、一八五九年にはじめたこの公刊を継続することを、八年間も妨げたのであります。その間、第一冊すなわちここにわれわれが読んできた『経済学批判』は黙殺に付されていました。これに反して、商品と貨幣に関するとりとめもない饒舌を通して、いわゆる『歴史的方法』が勝利の祝盃をあげたあのロッシャーの『国民経済原論』は、勇敢にも

貨幣とは『好ましき商品』***なり**　という霊感あふれる発見に達したのであります。

＊ 貨幣とは『好ましき商品』なり……教授ロッシャー氏は、われわれに教えて、「貨幣の誤った定義は二つの群に大別できる。すなわち、貨幣を商品以上のものとみなす定義と、商品以下のものとみなす定義とである」と言い、次いで貨幣なるものにかんする著作の種々雑多な目録をあげるが、そこには貨幣理論の現実的歴史についての洞察の片鱗さえも見られない。次いで次の教訓だ。「貨幣を他の商品から区別する」（では、商品以上なのか、以下なの

か?)「独自性をたいていの近時の国民経済学者が十分に眼中においていないということは、とにかく否定できない。……その限りでは、ガニルなどのなかば重商主義的な反動もまったく無根拠ではない」(ヴィルヘルム・ロッシャー『国民経済学原理』)。以上——以下——十分に……いない——その限りでは——まったく……ではない!なんという概念規定だ!　そして、このような折衷的な大学教授的むだ話を、ロッシャー氏は、控え目に、経済学の「解剖学的生理学的方法」と命名するのだ!　もっとも、一つの発見は彼に負うところである。すなわち、貨幣は「人を引きつける商品」である、と。〔『資本論』第一巻第一篇第二章、一〇七ページの注〕

第二章　『資本論』第一巻――資本の生産過程――

第一節　総論・貨幣の資本への転化

『資本論』第一巻　は、一八六七年になって、やっと出ました。これは、マルクスが、その『経済学の批判』という仕事を、古典的に完成した大著の第一巻でありますが、*しかも、その後の永いあいだ、これが、その世に出ていた唯一の一冊でありました。この第一巻で、マルクスは

*〔『資本論』の副題は「経済学の批判」となっている。『資本論』は「経済学の批判」という彼の仕事の一部分であった。〕

資本の生産過程　を描きました。これを描くことによって、マルクスは、それから近代社会機構の全領域を、あたかも山の絶頂に立った登山者が、眼前にひろがった低い山地をのぞむように、一目のもとに俯瞰することのできる高峰によじ登ったのであります。マルクスは、彼が一八五九年の著作、すなわちいまわれわれが読んで来た『経済学批判』で述べたところの、商品および貨幣に関する内容を、もう一度この新著の第一篇　で総括しています。それは、ただ新著を完全な一冊にするという趣旨ばかりから来たことではな

かったようです。『経済学批判』が、明晰な頭脳の持主にさえ、充分に正しくは理解されなかったといわれるからには、叙述の仕方にどこか欠陥があるのに相違ない、殊〔こと〕に商品の分析に不充分な点があるのに違いない、という理由によるものであったのです。新著では、マルクスの説明は比較にならぬほど豊富になり、その規模は世界的にひろまり、そして、あざやかに刻まれた陰影は、さらに精緻を加えています。

文献渉猟〔しょうりょう：ひろく書物などを読むこと〕の点で、この篇の諸章に比肩〔ひけん〕し得るものは、世界文献のなかでも稀れであります。

この篇は、由来難解をもって有名であります。が、それは、まだ弁証法的に習熱〔熟〕しない読者にのみ当てはまることであります。真面目に努力さえすれば、健全な理解力をもった者には誰にでも、この認識の源泉は開かれているのです。この泉は、人類の生成過程の深い底から迸り〔ほとばしり〕出て、しかも、その底に沈んでいる砂粒の一つ一つが、はっきり数えあげられるほど透徹であり、清澄〔せいちょう〕であります。

ついで、マルクスは

いかにして貨幣は資本に転化するか　の研究に移って行きます。商品流通においては、等量の価値は、等量の価値と相互に交換される、というのでありましたが、もしそれが事実ならば、

貨幣所有者は、商品をその価値通りに買い、またこれを価値通りに売りながら、しかもどうして彼は、彼が投下した価値ヨリ以上の価値を引出し得るでありましょうか？

これは明かに問題でありましょう。ところが、貨幣所有者がこれをやってのけるのは、そんなにむずかしいことではなかったのです。問題の要点は次の点にあります。すなわち、彼れ貨幣所有者が、この現在の社

会で

それを使用すること自身が、そもそも新らしい価値の源泉となるような、そういう**特殊な商品**を市場で見出すならば、このことは何でもなく可能となります。では、こうした商品とは一体何でありましょうか。ほかでもない**労働力**であります。この労働力の規定によって、マルクスは、かの古典派の経済学が難破し、そして、小ブルジョア社会主義の連中が持て余していたところのあの謎を氷解したのです。かくて彼は、一見資本主義的価値法則と鋭く矛盾するかに見えていたかの**労働賃金と労働生産物との差異**を解明したのであります。労働力というものは、生きた労働者の肉体のなかに存在しているものです。そしてこの労働者は、彼自身の生存のために、また彼の家族――これは彼の死後にも労働力の存続を保証するものであります――を支えるために、一定量の生活資料を要求します。この生活資料を生産するために必要な労働時間が、**労働力の価値**を示すものであります。ところで、賃金として支払われた価値は、労働力の買手が、その買いとった労働力から吸収することのできる価値よりも、はるかに少いのであります。そこで、労働者は、彼の賃金を補償するのに必要な時間以上を働くわけであります。この労働者の剰余労働が**剰余価値の源泉**であり、それは不断に資本を増大せしめるところの源泉であります。この労働者に支払われない労働、すなわち、**不払労働**こそ、社会における、すべての働かざる人々の生存を支えているものであります。すなわち地主の地代、資本家の利潤、租税、市町村税などは、この不払労働から賄われます。われわれが現に生存している社会の全状態は、この不払労働の上に立っているのであります。もちろん不払労働そのものは、決して、近代ブルジョア社会のみの特質ではありません。およそ所有階級と非所有階級とが存在するかぎり、非所有階級は、つねに不払労働を提供せざるを得なかったのであります。社会の一部が生産手段を独占しているかぎり、労働者は、彼が自由であると不自由であるとに拘らず〔かかわらず〕、いつでも、彼自身の生活維持に必要な労働時間以上に、過剰の労働時間を、生産手段の所有者の生活資料を生産するために添加しなければなりません。だから

賃労働は、資本家と労働者との階級分裂以後において支配的となったもので、不払賃金の一定の歴史形態にすぎないものであります。

それは、だから、これを正しく理解するためにはこのような特殊な歴史的形態として研究しなければならないものであります。そういうわけでありますから

貨幣が資本に転化する　ためには、貨幣所有者は、商品市場に出かけて、自由なる労働者を見つけ出さなければなりません。ここで自由というのは、二重の意味で自由なことであります。

第一に、彼は自由な人格として、自分の労働力を、商品として売りさばくことができねばなりません。

第二に、彼は、それ以外には一物も売るものをもっていない。すなわち彼は、彼の労働力の実現に必要な一切の物質とは無縁であり、そんなものから全く自由であります。

こういうことは、決して自然史的な関係ではありません。なぜかというと、自然は決して、一方に貨幣所有者または商品所有者を創り、そして他方に、自己の労働力のみの所有者を造ったりはしないからであります。しかしまた、これは決して、歴史上のあらゆる時代に共通な社会関係ではありません。むしろそれは

長い歴史的発展の成果であり、
幾多の経済的変革の所産であり、

今日にいたるまでの古い社会的生産の諸形態がことごとく没落した結果にほかならないのであります。
さてわれわれはすでに貨幣から資本へと移ってきています。資本は、それでは歴史的には何時頃からどうして成立してきたでしょうか？

資本の出発点　は商品流通であります。商品生産、商品流通、および発展した商品流通である商業が、資本成立の歴史的前提をなしています。かくて資本の近代生活史は、一六世紀における、近代的世界貿易と世界市場の創生にはじまるのであります。しかるに、俗流経済学者の幻想は、……むかしむかし、一方に選りぬきの勤勉な男があって、富を蓄積した、ところが他方には大勢の怠け者のルンペンがいた、彼らはまじめに働かなかったので、ついに自分の皮よりほかには何にも売るものをもたなくなったのだ、といったことを主張します。全く児戯に類する話であります。それはちょうど、封建的生産様式の崩壊を、どこまでも、ただ労働者の解放であるとのみ説明して、これと同時に、封建的収取〔搾取〕様式から資本家的収取〔搾取〕様式への転化であることを述べないところの、かのブルジョア歴史家たちの一知半解と同様な子供だましであります。労働者は、奴隷や農奴の如く直接生産手段に付属するというようなことはなくなったが、それと同時に、自給農民や手工業者の場合とは違って、こんどは生産手段の方が、彼らに付属しなくなったのであります。マルクスが、

原始的〔本源的〕蓄積　の章で、イギリスの歴史について詳しく述べているように、あの暴力的な・残忍な方法を、手をかえ品をかえ用いることによって、巨大な民衆が、土地や、生活資料や、労働用具などを収

奪されました。かくて、こゝに資本主義的生産様式が必要としたところの、自由なる労働者が発生したのであります。実に資本は、頭のてっ辺から足のつま先まで、血と汚物とを滴らしながら、この世に生れ出たのであります。それが、ひとたび自分の足で立ち上るや否や

労働者と労働実現条件の所有との間をかっきり引き離したばかりでなく、この分離を、つねに、拡大する規模で再生産してきたのであります。こういうことが可能であったのは、不払労働としての

賃金労働の特殊的歴史的形態　にもとづくのであります。賃金労働と、以前に行われた各種の不払労働との間の相違は

資本の運動には際限がなく、剰余労働に対する資本の貪欲は飽くことを知らないという点にあります。これに対して生産物の交換価値ではなく、使用価値が重視された経済社会――奴隷や農奴の労働が、奴隷所有家族や封建領主たちの食料や、衣類や、住居を生産するために専ら用いられたような社会――の組織では、剰余労働というものは、時に大小はあるにしても、結局は需要の範囲によって制限されています。したがって、生産の性質からして、剰余労働に対する無限の需要が現われるというようなことは決してありません。だが

交換価値が優勢になったところでは事態は一変します。

資本は、他人の勤勉の生産者として、剰余労働の吸収者として、また労働力の収取〔搾取〕者として、直接的な強制労働にもとづく従来のあらゆる生産様式を、そのエネルギーにおいて、その無際限性において、その活動性において、圧倒的に凌駕するのであります。

第二節　剰余価値の生産

賃金労働の歴史的性質がこういうものだとわかってみると、資本にとって特に肝腎なものは
労働過程　にあるのではないことがわかりましょう。すなわち、資本にとって肝要なのは使用価値の生産ではありません。そうではなくて、
価値増殖過程　にあります。すなわち、交換価値の生産であります。この交換価値からこそ、資本は、投下した以上の価値を引出すことができるからであります。いまも云いましたように

　　剰余価値に対する飢渇〔きかつ〕は満腹感を知らない。

交換価値の生産は、使用価値の生産が欲望の充足という点で画しているかの限界線をもたないのであります。

商品が、使用価値と交換価値との統一であるように、商品の生産過程は
労働過程と価値形成過程との統一　であります。価値形成過程は、賃金として支払われた労働力の価値が、それと同量の価値によって補償される点まで続きます。この点を越えれば、それは、剰余価値の生産過程、すなわち価値増殖過程となります。かくて商品の生産過程は
労働過程と価値増殖過程との統一として、はじめて、商品生産の資本家的形態となるのであります。労働過程では、労働力と生産手段とが協働します。価値増殖過程では、同じ資本部分が、不変資本および可変資本としてあらわれます。

不変資本　は、生産手段や、原料や、補助材料や、労働要具に転化されます。そして、それは、生産過程

において、その価値を変化しないのであります。

可変資本　は、労働力に転化されます。そして、この方は、生産過程において、その価値を変化させます。それは

自己自身の価値と、それ以上の超過部分、すなわち剰余価値とを再生産するのであります。

その剰余価値の量は、変化し得るものであって、大きくなることもあれば、小さくなることもあり得るのであります。このように可変資本・不変資本の概念を打立てたマルクスは

剰余価値　の研究に対して、はっきりした道をつけました。すなわち、彼は、この剰余価値について、二つの形態を発見しました。

絶対的剰余価値と
相対的剰余価値と

とであります。この二つのものは、資本家的生産様式の歴史の上で、それぞれ異った・しかしながらいずれも決定的な役割を演じて来たものであります。まず

絶対的剰余価値　は、資本家が労働力の再生産のために必要な時間以上に・労働日を延長することによって生産されます。

資本家の望み通りに委せたなら、労働日は二四時間にもなりかねないでしょう。なぜかというと、労働時間が長ければ長いほど、資本家は、ますます多量の剰余価値を生産するからであります。これと反対に、労働者は、自分たちが労賃の補償以上に働く各時間の労働は悉く〔ことごとく〕不当に奪われているものだ、という正しい感じをもっています。蓋し〔けだし〕、彼らは、超過時間を働くことが一体どういうことを意

味するかを、身をもって体験せざるを得ないからであります。そこで**労働日の長さをめぐる闘争**は、自由労働者が歴史の舞台に登場して以来、今日にいたるまでずっと継続しています。資本家は、その利潤のためにたたかいます。だから、競争は、彼が個人として高潔な紳士であろうと、悪党であろうと、そんなことには頓着せずに、彼を駆って労働日を人間能力の最高限度まで延長させようとします。

他方において労働者は、仕事や、飲食や、睡眠以外に、なお人間らしい活動ができるようにと、自分の健康を求めて、毎日一二時間の休養を求めて、たたかうのであります。

マルクスは、イギリスの資本家階級と労働階級とが、労働日をめぐってたたかって五〇年にわたる内乱を、きわめて鮮明に描いています。この内乱は、かの大工業が生誕して、資本家をして人間の性格や、風習や、年齢や、性別や、昼夜の別などに伴うプロレタリア収取〔搾取〕の妨害物を悉く〔ことごとく〕粉砕せしめた時代からはじまり、降って、十時間法の通過によって労働者階級が資本家との自由契約により自分自身や自分たち兄弟が死と奴隷とへ売り渡しされることを妨げる強力な社会的防塞〔ぼうさい〕をたたかいとった時代にいたるまで、ずっと継続しました。では

相対的剰余価値とは、何を意味するでしょうか。相対的剰余価値とは、剰余労働の部分を大きくするために、労働時間を延長するのではなくして、たゞ労働力の再生産に必要な労働時間が短縮されることによって生ずるものです。

云いかえると、それは労働力の価値が低くなることによって生ずるのです。労働力の価値は、この労働力の価値を規定する生産物を生産する産業部門において

労働の生産力　が増大することによって低下します。そしてそのためには、生産方法の不断の変革が必要であります、言いかえるならば、

　労働過程の技術的並に社会的条件の不断の変革が不可欠であります。

この点に関してマルクスが述べている歴史的、経済的、技術的、並びに社会心理的な説明は、彼の著作のうちでも最も重要な部分に属しているのです。マルクスは、これを『資本論』の協業、分業、マニュファクチュア、機械、大工業、等を論じている数章に亘って述べています。これについては、ブルジョア派の或るマルクス伝記作者でさえ、自分の仲間たちを嘲〔あざけ〕って言ったことがあります。曰く

　アカデミックな経済学教科書は、この豊富な科学の鉱脈を堀起すことを放擲〔ほうてき：うちすてること〕して、相も変らず、百年前にアダム・スミスが分業について書いた説を、今にもって鸚鵡〔おうむ〕のように喋っていると。

だが、彼らブルジョア経済学者にしてみれば、それでも、次のような弁解は立つわけであります。彼らはこう言うでしょう。

　なるほど、この思想を、大学の厩〔うまや〕の飼い槽に積み上げて置こうと思えば、それは全く雑作もない話なんだが、しかし、こういう思想だけを他の方面から離して引っこ抜けるわけのものではないのだ。それも生憎〔あいにく〕とマルクスのような男からほんとうにもぎとれるものなら、あの力の強いヘラクレスがもっている棍棒だってもぎとれるだろうと。

マルクスは、

機械および大工業　が、それ以前のいかなる生産方法も及ばぬほどの怖るべき窮乏を創り出したことを、

詳しく書いており指摘しておりますが、そればかりでなく、彼はまた、この機械と大工業が、資本主義社会を不断に改革する道程において

ヨリ高度の社会形態への準備をしている

のだということも、同様に指摘することを忘れなかったのです。例えば、工場法を見てもわかることです。工場法は、社会の生産過程の自然成長的形態に対する、社会自身の・最初の・意識的な・計画的な反作用であります。工場法は、工場やマニュファクチュアを取締るのだから、その限りでは、工場法は差当り、資本の収取〔搾取〕権に対する干渉であるとしか見えません。しかし、事実の威力に強制されると、工場法は、忽ち〔たちまち〕家内労働をも取締り、家長制にも干与〔関与〕するようになります。だが、そうすることの結果として、大工業が、古い家族制度の経済的基礎とこの基礎に対応する家内労働とともに古い家族制度そのものをも解体させてしまうということを、工場法としても是認せざるを得ないようになるのであります。このことについてマルクスは実にあざやかに書いているのです。……

『資本主義的制度の内部で行われる・旧来の家族制度の解体は、いかにも怖ろしく・いやなものに見えるに違いない。しかし、それにもかかわらず、この大工業は、それが、家庭の圏外に横たわっている・社会的に組織された生産過程の内部で、婦人や、青年や、男女の児童たちに決定的な役割をふり当てることによって

家族や男女関係のより高度な一形態に対する新しい経済的基礎

を創り出すものである。言うまでもなく、キリスト教的・ゲルマン的な家族形態を絶対視するのは、おかしな話である。それはちょうど、古代ローマ的家族形態や、古代ギリシャ的家族形態や、或いは東洋的な家族形態を絶対視するのと、

何ら選ぶところはない。これらのものは、これらのものとして、相互に歴史的発展の一系列を成しているのである。同様にまた、次のこともわかり切っている。老若男女種々様々の個人を互に組合わせて出来た・この労働人格の組織（大工業の組織）は、それが、労働者を生産過程のために使用して・生産過程を労働者のために使用しない自然成長的な・粗暴な・資本主義的形態のもとにあればこそ、堕落と奴隷状態との害悪の源泉であるのだが、もしこれが適当な事情のもとに置かれるならば、それは、却って〔かえって〕人間味ある発達の源泉に変らざるを得ないのである』

〔資本主義制度の内部における古い家族制度の解体が、どれほど恐ろしくかつ厭わしいものに見えようとも、大工業は、家事の領域のかなたにある社会的に組織された生産過程において、婦人、年少者、および児童に決定的な役割を割り当てることによって家族と男女両性関係とのより高度な形態のための新しい経済的基礎をつくり出す。家族のキリスト教的ゲルマン的形態を絶対的なものと考えることは、ともかく相互に一歴史的発展系列をなしている古ローマ的形態、あるいは古ギリシア的形態、あるいはオリエント的形態を絶対的なものと考えることと同様に、もちろんばかげている。同様に明らかなことであるが、きわめてさまざまな年齢層にある男女両性の諸個人が結合された労働人員を構成していることは、労働者が生産過程のためにあって、生産過程が労働者のためにあるのではないという自然成長的で野蛮な資本主義的形態においては、退廃と奴隷状態との害悪の源泉であるとはいえ、適当な諸関係のもとでは、逆に、人間的発展の源泉に急変するに違いない。（『資本論』第一巻第四篇第一三章五一四ページ）〕

と。こうして

機械は、労働者を、その単なる付属物に零落させるのでありますが、それと同時にまた、社会の生産力を、一つの高い段階に引上げる可能性をも、つくり出すのであります。その段階では、社会の全構成員の平等な・人間らしい発展が可能になるであろうし、それに較べれば、従来のあらゆる社会形態は、あまりにも貧しいものと見えるでありましょう。

第三節　労賃理論

絶対的剰余価値および相対的剰余価値の生産を究明した後に、マルクスは、経済学史上最初の合理的な**労賃理論**を展開しています。商品の価格は、貨幣に表現された商品の価値でありますが、労働賃金は**労働力の価値**であります。労働市場にやって来るものは、労働ではなくて、自分の労働力を売物として背負って来る労働者であります。労働は、ただこの労働力という商品を消費することによって、はじめて生まれるのであります。労働は価値の実体であり、また内的尺度でありますが、それ自体は何の価値ももっていません。ところが、労働者は労働した後にはじめて賃金を貰うから、労働賃金が労働に対して支払われるかのように見えるのであります。

労賃の形態には、労働日が支払労働と不払労働とに分かれている痕跡などは少しも残っていません。それは**奴隷の場合**と正に反対であります。奴隷は、彼の主人のためにばかり労働しているように見えます。それは奴隷が、労働日のうち、彼自身の生活資料の価値だけを償うために働く部分においてさえ、そういう風に見えるのであります。彼の労働は、悉く〔ことごとく〕が不払労働であるかのように見えるのであります。

賃労働の場合は、それと反対に

不払労働さえも支払労働であるかのように見えます。

前者の場合には、所有関係が、奴隷が自分のためにする労働を隠蔽しているのであり、後者の場合には、貨幣関係が、

賃金労働者の無償労働を隠蔽しているのであります。

そこで、マルクスが言うように

労働力の価値と価格の労賃形態への転化　もしくは、同じく労働力の価値と価格の・労働そのものの価値と価格への転化が、決定的に重要であることがうなずけるでありましょう。この、労働の真実の関係を見えないようにおし隠し、そして、その正反対のものを表明している現象形態、この現象形態の上にこそ

労働者並びに資本家の一切の法律観念が、資本家的生産様式の一切の神秘化が、その自由という幻想が、俗流経済学の一切の詭弁が、立っているのであります。

労賃に、二つの基本形態があります。それは、時間賃金と出来高賃金とであります。まず

時間賃金　でありますが、この時間賃金の法則について、マルクスは特に、かの正廉〔せいれん：正しく私心のない〕のビスマルク〔Bismarck, Otto, Fürst von：1815~1898〕を先頭にしてドイツの貪婪〔どんらん〕飽くなき収取〔搾取〕者たちが、労働時間の法的制限に反対するとき口ぐせの如く呼ばわる例のお決まり文句の、勝手で出鱈目さ加減を指摘しています。その決まり文句はいう

労働時間の制限をやれば賃銀が低落するぞと。

だが、その正反対こそ正しい。労働日の一時的な短縮は、労賃を低下せしめるが、その永続的な縮少はこ

れを引上げます。労働日が長ければ長いほど、労賃は低下するのであります。労賃のいま一つの形態、すなわち

出来高賃金　は、時間賃金の転形されたものにすぎません。それは、資本主義的生産様式に最も適応せる賃金形態であります。それは、本来のマニュファクチュア時代には、広範囲に亘って行われました。またイギリス大工業の疾風怒濤時代には、労働時間延長と賃銀切下げのための槓杆たる役割を果しました。出来高賃金は

資本家にとって頗る〔すこぶる〕有利であります。

というのは、出来高賃金は、仕事場の監視を大部分不要ならしめるし、またそればかりでなく、賃金切下げやその他の欺瞞策をするのに都合のよい、いろいろの機会を提供するからであります。これに反して、それは、当然のことだが

労働者にとっては大きな不利益をもたらします。

例えば、長時間労働による苦痛がそうであります。長時間労働は賃金を引上げると言いますが、事実はこれを押し下げようとするものであります。

労働者間における競争の激化

その連帯意識の退化

資本家と労働者との間の寄生者の介在

すなわち、労働者の頭をはねる仲介者の介入等々も、同様に出来高賃金のもたらすところであります。

第四節　資本の蓄積過程

さて以上に述べました**労賃と剰余価値との関係**は、資本主義的生産様式が資本家をしてその資本を不断に新たに生産させる条件となるばかりでなく、また労働者をして、その貧困を不断に生産させる条件ともなります。すなわち、一方の側に

一切の生活資料と、一切の原料と、一切の労働手段の所有者たる資本家をつくり出し、他方の側には一定量の生活資料を獲〔え〕んがために、資本家に向かってその労働力を売ることを強制せられている労働者大衆をつくり出すのであります。

一定量の生活資料といっても、それはせいぜい自分たちの労働能力を維持し、そして同じく労働能力ある新らしい兄弟たちを育て上げるに足るだけのものにすぎません。しかも資本は、単に自己を再生産するばかりではありません。それはむしろ、不断に拡大し、増大して行きます。この**蓄積過程**を説明するために、マルクスは、『資本論』第一巻の最後の一篇〔第七篇　資本の蓄積過程〕をささげています。われわれは、前に、剰余価値が資本から生れることを知りましたが、その資本がまた剰余価値から生れるのであります。

すなわち、毎年々々生産される剰余価値は、資本家階級の間に分配されます。ところで、その一部分は所得として彼ら資本家によって消費されてしまいますが、他の一部分は資本として蓄積されるのです。そこで、労働階級から汲み出された不払労働は、こんどは

ますます多量の不払労働を労働者階級から汲みとる手段として役立つことになります。

生産の流れを見てみると、一般に、最初投下された資本の量というものは、これを直接蓄積された資本の量、言い換えるならば資本に転化された剰余価値または剰余生産物の量に比較すれば、極めて小さなものとなります。尤も〔もっとも〕、後者がこれを蓄積した人の手中にあるか、他の人の手中にあるかは、ここでは問題でありません。ところで

商品生産および商品流通を基礎とする私有の法則　は、それ自身の内的な・不可避的な・弁証法によって、その直接の反対物に転化します。商品生産の法則においては、私有権は自己の労働を基礎としてあらわれました。ここでは、対等の権利をもった商品所有者が、相対立していたのです。他人の商品を領有する手段としては、ただ自己の商品を売却するのほかなかったのです。そして、自己の商品は、ただ自分の労働によるほかには生産され得なかったのであります。ところが今や

資本主義的私有の法則　は、資本家の側においては

他人の不払労働或いはそれの生産物を領有する権利としてあらわれ

労働者の側においては

自分自身の生産物を所有することの不可能としてあらわれているのであります。

近代プロレタリアートがこういう関係の秘密を嗅ぎ出して来たとき、リヨンの都市プロレタリアートが警鐘を乱打し、そしてイギリスの農村プロレタリアートが火の手をあげたとき、俗流経済学者たちは、例の**『節欲説』**　なるものを思いついたものです。彼らは

資本は資本家の自由意思にもとづく『節慾』によって生れるものだといいます。これは、ラサール〔Lassalle, Ferdinand : 1825～1864〕が、すでに、『バスティア＝シュルツェ』〔ラサール『バスティア－シュルツェ・フォン・デーリッチ氏、経済学のユリアヌス、または資本と労働』、一八六四年〕という書物のなかでやっつけたものでありますが、マルクスも同様、痛烈に駁撃した学説であります。言うまでもなく、資本の蓄積に実際に寄与するものは、資本家の『節約』ではなくして

ほかならぬ労働者の強制された『節約』であります。

言いかえるならば、労働者の必要な消費基金の一部を資本の蓄積基金に転化する目的をもって、労賃を労働力の価値以下に、無理矢理に押し下げることであります。ここにこそ、あの**労働者の生活が『贅沢』すぎる**という嘆息〔たんそく〕の声が発せられる根拠があるのです。やれ紡績女工がパラソルをさすだの、ドイツの話の例をとると、やれベルリンの建築工が三鞭酒〔シャンパン〕を飲んだの、やれキリスト教的改良家の献立は大へんお粗末でござるだの、何のかんのと資本家のやるアラ探しのたぐいは、およその発生の根拠をここにもっているのです。さて**資本主義的蓄積の一般法則**は次のごとくであります。資本の増大は、資本の可変部分すなわち労働力に向けられる部分の増大を伴います。資本の組成が不変であると仮定しますと、すなわち一定量の生産手段はつねに同一量の労働力を働らかす必要があるとしますと、労働および労働者の生活資料に対する需要は、明かに資本と正比例して増大します。そして資本の増大が急速であればあるほど、この需要の増大も急速であります。単純再生産は、資本関係そのものを絶えず再生産するのでありますが、蓄積はこの資本関係を拡張されたる規模において再生産します。

だから一方の極には

ヨリ多数の資本家、またはヨリ大きな資本家を

他方の極には

ヨリ多くの労働者を再生産するわけです。

そうすると、資本の蓄積は、とりも直さず、プロレタリアートの増大であります。で、この資本の蓄積は、右のような事情を前提とする限りでは、確かに、労働者にとって最も有利な条件のもとに起ります。というのは、あらたな資本に転化される労働者の剰余生産物はだんだん増大するし、その増大するもののうちから、以前よりもヨリ大なる部分が、支払手段〔貨幣〕の形態をとって、彼ら労働者に復帰して来るのでありますから、労働者は、その享楽の範囲を拡張し、着物とか家具とかのための消費基金をも以前から見ると豊かにすることができるわけであります。とは言え

彼らが立っている依存関係および収取〔搾取〕関係はこれによって毫末〔ごうまつ〕も変るところはないのであります。

それは、いくら綺麗な着物を着たところで、いくらうまい物を食ったところで、奴隷はやはり奴隷であるのと同様であります。

依然として彼らは一定量の不払労働を提供しなければならぬのであります。

なるほど、その不払労働の量が減少するということはあり得るでしょう。しかし、いくら減少し得るといっても、いやしくも、生産過程の資本家的性質が危うくなりそうな点まで減少することは、決してあり得ないのであります。労賃がこの点以上に騰れば、利潤に対する刺激はにぶり、資本の蓄積は衰えて来ます。

そこで、労賃は、再び資本家の価値増殖の慾求に対応する水準にまで引下げられるのです。とは云え、このように、この賃金労働者が自分で鍛えたその黄金の足枷がゆるみ、その重さが減ずるようなことがあるとすれば、それはただ資本の蓄積における

　不変部分と可変部分との間の比率が変らない場合のみのことであります。

しかも事実上は、蓄積の進展とともに、マルクスの謂ゆる〔いわゆる〕

資本の有機的構成　に一大革新が起ります。不変資本は、可変資本を犠牲として増大します。すなわち、労働の生産性が増大するから、生産手段の量は、それに結びつけられている労働力の量よりも、比較的急速に増大するのであります。そこで、労働に対する需要は、資本の蓄積に正比例しては増加しない、却って〔かえって〕比較的に減少するのであります。

　違った形態で、これと同様の作用をなすものに

資本の集中　があります。資本の集中は、資本の蓄積からは独立して、資本家的競争の法則が、大資本による小資本の併呑をもたらすことによって遂行されるものであります。かくて一方において

　蓄積の進行中に形成される追加資本は、その大きさに反比例して、益々〔ますます〕少数の労働者しか吸収しなくなり

他方において

　あらたな構成において再生産しつつある旧資本は、以前それが使用していた労働者を、ますます多量に街頭に投げ出すようになります。

そこで

相対的に過剰な人口　言い換えるならば、資本の価値増殖慾求に対して過剰な人口が生れ出ます。これが謂ゆる〔いわゆる〕**産業予備軍**　であります。これらの労働者は、産業の不況期や沈滞期においては、その労働力は価値以下に支払われ、その就業は不規則となる、でなければ、救貧法のおなさけにすがらせられるのであります。だが、いかなる場合においても、産業予備軍は

就業労働者の抵抗力を弱め、その労賃を引下げる役目を演じるのであります。

かように産業予備軍が、蓄積の必然的産物である以上、言いかえるならば、資本主義的基礎の上における富の発展の必然的産物である以上、それはまた、反対に、資本主義的蓄積を進める槓杆となります、否な

資本主義的生産様式の一生存条件となるのであります。

どうしてそうなるのかと云うと、資本の蓄積と、これに伴う労働の生産力の発展とともに、資本は突発的伸張に備え得る力を増大して来ます。この資本の突発的伸張力は、労働者の大群を需要します。それは資本が、突発的に、しかも生産の進行を中断しないよう、これを新市場向きの生産領域や新たな生産部門に投げ入れるためであります。それから他方においては、近代工業には独特な運動の波があります。それは小さな波動を描きつつ断続する循環の形式であって

好景気、熱狂的活況、恐慌、停滞

という景気の波を、およそ十年毎にくりかえす景気循環がそれであります。この循環は、実に、産業予備軍の恒常的形成、その大なり小なりの吸収、その再形成にもとづいているのであります。

社会的富が増大すればするほど、作用資本が大きくなればなるほど、その増大の範囲とエネルギーが大と

なればなるほど、従ってまた、労働人口の絶対数とその労働力とが拡大すればするほど、

相対的過剰人口すなわち産業予備軍は増大します。

産業予備軍の相対的な大きさは、富の力と正比例して増大します。しかしながら、現役労働者軍に対比して産業予備軍が大きくなればなるほど

その貧困がその労働の苦痛とは逆比例するところの労働者層がそれだけ巨大になってくる

そして最後に、労働者階級中の階層と産業予備軍とが巨大になればなるほど、社会の貧窮はいよいよ増大するのであります。しかもこれこそが

資本主義的蓄積の一般的絶対的法則　であります。以上のことがわかれば

資本主義的蓄積の歴史的傾向　も、すでに明らかであります。資本の蓄積および集中と手に手を携えて、

労働過程の協働的形態がますますその規模を拡大しつつ発展します。

すなわち、科学は意識的に、技術的に、応用されます。土地は計画的に、共同的に、利用されます。労働要具は、共同的でなければ利用されないような種類のものに変ります。あらゆる生産手段は、

結合せる社会的労働の共同的な生産手段として使用されることにより節約されます。

ところで、こういう転換過程から出て来る一切の利益を壟断〔ろうだん：独占〕し、独占するところの資本貴族の数は、だんだん少くなるとともに、他方に貧困、圧迫、隷属、堕落、収取〔搾取〕の量はますます増大するのであります。しかしまた、資本主義的生産過程そのものの機構によって

訓練され、結合され、組織された

ところの労働者階級、かくて不断に増大しつつあるその労働者階級の対抗も、また前進します。かくて資本

の独占は、いまや、それとともに開花し、それのもとに絢爛〔けんらん〕を競っていた**生産様式の桎梏**〔しっこく〕となります。生産手段の集中と労働の社会化とは、それらのものが背負っている資本主義的外殻〔がいかく〕にはおさまり切れない点に到達します。かくて………………告ぐる鐘が鳴りひびき、ここに自己の労働にもとづく個人々の私有が復活します。だがそれは、資本主義時代の獲物を土台として、すなわち、自由なる労働者の協力として、……この私有は復活されるのであります。もちろん、事実上すでに社会的生産経営にもとづいている資本主義的所有からのかかる社会的所有への転換は、これを、個人々々の自己の労働にもとづく分散的な私有から資本主義的な私有への転換の長々しさ、そのあらあらしさ、そのむずかしさに較べるならば、いずれの点も比較にならぬほど小さいものであります。なぜかといえば、後者の場合には、少数の簒奪〔さんだつ〕者による大衆の収奪が問題であったのでありますが、前者の場合には、正にその反対のことが問題となる筈〔はず〕だからであります。

〔資本独占は、それとともにまたそれのもとで開花したこの生産様式の桎梏となる。生産手段の集中と労働の社会化とは、それらの資本主義的な外被とは調和しえなくなる一点に到達する。この外被は粉砕される。資本主義的私的所有の弔鐘が鳴る。収奪者が収奪される。

資本主義的生産様式から生まれる資本主義的取得様式は、それゆえ資本主義的な私的所有は、自分の労働にもとづく個人的な私的所有の最初の否定である。しかし、資本主義的生産は、自然過程の必然性をもってそれ自身の否定を生み出す。これは否定の否定である。この否定は、私的所有を再建するわけではないが、しかし、資本主義時代の成果——すなわち、協業と、土地の共有ならびに労働そのものによって生産手段の共有——を基礎とする個人的所有を再建する。

諸個人の自己労働にもとづく分散的な私的所有の資本主義的な私的所有への転化は、もちろん、事実上すでに社会的生産経営にもとづいている資本主義的所有の社会的所有への転化よりも、比較にならないほど長くかかる、苦しい、困難な過程である。まえの場合には少数の横奪者による人民大衆の収奪が行なわれたが、あとの場合には人民大衆による少数の横奪者の収奪が行なわれる。〔『資本論』第一巻第七編第二四章、七九一ページ〕

第三章　『資本論』第二巻および第三巻
――資本の流通過程――
――資本主義生産の総過程――

第一節　総論

『資本論』の第二巻および第三巻　に対しても、マルクスは、第一巻の場合と同じような運命をもちました。彼は、第一巻を出版〔一八六七年〕した後、第二巻と第三巻も、直ぐ出版できそうに考えておったのでありますが、とかくするうちに、永い月日がたってしまいました。そして、とうとうそれを自分の手で印刷に付する運びにはならないでしまったのであります。あとからあとから出て来る新らしいそしてヨリ深い研究、それに永びいた毎度の病気、最後には死〔一八八三年〕、こういうことが、その著作の全部の完成を妨げたのであります。そこで

エンゲルス　が、その盟友の残した未完成の原稿のなかから、第二巻〔一八八五年発行〕と第三巻〔一八九四年発行〕の二冊を編纂したのであります。ところが、その原稿というのは、下書きとか、筋書きとか、覚書きといったようなもので、或る場所にはまとまった長い一篇があるかと思えば、或る場所にはまた、学者

が自分だけの理解のために書きつけて置くといった風の、ごく簡単な走書きの注意書きがあるというような有様でありました。しかし、それは実に、途中幾度か中断を見ながらも、一八六一年から一八七八年にいたる長年月にわたって行われた

偉大な精神的労働の結晶　であったのであります〔第二巻および第三巻のエンゲルスの序文参照〕。とはいえ、こういう事情が事情でありますから、われわれはこの二冊のなかで、国民経済のあらゆる重要問題に対する確定的な完成した解決を、悉く〔ことごとく〕見出し得るというわけにはゆきません。むしろ一部分は、単にこういう諸問題の提起にすぎないし、またその解決がいかなる方向に求められるべきかを指示しているにすぎないのであります。彼の全世界観と同じように、マルクスの『資本論』は、決して、完結した・一定不変の・究極の真理を語るバイブルではないのです。むしろその真理のための、ヨリ以上の研究と闘争とを激発する

尽きざる泉　であります。また右のような事情でありましたから、第二巻と第三巻とは、その外形上からも、すなわちその叙述の体裁からいっても、第一巻ほどには完備してもいないし、また精彩を放ってもいません。けれども、その体裁に全く無頓着な、思索のあとだけを示すところが、多くの読者にとっては、却って〔かえって〕第一巻以上のよろこびを与えるのであります。その内容についていえば、第二巻と第三巻とは

第一巻の本質的な補充　であり、発展であります。従ってそれは、全体系を理解するためには欠くことのできないものであります。

さて、前章で見たように、第一巻では、マルクスは国民経済の基本問題をとり上げました。

　富の増殖はどこから生ずるのか？
　利潤の源泉はどこにあるのか？

これがその問題でありました。ところで、この問題に対する答は**マルクス出現以前**の時代にあっては、二つの違った方向において与えられていました。その時代の第一流の**『科学的』弁護者たち**――そのなかには、例えばシュルツェ・デーリッチ〔Schulze-Delitzsch, Hermann Franz：1808〜1883〕のような、労働者間においても尊敬と信頼とを得ておった人もあるのでありますが――この連中は、この資本家的富を、人聞きのよい口実や、ずるい誤魔化しの数々をならべたてて説明しました。彼らは言います。

　それは、企業家が、生産のために義俠的に『投げ出した』資本に対して、資本家に『償い』をつけるため、商品の価格が組織的に騰貴する結果であると。

あるいは

　それは、すべての企業家が賭している『危険』に対する『賠償』であると。

あるいは

　それは、企業家の精神的指導に対する賃金である

等々。およそ、そういったたぐいであります。しかも、こういう説明の後に、彼らは、きまりきって次のように言います。

　一方が富み、他方が貧乏するということは、まあ『公平な』ことで、これを変えようとしてもどうにも

なることじゃないと。

これに反して、ブルジョア社会の批評家たち、すなわち、マルクスより前にあらわれた**社会主義の諸流派**は、資本家の致富を、たいてい労働者に対する露骨な詐欺である、いな、盗奪だと言い、そしてそれはあるいは貨幣の仲介により、あるいは生産過程における組織の欠陥によって可能となるものだと説いたものであります。

そういうところから、これらの社会主義者たちは、種々のユートピア的な計画を立てて、貨幣を廃止したなら収取〔搾取〕が廃止されないだろうかとか、『労働の組織』を何とかすればうまくゆくのではないだろうかとか、その他そういうたぐいの方法をいろいろと講じてみたのであります。そして、それらのいずれもが、空しく失敗に帰したことはいうまでもありません。

マルクスが出ずる〔いずる〕におよんで**資本家的致富の真実の根源**が、『資本論』第一巻で、ようやく暴露されました。彼は、資本家のための弁解の口実をいじくってみるでもなく、かといって、資本家の不義不正をわめきたてるでもなく、きわめて冷静に、利潤というものはどうして生まれ出るか、それはどうして資本家のポケットにはいって行くのか、ということをはじめて明らかにしたのであります。彼はそれを、二つの決定的な経済的事実によって解明しました。その第一は

労働者の大群が、自分の労働力を商品として売らねばならぬプロレタリアから成り立っているという

こと。

その第二は

この労働力という商品が、今日では、非常に高い生産力をもっていて、それが一定の時間内に生産し得る生産物の量は、自分自身の生活維持に必要な量よりもはるかに多いという事実。

以上二つの純粋に経済的な・同時に歴史的・客観的・発展によって与えられているところの事実こそ、プロレタリアの労働が創り出すところの果実を、すっかりそのまま資本家のポケットに落ちこましめ、そして賃金制度が持続するに従って、そうでなくてさえ不断に強大化しつつある資本力へ、それを集積せしめるのであります。

このように、マルクスは、資本家の致富をば、資本家がこけおどしにいうような、犠牲や厚意に対する何らかの報償だとは説明してはいないのです。況や〔いわんや〕また、通俗の意味における詐欺や泥棒として説明してもいません。彼は、ただそれを、法律上の意味において全く正当な**資本家と労働者との間における売買取引**として、説いているのであります。他のいかなる商品の売買とも、すこしも変らぬ同じ法則によって行われる取引として、説明しているのであります。

ところが、資本家に黄金の木の実をもたらすこの批難のない商取引を、根本的に闡明〔せんめい：明らかにすること〕するためには、一八世紀の終りと一九世紀のはじめとにおいて、イギリス古典派の巨匠たるスミスとリカードウとが提起したところの価値法則、いいかえるならば、商品交換の内面的法則の解明を、その究極まで発展させ、それを労働力という商品の上に適用しなければならなかったのです。そこで、この価値法則、それから導き出されるところの労賃と剰余価値——これをいいかえれば、どうして賃労働の生産物は、何ら暴力的な欺瞞を行うことなしに、ひとりでに、一方では労働者のみじめな衣食住となり、他方では資本家の骨折なしの富となるようにできているのかということ、その説明、これが『資本論』の**第一巻の主要内容**であったのであります。ここに、第一巻の大きな歴史的意義があります。第一巻は、収取〔搾取〕なるものが、労働力の売却――他のことばでいえば賃金制度――の廃止によって、いな、ただそれによってのみ、廃棄され得るということを証明したのであります。

『資本論』の第一巻においては、われわれは、はじめから終りまで**仕事場**に這入りこんでいます。工場か、鉱山か、あるいは近代的経営の農場にはいっています。ここで論究されたことは、いかなる資本家的企業にもあてはまります。そこに出てくるものは、われわれの本来の関心事たる・全生産様式の典型としての、個別的な資本であります。巻を閉じると、毎日々の利潤の発生がはっきりと眼にうかび、収取〔搾取〕のからくりが底の底まで見すかされます。いまや、われわれの目の前に、ありとあらゆる種類の商品が、山のように積まれています。それは、いま工場から運び出されたばかりだと見えて

　　まだ労働者の汗でしめっているのです。

われわれはここで、この商品の山のなかから、その価値の或る部分をはっきりと区別することができます。その部分というのは、プロレタリアの不払労働から生じたもので、全商品と同じく、合法的に資本家の所有に帰するのであります。ここにわれわれは**収取〔搾取〕の根源**をハッキリと掴むことができます。けれども、この資本家の収獲物は、まだ暫く〔しばらく〕は、彼のポケットに這入るわけにはゆきません。収取〔搾取〕の果物は眼の前にあるけれども、

それはまだ企業家にとって享楽できる形にはなっていないのです。その果物が、積上げた商品の形で所有されている間は、資本家はまだ、収取〔搾取〕の恩沢〔おんたく〕に浴することができないのであります。彼は古代のギリシャやローマにおける奴隷所有者とは違います。彼はまた、中世における封建領主が、自分の豪奢と大きな宮廷とを維持するために、勤労の民を剝ぎとったものとも違います。資本家は、自分の富をピカピカ光る金の姿でもち、それを彼がいわゆる『身分相応の生活』のために使うほかに、更にその

資本を間断なく増大せしめるために振り向ける必要があるのであります。

そのためには

賃労働から産み出された商品を、そのなかに含まれている剰余価値と一しょに売却することが必要であります。

そこで商品は、工場の倉庫や田園の納屋から、市場に出されなければなりません。そこで資本家は、帳場から立上って、この商品のあとから、取引所や商店へと出かけて行きます。

そこでわれわれもまた、いよいよ『資本論』の

第二巻　において、この資本家のあとをつけてゆくことになるのです。

第二節　資本の流通過程

ところで、資本家は、その

第二期の生産段階　である商品交換の領域では、幾多の困難に遭遇します。自分の工場や、自分の田園で

は、彼は君主でありました。そこには、厳格な組織と、規律と、計画とがありました。ところが、商品市場にあっては、これに反して、完全な無政府が支配しています。いわゆる

自由競争　が行われているのであります。ここでは、他人のことなんかに頓着しているものは一人もいません。また、一人として、社会の全体のことなどに気を配っているものはありません。それにもかかわらず、資本家というものは、この無政府の真只中で、自分があらゆる方面にわたって他人へ依存していること、社会へ依存していることを感知するのであります。それはどうしてかというと、こういうわけであります。

資本家は、彼のすべての競争者と足並みを揃えて行かねばなりません。もしも彼が、その商品をすっかり売上げてしまうまでに、それにどうしても必要な時間以上を費やしていたならば、またもし彼が、経営が中途で中断されたりしないよう、時々に、原料その他の必要品を買入れるに充分な金を用意していないならば、あるいはまた彼が、商品を売上げて再び金を握ったとき、それをすっかり寝かせてなんか置かないで、直ぐどこかの良い儲け口に向けるという注意を怠っていたならば、彼はきっと、何らかの形で他の資本家に後れをとることになるでありましょう。ところで、一番後から行く奴は犬に噛まれる、というわけで、この

工場と市場との間の不断の往復　において、工場内の場合と同じように、そこをうまく切りぬけて行くだけの用意のない企業者だったら、いくら念入りに労働者から搾り取ったところで、到底世間並の利潤を得ることはむずかしいのであります。彼がみごと稼ぎ出した利潤も、そのうちの一部はどこか途中に引っかかってしまって、決して自分のポケットには入りません。そればかりではなく、資本家は商品を生産するときにのみ、だから結局消費の対象となるものを生産するときにのみ、蓄積をすることができるのでありますが、しかもそれは、社会がいままさに必要としている種類のものを、その必要としている分量だけ生産するので

なければなりません。でなければ、商品は売れ残るし、そのなかに含まれている剰余価値もふっ飛んでしまいます。

だが、個々の資本家に、そんな事が一々どうして分るでしょうか？　社会がいまこれこれの品物を、しかじかの分量だけを必要としているなどと、誰も資本家に言って聞かせるものはありません。そんなことは元来誰も知りっこないのです。いま暫らく〔しばらく〕われわれは、無計画的・無政府的な社会を観察して見ましょう。どの企業家も、みな同じ立場に立っております。が、それでも、この混沌の間から、この乱脈の間から、とにかく何らかの全体が成立し、それによって各資本家のそれぞれの商売と金儲けがやって行けると同時に、社会全体としての欲望充足と生存とが可能にならねばなりません。もう少し正確な言い方をしますならば、無規律な市場における混乱の間から、いわゆる

資本の循環　が可能にならねばなりません。すなわち

第一には

個々の資本の恒常的な循環運動　言いかえれば、生産をし、販売をし、買入をし、そして再び生産をおこなう可能性が、成立しなければなりません。そして、そこでは、資本は絶えず貨幣形体〔態〕から商品形体〔態〕へ、またその反対へ、早替りを演じます。しかもこの資本の回転は、互にうまく調子を合せて行かねばなりません。たとえば、市場の景気によって買入の好機を逃がさぬためだとか、また経営上の時々の支出を行うためなどには、貨幣はいつでも、一つの貯水地をつくっていなければなりませんが、一方ではまた、商品の売上げに従ってだんだんに還って来る貨幣は、直ぐまた活動状態に入らなくてはなりません。こうして、外見上全く相互に独立しているところの個々の資本家が、ここではすでに、事実上において

一個の巨大な組合関係　を結んでいます。こうして彼らは、信用すなわち銀行の制度によって、つねに相互の間に、所要の貨幣を貸出し、貯蓄の貨幣を引出し、そしてそうすることによって、個人のためにも、社会のためにも、生産と商品販売との不断の継続を可能にするのであります。ブルジョアの国民経済学が、『商品の流通を容易にする』ためのうまい仕組だとしか説明の仕方を知らないところの、この

信用　を、マルクスは、『資本論』の第二巻において、全く無雑作に、単なる資本の生活方法として呈示しています。言いかえるならば、資本のもつ二つの生活楷梯〔かいてい：階段〕――生産における楷梯〔かいてい〕と商品市場における楷梯〔かいてい〕――の結合として、また個々の資本が行う一見自主的な諸運動の結合として、説明しているのであります。

第二にはこの個々の諸資本の相交差するなかで

社会全体の生産と消費との循環運動　がうまく進められねばなりません。しかもその進行は、資本家的生産の諸条件、すなわち

生産手段の生産と

労働者階級の維持と

資本家階級の累進的蓄積と

が確保されつつ行われねばなりません。言いかえると、社会の総資本の激増と運動とが、依然として確保されつつ進められるのでなければならないのであります。

それでは、この個別資本の無数の入り乱れた運動の間から、どうして

全体の連結　が生じて来るのでしょうか？　また、どうしてその全体の運動は、時に熱狂的景気となって

沸騰し、時に恐慌の爆発となって、しょっちゅう本道を踏みはずしながら、それでも凝りずに、何度も何度も本来の関係に還って来ては、直ぐまた次の瞬間には、この本来の関係を踏みはずすというような行き方をするのでありましょうか？　それからまた、どうしてそういう一切の事情から、現在の社会にとっては単なる手段にすぎないもの・すなわち社会自身の生活維持と経済的進歩とが、またこの目的となっているもの・すなわち資本蓄積が、不断にその規模を強大化しつつ進行するのでありましょうか？　この問題、言いかえるならば、

　拡張〔拡大〕再生産の問題

を、マルクスは、『資本論』第二巻において、究極的に解決したとはいえぬにしても、百年この方はじめて、すなわちアダム・スミス以来はじめて、確固たる合法則性の基礎の上に据えたのであります。

第三節　平均利潤率

しかし、以上のことだけでは、まだ

荊棘〔けいきょく：困難〕**に充ちた資本家の課題**　は尽きていません。今度は、剰余価値がいま述べたように、だんだん大規模に黄金に成って行った後、また黄金に成りつつあるうちに、その獲物はどういう具合に分配されるかという大きな問題、言いかえるならば

剰余価値の分割　の問題がやって来ます。すなわち、企業家の外に、商人、貸付資本家、地主などのいろいろな連中が、それぞれの要求をもち込んで来ます。彼らはみなそれぞれの方面で、賃金労働者の収取〔搾

取」や、この労働者によって生産された商品の販売などを助けた連中でありますから、いまこそ利潤に対する銘々の分け前を要求してくるのです。しかもこの分け前の問題は、見た眼よりはずっとこんがらがっております。というのは

同じ企業家の間においても　その企業の種類によって、いくら彼がその仕事場からいわば新鮮なやつを搾り出そうと、実際に手に入れる利潤には大きな相違が生じて来るのであります。例えば、或る生産部門では、商品の製造とその販売とが非常に速やかに完了します。そこで、資本はごく短期間のうちに回収されるし、同時に増大もする。従って事業はいよいよ繁昌し、利潤はますます大きくなります。ところが他方には、資本は数年間も生産過程に閉じこめられ、利潤は永い間経たないと挙げられないというような部門もあります。また或る種の産業では、企業家は資本の大部分をいたずらに生産手段に、例えば建築物とか高価な機械とかに固定させて置かねばならないし、しかもそれらの生産手段は、利潤産出のためにはどんなに必要であろうと、それ自身としては全く何物ももたらさない、一厘の利潤も産み出さないのであります。しかるに他の種類の産業では、企業家はごく僅かの支出でもって、その資本の大部分を労働者の雇入れに用いることができるし、しかもその労働者こそは悉く〔ことごとく〕が企業家のために金の卵を産む勤勉な牝雞〔めんどり〕なのであります。

このようにして、利潤産出そのものにおいて、個々の資本家間に大きな差異が生じ、資本家と労働者との間における固有の分配問題よりも、ずっとやかましい

『不公平』呼ばわり　が、ブルジョア社会の表面に現れ出ているのであります。しからば、ここで、各資本家をそれ相当のところで満足させるような調節が、すなわち獲物の公平な分配が、どうして作りだされる

のでしょうか？　しかもこの課題は、すべて、何ら意識的な・計画的な・規律なしに行われるのでなくてはなりません。なぜかというと、ブルジョア社会では、分配もまた生産と同じように、無秩序なのでありますから、実際ブルジョア社会には、社会的な処方という意味での、本当の『分配』というようなものは、全く存在していません。在るものはただ前にわれわれが研究した『交換』であります。『商品の流通』であります。ただ『購買と販売と』であります。それでは、ほかならぬこの盲目的な商品交換の途上において、収取〔搾取〕者の各階級が、またこの収取〔搾取〕者階級中の各個人々が、どうしてこのプロレタリアの労働力から汲み出された富を、資本支配の立場から見た『公平』な割合で分配するようになるのでありましょうか？

　この問題、すなわち

平均利潤率　の問題を、マルクスは、『資本論』の第三巻において解明しているのであります。彼が第一巻において資本の生産を説き、そこで利潤産出の秘密を解剖したように、そして第二巻において、工場と商品市場との間における、また社会の生産と消費との間における資本の運動を描いたように、いま

　第三巻において彼は利潤の分配を追跡しているのであります。

しかも、それを、いつもの通り、三個の根本条件をしっかりと摑まえた上で、やっているのであります。すなわち、その第一は

　資本家社会に起るすべてのことは、その当事者には全く意識されていないにしても、実は一定の規則的に作用するところの特殊の法則によって支配され、何らの恣意も勝手も許されないということ、

次には

経済関係は、窃盗とか強盗とかいうような、何らかの暴力手段の上に立っているのではないということ、

そして最後には

何らかの計画的な作用をなしつつ全社会の上に君臨する社会的理性というようなものはないということ、

この三条件であります。マルクスは、どこまでも**交換の機構から**　言いかえれば、価値法則並びにこれから導かれた剰余価値から出発して、資本主義経済の一切の現象と諸関係とを、明瞭透徹の理論をもって展開したのであります。かくてマルクスは国民経済学が、その発生以来、ただ呆れて眺めるばかりであったこの利潤率平均化の現象に、はじめて科学的な説明を与えたのであります。

ちょっと見たところでは、この現象は、資本家的富は単純に賃金プロレタリアの不払労働から生ずるものだ、というマルクス自身が与えた説明に矛盾するように見えます。実際のところ、その資本の比較的大部分を死せる生産手段に投下しなければならない資本家が、他方、この種の支出を少くしてそれだけ生きた労働の方を拡張し得る彼の仲間と、どうして同じ利潤を挙げることができるでしょうか？　だが、マルクスは、驚くべき単純さをもって、この謎を解きました。

すなわち、或る種の商品が価値以上に売られ、そしてその代り、他の種のものが価値以下に売られることによって、利潤の差異が均等化され、そして、あらゆる生産部門に平等な『平均利潤』ができ上るというのであります。

いま少し、これをほかの言葉で説明してみましょう。元来**利潤率**　とは企業に投ぜられた総資本に対する剰余価値の割合であります。ところで、高度の有機的構成をもつ資本、すなわち不変資本の方が可変資本よりも大きく、しかもそれが社会的平均よりも大きい構成をもつ資本にあっては、その利潤率は平均率よりも低くなくてはなりません。これに反して、低度の有機的構成をもつ資本にあっては、その利潤率は平均利潤率よりも高くなくてはなりません。ところが、実際においては、資本相互間の競争の結果、一つの生産部門から他の生産部門へ、資本が自由に移動することによって、いずれの場合にも、利潤率を平均利潤率に帰着させます。すなわち、個々の企業および個々の生産部門から出て来る商品は、競争の影響を受けて、その価値通りには売られないで、むしろ支出された資本と平均利潤との和に相当するところの、謂ゆる〔いわゆる〕**生産価格**　で売られるのであります。

しかし、一定の社会のすべての商品の価値の総額は、商品価格の総額と一致します。だから、生産価格は商品価値の転化された現象形態であるということがわかります。

かくて、価格は価値から背離し、また利潤率は平均するという誰でも知っている争うべからざる事実が、ここに、マルクスによって、価値法則に基づいて完全に説明されたのであります。すなわち

　平均利潤と価値法則とは何ら矛盾するところがないのであります。

なぜかというと、いま述べたように、すべての商品の価値の総額と価格の総額とは一致するからであります。しかし、この**社会的価値から個別的価格への還元**　は、決して簡単な・直接的な・過程ではなくて、極めて複雑な過程

であります。だが、極めて当然のことながら、ただ市場を通じてのみ互に結び合わされている分散した商品生産者の社会におきましては、法則性は、一方または他方への個々の偏差が互に相殺されて、一個の平均的・社会的・集団的・法則性として現れるよりほか現れようはないのであります。

もちろん、こういう平均利潤の形成については、資本家たちに別段そうしようという願望があるわけではなく、また資本家同志の間にも何ら意識的な諒解があるわけではありませんが、ただ彼らが自分たちの商品を交換するという事実によって、謂わば〔いわば〕各資本家が、各々自分の労働者から収取〔搾取〕した剰余価値をもち寄って大きな一塊りにし、この収取〔搾取〕の全収獲を、銘々の資本の大きさに従って、お互に仲よく分配することになるのであります。だから、個々の資本家は、決して自分が個人的に獲得した利潤を享楽するわけではなく、ただ彼の仲間が総がかりで獲得した利潤のうちから、自分に割当てられた分だけを享楽するのであります。かくて種々なる資本家は、問題が利潤に関する限りでは、互に**一株式会社の単なる株主**をもって任じています。この株式会社においては、個々の部門に生ずる利潤は、それぞれ按分比例的に、資本に対して均等に分配されます。だから、その種々なる資本家たちの利潤の差異は、ただその合同事業に投じた彼ら各自の資本の大きさに従って、すなわち、その合同事業に対する各自の寄与の割合に従ってのみ決せられるのであります。この、見たところ全く無味乾燥な『平均利潤率』の法則が、

資本家の階級的結成の堅固な物質的基礎に向って、何という深い洞察を投げていることでしょう！　というのは、資本家たちは、日々の事業においてはまるで敵同志でありながら、一朝労働者階級を向うに廻すとなると、忽ち〔たちまち〕にして一個の共済組合をつくり上げるのです。そしてその共済組合は、彼ら資

本家たちの総収取〔搾取〕に対して、最も強い・そして最も真剣な・関心をもっているのであります。もちろん資本家たちは、こういう客観的・経済的・法則に対しては毫も〔ごう〕も意識してはいないでしょう。ただ支配する階級としてのその正しい本能のなかに、その独自の階級的利益に対する意識と、プロレタリアとの対立意識とが、おのずから現れているにすぎないのであります。しかもこの資本家の階級意識は、労働者たちの——それこそは実にマルクスおよびエンゲルスの労作を通して——科学的に闡明〔せんめい：明らかにすること〕され、基礎づけられたところの階級意識よりも、遺憾ながらはるかに堅固に、歴史のあらゆる暴風のなかを守りつづけられているのであります。

話を元にかえしましょう。利潤率は、かように平均化して平均利潤をつくり出すのでありますが、その**平均利潤率そのものは次第に低下する傾向**　をもっております。すでにわれわれが読んできたように、資本主義が発展し、資本の集積と集中が増大するにつれて、

資本の有機的構成もまた高度化するのであります。

言いかえると、総資本中における可変資本の割合が減少します。そして、可変資本の割合が減少すればするだけ、利潤率は低下します。だから、社会的総資本の有機的構成が高度化すればするほど、この社会的総資本の生む総剰余価値の量は、資本の総量に対して相対的に減少します。従ってまた、この社会的総資本に対する総剰余価値の比率たる平均利潤率は低下するのであります。

いうまでもなく、利潤率の低下は、利潤の絶対量の低下を意味するものではありません。利潤率は低下しても、利潤の絶対量は多くなることがあり得るわけであります。また資本家は、つねに、労働力に対する収取〔搾取〕の度を強化することによって、この利潤率の低下を阻止しようと百方努力します。だから利潤率

の低下といいましても、それはのべつ幕なしに低下するのではなく、短期間にはもちろん上昇することもあります。そこで、マルクスはこれを、

利潤率の傾向的低下　といっているのであります。というのは、どんなに資本家の努力をもってしても、いな、この努力することの結果こそ、収取〔搾取〕の強化となって一応は利潤率の低下を阻止しますが、それは資本の蓄積を促進しますから、そしてその蓄積がまた資本の大規模の集積と従ってヨリ高度の資本構成を伴いますから、結局は、ヨリ以上の利潤率の低下を促進するのであります。かくて、資本蓄積の一般的法則から必然に結果する利潤率低下の傾向は、これを長期に亘って見ますならば、あらゆる反対作用を押し切って、結局において自己を貫徹するのであります。

第四節　剰余価値の分割

前節で、われわれは、剰余価値の分割について、産業資本家のほかに、商人、貸付資本家、地主などのいろいろの連中が、それぞれの要求をもち込んで来ると言って置きました。この分割の問題は、どういう具合に片づけられるでしょうか？

まず商人すなわち商業資本家は、剰余価値の分け前として

商業利潤　を要求します。では、この商業利潤はどこから、どういう具合に生まれて来るのでしょうか？前にも言ったように、商品は工場から運び出されただけでは、資本家のポケットに一厘も加えるものではありません。商品は売却されなければなりません。そして生産を続けるためには、この、商品を売却して手に

入れた貨幣で、再び原料や労働力やその他のものを買い込まねばなりません。言いかえるならば、価値は商品形態から貨幣形態へ転化されねばならぬと同時に、またその逆にも転化されなければならぬわけでありま す。この転化の過程が、謂ゆる〔いわゆる〕生産過程に対応するところの**流通過程**であります。そしてこの過程を媒介するのが**商業資本**の特殊の機能であって、純粋の商業資本は手形割引、通信、出張、広告、といったような、顧客との取引に必要ないろいろの支出を賄う〔まかなう〕わけであります。

だから、もし商業資本家がいなかったとすれば、産業資本家は、その商品の生産に必要な資本の外に、この流通過程のために必要な追加資本をも投下しなければならぬでしょう。しかるに彼は、この生産を終ると同時にその商品を手放し、そして他方にこの商品が消費者の手にはいるまでの過程を引受けてくれる商業資本家が待ち構えているおかげで、自分ではこの追加資本の部分だけは助かるのであります。彼はその全資本をあげて、生産のみに投ずることができます。そこで、商業資本家は、その資本でもって産業資本家に与えた利益だけの報酬を要求して現われるのであります。

では、この報酬は、どこから出て来るでしょうか？　前にわれわれが研究したように新らしい価値は生産過程から生まれるものであって**流通過程は価値を生まない**のでありますから、商業利潤も流通過程で生産されるわけはありません。ここではただ価値の形態が、商品から貨幣へ、またその反対へと、変化させられるだけのことであります。だから商業利潤も、やはり**生産過程で創り出された剰余価値から引出されることは明らかでしょう。**

ただ、どういう具合にそれが引出されるかが問題であります。が、それはただ、われわれが前に見た平均利潤の決定に商業資本が割込んで来ることによって達せられるのです。

前にわれわれが、利潤率平均の道行きで見たところでは、商業資本は全く考慮外に置いていました。流通過程が必要とする追加資本のことは考えないで来ました。われわれはただ、資本をすべて生産に投下された生産資本と見て、この生産資本に対する剰余価値の率として、平均利潤を考えたにすぎません。ところがいまや、商業資本も資本家の競争の結果として、やはり平均利潤を稼ぎ出さねばなりません。そうなると、もし商人が、前に言ったような平均利潤と投下資本とから成っている『生産価格』で、産業資本家から商品を買いとっていたなら、この商人は一厘の儲けもあげ得ないことになるでしょう。だから、商業資本が介入するとなると、いまや商品の生産価格に含まれた平均利潤は、以前われわれが見たそれよりもモット低いものでなくてはなりません。前には、総剰余価値は、産業資本だけに割当てられました。いまや総剰余価値は

産業資本＋商業資本

に割当てられなければならないわけです。かくて現われた平均利潤が、すべての商品のなかに含まれることになるのです。

だから、生産価格そのものは、依然として費用価格に平均利潤を加えたものでありますが、その平均利潤の決定の仕方が今度は少し変って来るのです。平均利潤は、生産に投下された資本が創り出す総剰余価値の量で決定されるのではありますが、それは、いまやこの生産資本に対して計算されるのではなくて、全生産資本と全商業資本との合計に対して計算されることになるのであります。だから、産業資本家が産業資本家という立場から売る商品の生産価格は、すべての商品をひっくるめていうと、商品の『価値』よりも小さい

ものとなります。この商品を買いとって、これを価値通りに売るとき、この小さかっただけの価値部分が、商業資本家の利得となるのであります。だから、要するに

商業資本は剰余価値の生産には参加しないで、ただ剰余価値の平均利潤への均等化だけに参加するのであります。

ですから、一般的利潤率といううちには、剰余価値のうちから商業資本に帰属して行く部分、すなわち、それだけ産業資本の利潤から削りとられる部分が、あらかじめ含まれているわけであります。かくて商業利潤は、産業資本が労働力のなかから汲み出した剰余価値の一部分にすぎないことがわかるわけであります。

では次に

貸付資本家　は、社会の総剰余価値に対して、どういう風に分け前を要求するのでしょうか？　いうまでもなく、貸付資本家は

利子　を要求します。利子は、企業家や商人が、その経営のために借りた貨幣に対して、貸付資本の所有者に支払うところの利潤部分であります。すなわち、利子というのは、生産過程または流通過程に投ぜられている資本が、自分のポケットに収めるべき利潤の中から、企業家が資本の所有者に支払う部分につけられた一つの特殊な名称にほかならないのであります。もし彼が、自分の資本だけを用いたとすれば、こういう利潤の分割は行わないで済んだでしょう。利潤は全部彼のものとなるでしょう。従って、利子もまた

労働力から汲みとられた剰余価値の一部分にほかならないのです。

しかし、貸付資本は商業資本とはちがって、独立に平均利潤率の形成に参加するものではなく、ただいわば『外来的』に、横合から出てきて、利潤の一部を切りとって行くものにすぎないのであります。従って

利子率　もまた、この両種類の資本家間の競争によってのみ創り出されるものにすぎません。だから利子率には、本来『自然率』というものは存在し得ないのであります。

いま言いましたように、貸付資本を借りて生産資本に転化する産業家は、その利潤のうちから、この利子を支払わねばなりません。そこで利潤は分裂して、正味の利潤と利子とに分かれます。利子を支払ったあとには、正味の利潤としての『工業利潤』或いは『商業利潤』が残ります。これが謂ゆる〔いわゆる〕**企業者利得**　であります。利子は、単に資本所有の果実として現れるもので、企業者利得は、専ら資本運用の果実として、活動しつつある資本の果実として現われるものです。だから、産業資本家が自分の資本を運用する場合には、その利潤には、以上の二つの部分が含まれているわけであります。そして、この自己資本を運用する資本家は、実際において、自分の総利潤をこの二つの部分に区別して観念します。そのために、総利潤のこの二つの部分が、あたかも、本質的に異った二つの源泉から生じたかのように独立化し、化石化するのであります。

最後に、われわれは**地代**　に関する理論に移りましょう。地代もまた、剰余価値の一部が転化した特殊の形態にほかならないのであります。農業生産物の生産価格は、資本主義諸国では、土地が余すところなく個々の所有者によって所有されており、従って地面が限られている結果として、地味の肥沃や市場に生産物を運搬する条件などの平均した土地ではなくて、最劣等地における生産費によって決定されます。この価格と、優良地における生産価格との間の差異が差額的な地代、すなわち**差額地代**　を生みます。それは、工業における特殊利潤にひとしいものであります。マルクスは、この差

額地代を詳細に分析し、それが

　　個々の土地の肥沃度の相違や

　　　土地に投下された資本の大きさの相違や

から発生することを証明することによって、差額地代が、ただ耕作が優良地から劣等地へと下降的に移行する場合にのみ生ずるものだと考えていたリカードウの誤謬〔ごびゅう〕を、完全に摘発しました。リカードウの見解とは反対に、ここでは、しばしば逆の移行もあり得るし、一定種類の土地が農業技術の進歩や、都市の膨脹などによって、他種類の土地に転化することもあり得るのであります。だからまた、リカードウ説の支えとなっているかの有名な

『収穫逓減の法則』　は、資本主義の欠陥と、制限性と、矛盾とを、自然に転化しようとするものであって、大へんな謬見〔びゅうけん：誤った意見〕であります。すでにわれわれが見て来たように、資本主義経済においては、産業のすべての部門を通じて、利潤率は平均化しようとするのでありますが、これは完全な競争の自由、すなわち一生産部門から他部門への、資本の自由な移動を前提とするものであります。しかるに、土地の私有は、この移動の自由に対する障碍〔障害〕をつくっています、すなわち

独占　をつくり出しています。ところで、一般に農業は、工業におけるよりもその資本構成がヨリ低度のものでありますから、その生産物は、個別的に高い利潤を生むことを特徴としています。しかるにこの独占のために、農業は完全に利潤率平均化の自由な過程にはいり込むことができないのであります。だから、ここでは、土地所有者は独占者として、農産物価格を平均以上に維持する可能性を獲得します。この独占価格が

絶対地代　を生むのであります。すなわち、この独占価格によって、農業には平均利潤以上の
超過利潤　が残るわけで、この超過利潤が絶対地代として地主のポケットに入るのであります。

差額地代は、資本主義のもとにおいては、廃絶され得ません。これに反して絶対地代は、例えば、土地の国有化が行われて、土地が国家の所有に移るというような場合には消滅し得るのであります。こういう移行は、私有者の独占が破壊され、農業における競争の自由が、ヨリ徹底的に、ヨリ完全に遂行されることを意味するわけであります。この理由からして、急進ブルジョアは、歴史上、繰り返し繰り返し、この要求を掲げて登場したのであります。

なおこの地代の歴史について言えば、まず
労働地代　は
物納地代　へ、すなわち現物地代へと転化します。労働地代とは、農民が地主の土地における彼の労働によって、剰余生産物をつくり出す場合の地代であり、物納地代或いは現物地代とは、農民が自分自身の土地において剰余生産物を生産し、
『経済外の強制』
のために、これを地主に納める場合をいいます。物納地代は、さらに
金納地代　へと転化します。金納地代は、商品生産の発達の結果として同じ現物地代が貨幣に転化したものをいいます。そして最後に、これは
資本主義的地代　へと転化します。資本主義的地代とは、賃労働の助けによって土地の耕作を行う農業の企業家が現れる場合の地代であります。これらの転化の過程を示すマルクスの分析を指摘して置くことは重

要であります。この資本主義的地代発生史の分析は、さらにわれわれを、農業における資本主義の発展に関するマルクスの深い思想の一齣〔ひとこま〕へと導いて行くでありましょう。

第五節　全三巻の総括

最後に、この大著を**全体として概観**しましょう。第一巻は、価値法則、労賃、および剰余価値を展開して、現代社会の基礎を暴露したものであり、第二巻と第三巻とは、この基礎の上に立つビルディングの高い階層を示したものだ、と言うことができるでしょう。或いはまた、違った見方をするならば、次のように言うこともできると思います。すなわち、第一巻はその**生命の液汁をつくり出す心臓**をわれわれに示したものであり、第二巻と第三巻とは、この**血液の循環**と、皮膚細胞の末端にいたるまでの**全身の栄養**とを示したものであります。

内容について行きますと、われわれは、第二巻と第三巻とにおいては、第一巻とは**違った舞台**に立たされます。第一巻でわれわれが資本家的富の源泉を探ったところは工場でありました。労働を蓄えた深い社会的な鉱坑〔こうこう〕でありました。しかるに、第二巻と第三巻とでは、われわれは地表の上を行っています。社会の公けの舞台に立っています。商品倉庫、銀行、取引所、高利貸、窮乏の農村、その悩みが、ここでは舞台の前面にいっぱいになっています。労働者は、ここでは踊らない。労働者は、自分が打ちのめされてしまったあとでは、自分の背後で何が行われていようと、そんなことは実際少しも気にかけていないのです。また実際、われわれが、沢山の人々が忙がしそうにわめき廻っている雑踏のなかで労働者の姿を見かけるのは、ただ彼らが、夜も明けやらぬうちから、群をなして工場の門をくぐるときと、夕方の薄暗がりに長い列をつくって工場から吐き出されるときだけであります。

こういうわけだから、利潤産出における資本家たちのいろいろの悩みや、その獲物の分前をめぐる彼らのいがみあいが、労働者にとってどんな利害関係をもつかは、ちょっと分りにくい筈〔はず〕であります。けれども、実際においては、『資本論』の第二巻と第三巻とは、現代の経済的機構を徹底的に認識するためには、第一巻と同様に欠くべからざるものであります。もちろん、第二巻と第三巻とは、第一巻のように近代の労働運動に対しては決定的なそして根本的な歴史的意義をもってはいません。だが、それは**日々の闘争に於ける労働者の精神的武装**としても、はかりがたき価値をもった洞察で充満しています。

ここにはただ**一つの例**を挙げるに止めましょう。第二巻において、マルクスは、個別資本の混沌たる渦巻きの間から、社会全体の規則的な生活維持がどうして生じ得るかという問題、勢いまた**恐慌の問題**にも触れています。それについて――もっともここで恐慌の系統的な教科書的な取扱いを期待されては困るのですが――ただ一二の付随的な点を書いて見るだけであります。だが、それを利用することは、教養あり思索する労働者にとっては、或いは大いに役立つかも知れません。

政党や組合の、ことに組合のアジテーションには、次のような考えが頑強にこびりついております。曰く、恐慌は何よりもまず、資本家の短見から生ずるものである。多数の労働者が、資本家のための購買者であることを、資本家はどうしても理解しようとしない。だから、資本家にして、もし購買力のある顧客をもち続け、そして恐慌の危険を事前に避けようと欲するならば、ただ労働者に対してヨリ高い賃金を払いさえすればよいのだ

と。こういう考えです。この考えは、謂ゆる〔いわゆる〕

過少消費説　としてよく知られていますが、実は全く間違っているのであります。マルクスは、次の言葉をもって、この見解を駁撃しています。

『恐慌が、支払能力のある消費または消費者の不足から生ずると説くのは、純粋の重語（類語反復）である。支払能力ある消費者以外の消費者というものは、資本主義制度のもとにおいては知られないのである。ただその例外として、被救恤〔きゅうじゅつ：救い恵むこと〕窮民または泥棒のたぐいの消費あるのみだ。だから、商品が売れないということは、支払能力のある商品購買者がないということ、すなわち消費者がいないということにほかならない。しかしながら、もし、この重語に深い根拠があるかのごとく見せかけるために説をなし、労働者階級が自分の生産物のうちから受取っている部分が少なすぎるのだから、その分前がもっと多くなりさえすれば、従ってその賃金が増しさえすれば、恐慌の惨害も従って救済されるであろう、という者があるとすれば、われわれはかかる論者に対しては、ただ次のごとく答えればよいのだ。すなわち、恐慌はいつでも、労働賃金が一般に高まり、労働者階級が年々の生産物のなかから消費に当てられた部分のうち、比較的多くの分前を受取っているその時期においてこそ、準備されるものであると。

しかるにこの期間は――かの健全にして単純なる常識の騎士の見地からすれば――右とは反対に、む

しろ恐慌を退けるものだというのである。だから、資本主義的生産は、かかる労働者階級の繁栄を、ただ瞬間的にのみ、しかもつねにそれを恐慌の前触れとしてのみ可能ならしめるところの、人間意志の善悪から独立した条件を含むもののごとくである。』

『諸恐慌は支払能力ある消費の不足または支払能力ある消費者たちの不足から生じると言うのは、純然たる同義反復である。〝受救貧民の形態での〟消費または「詐欺師」の消費を別とすれば、資本主義制度は、支払いをする消費者以外の消費を知らない。諸商品が売れないということは、それにたいする支払能力ある買い手たち、すなわち消費者たちが見いだされなかった（諸商品が買われるのが結局は生産的消費のためであろうと、個人的消費のためであろうと）ということにほかならない。しかし、もし、労働者階級はそれ自身の生産物のあまりにも少なすぎる部分を受け取っているのであり、したがって彼らが生産物のより大きな分け前を受け取り、その結果、彼らの労賃が増大すればただちに、彼らはこの害悪から救われるであろうと言うことによって、この同義反復により深い根拠があるかのような外観を与えようとする人があれば、それにたいしては次のことを指摘するだけでよい。すなわち、諸恐慌は、いつでもまさに、労賃が全般的に上昇して、労働者階級が年生産物のうちの消費に予定された部分のより大きな分け前を実際に受け取る時期によってこそ準備される、と。このような時期は―健全で「単純な」（！）常識をもったこれらの騎士たちの見地からすれば―逆に恐慌を遠ざけるはずであろうに。したがって、資本主義的生産は、労働者階級のあの相対的繁栄をただ一時的にのみ、しかもつねにただ恐慌の前ぶれとしてのみ許す、人々の善意または悪意にはかかわりのない諸条件を含んでいるように見える。〔『資本論』第三巻第三篇第二〇章四〇九～四一〇ページ〕

実際のところ、第二巻並びに第三巻の叙述は、恐慌の本質に対する根本的な洞察へと導きます。恐慌は単純に、資本の運動の不可避的な結果として生ずるものであります。その資本の運動たるや、実に凶暴熾烈な蓄積への欲求、増大への欲求によって、たちまちにしてあらゆる消費の垣を乗り越えることをつねとします。たとえその消費が、或る社会層の購買の増大によって、或いは全く新らしい販路の獲得によって、いかに著しく拡張されようと、本質において変りはないのであります。

かくて、組合の月並のアジテーションの背後に潜んでいるところの、このただ企業家の短見のためにのみ誤されているのだという

労資協調の思想　も、ここに排棄されねばなりません。また資本主義の経済的無政府をどうにか緩和しようとするつぎはぎ細工に対する、一切の希望が廃棄されねばなりません。賃金プロレタリアを物質的に向上せしめるための闘争は、そんな理論的に支持しがたく、実際的に曖昧な議論を借りなくとも、その精神的武装としては遙かに優れた千百の武器を備えているのであります。

さて恐慌の問題に触れたついでに、最後の章において、この問題をいま少し具体的に研究するとともに、しばらく『資本論』そのものの構成から離れて、一般に資本主義経済の発展の傾向を歴史的に鳥瞰してみようと思います。

第四章　資本主義経済の発展傾向 ―― 恐慌の必然と独占化の必然 ――

第一節　資本主義的生産様式の諸特質

資本家的生産以前　すなわち中世におきましては、労働者が自己の生産手段を私有することを基礎とした小さな経営が、全体に行われていました。地方においては、自由農民或いは農奴が行っていた小規模の農業がそれであり、都市においては、手工業がそれでありました。土地とか、農具とか、職場とか、工具とかの労働手段は、すべて個人々々の労働手段であって、それは一人々々の使用にしか適しないものでしたから、そうした労働手段は、自然、少くて、小さくて、狭隘なものでありました。しかし、そうだったからこそ、一般に、それらのものが生産者自身で所有されたわけであります。この散在せる小さな生産手段を集中し、拡大して、これを今日の強大な生産の動力たらしめることこそ、実に資本主義的生産方法とその支持者たるブルジョアジーの歴史的任務だったのであります。

さて

中世に行われたような商品生産　におきましては、労働の生産物が何人の所有に帰すべきかというような問題は、起り得ないことでした。というのは、当時は通例、個々の生産者が、多くは自分でつくり自分で所有している原料を用い、自分の労働手段をもって、自分か自分の家族の手の労働で、商品を生産したものでありますす。彼はその商品をあらためて領有するまでもなく、それは当然に、はじめから彼のものでありました。だから、第二章でも述べましたように、ここでは

　生産物の所有は自己の労働を基礎としていたのであります。

たとえ、他人の助力を借る場合があっても、それは大抵ちょっとしたことであったし、多くは賃金以外の方法で埋め合せをするのでありました。ギルドの徒弟や職人も、衣食や賃銀を目あてに働くのではなくて、やがて親方になろうという自分自身の修業のために働くのでありました。

ところがいまや、生産手段は大工場や大製造所に集中され、そして事実上**社会的生産手段**へと変形されたのであります。しかるに、その社会的生産手段と生産物とは、やはり以前の通りに、個人の生産手段や生産物として取扱われました。これまで労働手段の持主がその生産物を領有したのは、その生産物が大抵自分の生産したものであって、他人の助力を借るのは例外であったからでありますす。ところがいまや、労働手段の持主は、その産物がもはや自分の生産したものではなくて、徹頭徹尾**他人の労働の産物**であるにもかかわらず、やはり、依然としてそれを領有するのであります。だから、いまや、社会的につくり出されているところの生産物は、生産手段を実際に運転して生産物を実際につくり出したその人々によっては領有されないで、資本家によって領有されることになったのであります。生産手段および生産は本質上すでに社会的なものとなっています。それにもかかわらず、この生産が、個人が銘々に生産物を所有して市場に運び出すところの、かの個人々々の私的生産を前提とする領有形式のもとに置か

れています。言いかえれば、

生産方法はこういう領有形式の前提を廃棄したにもかかわらず、なお依然として、その形式のもとに置かれているのであります。

こういう矛盾こそ、この生産方法に資本家的性質を付与するものであり、そしてこの矛盾のなかに、すでに

現代のあらゆる対立抗争の萌芽　が横わっているのです。この新生産方法が、すべての重要な生産部門において、また経済的に重きをなすすべての国々において、支配的となればなるほど、従ってまた、個人的生産が駆逐されて力なき残存物となればなるほど

社会的生産と資本主義的領有との不調和　も、いよいよ明瞭に現れざるを得なかったのであります。

元来、最初の資本家の現れたときには、すでに賃労働の形態が行われていたのであります。しかし賃労働といっても、それは例外として、内職として、一時の手助けとして行われたにすぎなかったのです。ときたま日雇稼ぎに出る農業労働者でも、何段かの自分の土地は持っておったもので、それだけで細い煙は立てていたのであります。またギルドの制度にしたところで、今日の職人も明日の親方となれるようにできていたのであります。ところが、生産手段が社会的のそれに変えられ、それが資本家の手に集中されるようになると、これらの事情は初めて一変しました。個別的な小生産者の生産物は、ますます無価値なものとなって来ます。彼はもう、賃銀をもらって資本家のもとで働くよりほかに、生きる道がなくなって来ます。かつては例外的であり、一時の手助けであった

賃労働がいまや全生産の常態となり基本形態となった　のであります。かつては内職であったものが、い

まや労働者の唯一無二の仕事となったのであります。一時的の賃労働者は**終生の労働者**に変ったのであります。その上、この終生の賃労働者の数もまた、それと同時に起った封建制度の崩壊、封建諸侯の家臣の解体、農民追放、等々によって、恐ろしく増加して来ました。かくて、一方には資本家の手に集中された生産手段と、他方には自分の労働力以外に一物も所有せざるにいたった生産者と、この両者の間の分離が完全に行われたのであります。こうなると、社会的生産と資本主義的領有との間の矛盾が、

プロレタリアートとブルジョアジーとの対立となって、明白に現れてきます。いまや資本主義的生産様式が、商品生産者すなわち個別的生産者から成る社会に入り込んだのであります。ところで、およそ**商品生産に立脚する社会の特徴**は、その内部における生産者が、自分の社会的関係に対する支配権を失っているということであります。各人は自分のために、自分の偶然の生産手段をもって、しかも自分の個人的な交換欲望のために、生産するのであります。誰も、自分のと同じ種類の品物がどれだけ市場に現れるか、そのうちのどれだけが一般に使用されるか、というようなことは知りません、個々別々につくられた生産物が、果して実際の需要を見出し得るかどうか、果して生産者はその費用を償い得るかどうか、否、一体全体品物が売れるかどうか、というようなことは、誰にも分らないのであります。そこに支配するものは**社会的生産の無政府状態**であります。

とはいえ、他のすべての生産形態と同じように、商品生産にも、それに固有で、それから引き離すことのできぬ**独特の法則はある**のであります。そしてこれらの法則は、無政府状態にもかかわらず、この無政府状態

の内部で、かつその無政府状態たることとそのことによって、貫徹されるのであります。これらの法則は、社会的関係が持続する唯一の形式たる交換のうちに現れ、個々の生産者に対しては、強制的な競争の法則としてその力を振うのであります。だから、これらの法則は、はじめは、生産者にも分りません。ただ彼らは、長い経験によって、だんだんにこれを発見するよりほかはありません。従って、これらの法則は、生産者から独立して、そして生産者に対立して、しかも生産者にとってはその生産形態における盲目的な自然法則として、遂行されるのであります。まことに

生産物が生産者を支配する　のであります。

中世の社会、殊に〔ことに〕初期の数世紀におきましては、生産はその本質上、自己消費のために行われました。それは主として、ただその生産者およびその家族の需要だけを充たすにすぎなかったのです。人格的な隷属関係の存する田園などでは、それはまた、封建領主の欲求を充たす上にも貢献しました。だからこの場合には、別段交換というようなものは起らなかったのであります。従って、生産物が商品という性質を獲得することもなかったのであります。農民の一家族は、食料はもとよりのこと、家具でも衣服でも、およそ自分たちの必要とするものは、自分たちでこれを生産しました。ただ自分たち自身の欲求と封建領主に支払うべき現物の年貢とより以上の剰余を生産するようになって、はじめて彼らは商品をも生産するようになったのです。すなわち、

この剰余が社会的交換に投じられて、販売に供されるようになったとき、すなわち『商品』となったわけであります。

なるほど都市の職人は、はじめから交換のために生産せざるを得ませんでした。しかし、彼らも自分たち

の需要の大部分は、自分たちで働いてこれを得ていたのであります。自分たちの菜園や小さな耕地ぐらいはもっていました。共有林には、自分たちの家畜を放っていました。またこの共有林からは、所要の材木や薪炭〔しんたん：燃料〕も取って来ました。婦人たちは、麻や羊毛を紡いだりなどもしておったのです。交換のための生産、商品生産は、やっと発生しかけたばかりでありました。だから、交換は局限されていたし、市場は狭小で、生産方法は固定していました。また、外部に対しては地方的の封鎖があり、内部的には地方的の団結がありました。すなわち

田園にはマルク〔マルク共同体のことでドイツにおける原始的共産体である。起源は土地耕作とともに発生したもので歴史以前に遡るが、その遺習は永く止まった〕

都市にはギルド〔中世ヨーロッパ都市における商人や手工業者たちの職業上の団体でその目的とするところは団結によって手工業者相互の扶助と利益を増進するにあり、それに伴う束縛と制限とがあった〕

がありました。しかるに商品生産の拡大に伴い、殊に〔ことに〕資本主義的生産様式の登場に伴って、いままでまどろんでいた商品生産上の諸法則もまた、ヨリ公然と、ヨリ力強く、作用しはじめました。

古い団結のいましめは解かれ、古い封建的障壁は破壊され　生産者は、ますます個々独立の商品生産者となっていきました。

社会的生産の無政府状態は明瞭に現れ、それはますます激成される一方でありました。けれども、資本主義的生産様式は、社会的生産におけるかかる無政府状態を激甚ならしめたその主なる手段は何であったかといえば、実にこの無政府状態の正反対のものでありました。すなわち、個々の生産設備において、その**生産をますます社会的に組織化すること**　これでありました。資本主義的生産様式は、実にかかる原動力

をもって、古い平和な固定性の終焉をもたらしたものであります。

かかる生産組織が、一たび或る産業部門に採用されると、もうそれはヨリ古い経営方法は如何なるものでも自分のそばに寄せつけなくなりました。それが手工業を占領すると、古い手工業は絶滅されてしまいました。労働界は、いまや一つの職場と化しました。地理上のいろいろの大発見と、これに伴う植民は、販路を数倍に拡大し、手工業からマニュファクチュアへの転化を促進しました。競争は、ただ個々の地方生産者の間に勃発しただけではありません。これらの地方的な闘争は、昂じて〔こうじて〕国民的闘争となりました。一七世紀および一八世紀の商業戦争がそれであります。最後に

大産業と世界市場の樹立　とは、この闘争を世界的なものとすると同時に、これに前代未聞の激烈さを付与しました。個々の資本家の間にあっても、或いはまた、全体としての国家と国家との間にあっても、その死活を決定するものは、自然的または人為的な生産諸条件の潤沢如何であります。敗北者は用捨なく廃除されます。ダーウィン〔Darwin, Charles Robert : 1809～1882〕の個別的生存競争が、自然界から人間の社会に移され、さらに激甚を加えたのであります。動物の自然状態と見られたものが、人類発展の帰結なるかの如き状態を呈したのであります。社会的生産と資本主義的領有との間の矛盾は、ここに

個々の工場に於ける生産の組織化と全社会における無政府状態との対立　として再生産されます。資本主義的様式は、その発端からそれに内在しているところの、矛盾せるこの二個の現象形態をとって運動しています。それは、かのフーリエ〔Fourier, Francois-Marie-Charles : 1772～1837〕がすでに発見していた

逃げ道のない『循環』　に陥っているのであります。しかし、フーリエが、その当時まだ認め得なかった点は、この循環の環がだんだん狭められて行くということであり、またその運動は、むしろ一つの螺旋状を

なすものであって、あたかも遊星の運行のごとく、やがてはその中心と衝突して終焉を告ぐるほかないということであります。生産の社会的無政府状態の原動力は、人間の大多数をますますプロレタリアに変ぜしめるものでありますが、こんどは、このプロレタリアの大衆が、やがてこの生産の無政府状態に終焉を告げさせることとなるのであります。

社会的生産の無政府状態の原動力は、各個の産業資本家に対して、大産業における**機械の無限の完成**　を強制的に命令します。曰く

一瞬一刻も休まずに、その機械の完成に努力せよ、でなければ、お前たちは没落のほかはないぞと。

だが**機械の完成はこれ人間労働の不用化**　にほかなりません。機械の採用と増加とは、少数機械労働者による幾百万の手工業労働者の追放を意味します。そして機械の改善は、こんどは、ますます多数の機械労働者そのものの追放を意味します。それは結局、資本の必要雇用の平均を超過するだけの、遊離せる賃労働者の大群、すなわち完全なる**産業予備軍の生産**　を意味します。産業予備軍とは、エンゲルスが一八四五年に書いた『イギリス労働階級の状態』という書物で命名したものでありますが、それは、われわれがすでに本書の第二章で読んだように、産業の好景気の時期に使用され、これに必然続く恐慌の時期には、用捨なく街頭に投げ出されるものであります。のみならず彼らは、あらゆる時期を通じて、労働者階級と資本との生存競争において、つねに労働者階級の足許にまつわる**重き足枷**　となるものであり、また労賃をば、資本家的要求に適合せる低い水準に引き下げるための、一

つの調節器となるものであります。

ここにおいてかの機械は、マルクスのいうがごとく、労働者階級に対抗する資本がもつ最も強力な武器となり、労働手段は労働者の手から絶えず生活資料をはたき落す道具となり、労働者自身の生産物は、労働者を奴隷につき落す道具となるのであります。このようにして、労働手段の節約は、はじめから労働力の最も無鉄砲な浪費となり、労働をするに当って当然必要な前提を奪いとることとなります。また、労働時間短縮の最も有力な手段であるべき機械が、却って〔かえって〕労働者とその家族の全生涯を悉く〔ことごとく〕資本増殖のために使用されるべき労働時間とするところの、不可欠の手段となります。このようにして一方の人間の過度の労働は、他方の人間の失職の前提となるのであります。

また全地表の上に新たなる消費者を狩り立てる大産業は、国内においては、大衆の消費を飢餓的最低限にまで押し下げることによって、内国市場の基礎を破壊します。前に見た『資本論』第一巻には次のように述べられています。曰く

『相対的過剰人口すなわち産業予備軍を、つねに資本蓄積の範囲や強度と均衡せしめる法則はヘファイストスの楔がプロメテウスを巌に釘付けにしたよりも、もっと堅く、労働者を資本に釘づけにする。この法則は、資本の蓄積に照応する**貧困の蓄積**を生む。』

〔相対的過剰人口または産業予備軍を蓄積の範囲と活力とに絶えず均衡させる法則は、ヘファイストスの楔がプロメテウスを岩に縛りつけたよりもいっそう固く、労働者を資本に縛りつける。この法則は、資本の蓄積に照応

する貧困の蓄積を条件づける。（『資本論』第一巻第七篇二三章六七五ページ）〕

だから、資本主義的生産様式から、何らかちがった生産物分配の方法を期待するのは、ちょうど、二つの電極が電池と結びついているのに、この電池の両極が水を分解しないことを望むようなものであります。また陽極から酸素を、陰極から水素を放出しないことを望むようなものであります。

第二節　資本主義的生産様式の発展

前にわれわれが読んだように、近代の機械の極度に高められた進歩改善が、社会における生産の無政府状態の結果として、ついに個々の産業資本家に対する一個の強制命令となります。この**大産業の巨大な膨脹力**にくらべれば、ガスの膨脹力なんか全く児戯に類するものであります。この膨脹力は、いまやいかなる障害が出て来ようと、これを一笑に付するほどの質的および量的の膨脹慾となって、われわれの眼前に立ち現れています。いま障害といいましたが、それは、大産業生産物に対する消費、すなわち販路、すなわち市場を意味するわけでありますが、この市場の膨脹力は、外延的にも内包的にも、ずっと力の弱い、全然別個の法則によって支配されています。そこで市場の拡大は生産の拡大と歩調を揃えることができないのです。

ここにおいて**衝突**は不可避的となります。しかもこの衝突は、それが資本主義的生産様式そのものを爆破させないと、他に解決の方法などありようがないから、勢い

周期的 とならざるを得ません。かくて資本主義的生産は、一つの新たなる『悪循環』を生み出すのであります。事実、一八二五年に
最初の一般的恐慌 が勃発してからこの方、工業界および商業界の全部、すなわち全文明諸国民とこれに従属する未開および半未開の諸国民の生産並びに交換は、こうしてほとんど
十年ごとに 一度は支離滅裂に陥っているのであります。交易は沈滞し、市場は供給過剰となり、生産物は山と積まれ、販路はなく、現金は姿をかくし、信用は消えうせ、工場は閉ざされ、労働大衆は余りに多くの生活資料を生産したがために生活資料に窮乏し、破産は破産を追い、強制売却は強制売却に次ぐという有様であります。この沈滞が数ヵ年継続し、そして、生産力ならびに生産物が夥しく〔おびただしく〕濫費〔らんぴ〕され、破壊されると、はじめて、この堆積された商品の山が、多かれ少かれ減価されてやっと片づき、こうして再び生産および交換が、そろそろと歩みはじめます。この歩みの歩調は、次第に速度をはやめて早足となり、この工業上の早足はやがて駆足〔かけあし〕に移り、駆足〔かけあし〕はいよいよテンポを増して手放しの疾駆となり、産業上、商業上、信用上および投機上の、完全なる障害物競馬の疾駆を出現し、そして、とうとう命がけの幾飛躍をやった後、再び落ちこむ先は元の恐慌の塹壕のなかであります。しかもこれが、幾度も幾度も繰返されるのであります。われわれはこれを、一八二五年以来、すでに十回以上も経験しております。かつてフーリエが、第一回の恐慌を呼ぶに
『過剰による恐慌』 と名づけたのは、まことによく恐慌のこれらすべての特質を表現しています。恐慌においては

社会的生産と資本主義的領有との間の矛盾が轟然〔ごうぜん〕と爆発します。

商品流通はしばし遮断され、流通手段たる貨幣は流通の妨害物となり、商品生産と商品流通とに関する一切の法則が逆立ちします。かくて経済的衝突はその頂点に達するのです。すなわち生産方法が交換方法に反逆し、また生産力が生産方法よりも肥り勝って、これに反逆するのであります。

〔最初の全般的な恐慌がおこった一八二五年以来、産業界と商業界の全体、すべての文明国民と多かれ少なかれ未開の従属諸国民の生産と交換は、こうしてほぼ十年ごとに一度、支離滅裂になる。交易は停滞し、市場はあふれ、生産物は大量に、売れないでねかされており、現金は姿を消し、信用は消滅し、工場は動かなくなり、労働大衆は余り多く生活手段を生産したために、生活手段にこと欠き、破産に破産があいつぎ、強制競売に強制競売があいつぐ。不況が何年かつづき、生産力も生産物も大量に浪費され、破壊され、最後に山と積まれた大量の商品が多かれ少なかれ減価して放出され、やっと生産と交換がだんだんとふたたび動くようになる。だんだんと歩調がはやくなり、速足になり、この産業上の速足は駆足にうつり、これはさらに速度をはやめてついに完全な産業、商業、信用、および投機の障害物競馬の手綱なしの疾走となり、最後に命がけの跳躍のあと、またもや恐慌の濠のなかにおちこむ。そして、たえずこういうことがくりかえされる。われわれはこのことを、一八二五年以来、これまでに五回経験し、現在（一八七七年）六回目を経験している。そして、これらの恐慌の性格は非常にはっきりしているので、フーリエが〔『産業的・共同社会的新世界』のなかで〕最初の恐慌を過剰による恐慌〈crise pléthorique〉と名づけたのは、すべての恐慌にあてはまる。

恐慌において、社会的生産と資本主義的取得とのあいだの矛盾は暴力的に爆発する。商品流通は一時破壊され、流通手段である貨幣は、流通の障害物となり、商品生産と商品流通の法則のすべてが転倒する。経済的衝突は頂点に達し、生産様式は交換様式にたいして反逆する。（科学的社会主義の古典選書、『空想から科学へ』、石田精一訳、新日本出版社、77～78ページ）〕

これらの恐慌の間において、多数の大資本家が倒れ、更にヨリ多数の小資本家が倒れ、そのために尨大〔ぼうだい〕な資本の集中が行われます。これによって、一工場内における生産の社会的組織が、ついに、この組織と並び且つその上に生存するところの無政府状態と両立すべからざる地点にまで発展しているという事実が、資本家自身にも分って来ます。資本主義的生産様式の全機構は、自分でつくり出した生産力の圧力のもとに、へたばってしまうのであります。資本主義的生産様式は、もはやこの尨大〔ぼうだい〕なる生産手段を、悉く〔ことごとく〕資本に転化することができません。尨大〔ぼうだい〕な生産手段は、手をむなしくして横わっています。だからこそ、産業予備軍もまたむなしく遊んでいなければならないのです。生産手段、生活資料、あぶれた労働者、あらゆる生産の要素と、一般的富の要素とは、いまや有り余っているのであります。しかるに

その過剰が困窮と欠乏の源泉となる（フーリエ）のであります。
なぜかというと、この過剰過多こそが、生産手段や生活資料の資本への転化を妨げるからであります。

およそ資本主義社会においては、生産手段は、予め資本に——すなわち人間の労働力を収取〔搾取〕する手段に——転化された後でなければ、決してその職能を果すことはできないのであります。こうして**生産手段および生活資料の資本化の必要**（生産手段や生活資料が一度資本に転化されなければならぬという必要）が、あたかも怪物のごとく、これらのものと労働者との間に、突っ立っています。実にこの資本化の必要という怪物のために、生産のための物的動力と人的動力との結合が、妨げられるのであります。だから、これは、一方においては、資本主義的生産様式が、この生産力を引続いて管理して行くだけの能力のないことをみずから暴露したのであり、他方においては、この生産力それ自身が、ますます強力に矛盾の廃

棄を迫って、資本たる性質からの自己の解放を迫って、社会的生産力たる自己の性質の事実上の承認を迫って、驀進〔ばくしん〕しつつあるのであります。かように猛烈に増大しつつある生産力が、自己の資本性に対してなすこの反逆は、それを言いかえれば、

生産力の社会性　の承認を迫るところのこのつのる要求は、ついに資本家階級自身をして――資本関係の内部で可能であるかぎり――この生産力を、是が非でも、社会的生産力として取扱うことを余儀なくさせます。かくて際限なき信用の膨脹を伴う高好景気時代でも、はたまた大資本の企業が崩れ落ちる恐慌のときでさえも、

ヨリ多くの生産手段を社会化する企業形態　がもたらされます。諸種の

株式会社　がそれであります。この株式企業の生産機関や交通機関のなかには、例えば鉄道のように、はじめから巨大なものも少くはなかったのであります。他のいかなる資本主義的収取〔搾取〕形態をもって来ても、及ぶまいと思われるほどのものもありました。ところが、或る一定の発展段階に達すると、この形態でもまだ追っつかなくなります。そこで、一国内にある同一の産業部門の大生産者が寄って

トラスト　という生産の統制を目的とするところの、一団体に結合することになります。彼らはまず、生産される商品の総額を決め、それを各生産者の間に割り当て、そして予め確定した売値で販売することを押しつけます。しかし、こういうトラストは、一朝不景気に出っくわすと、すぐにも分裂しかねません。そこで、ヨリ大きな集中的社会化が促進されます。かくて、ついに一産業の全体が巨大な一個の株式会社となり、国内的競争はその一会社による独占に転化されます。このトラストにおいて

自由競争は独占に転化　します。ここにおいて、資本主義社会の無計画的生産は、来るべき社会の計画的

生産に降伏したのであります。

しかしながら、これはまだ何といっても資本家の利益のためであり、便宜のためでありました。だが、そこまで来ると、収取〔搾取〕の跡はあまりに露骨で、もうどうしても爆発せずにはおれなくなります。いかなる国民といえども、このトラストに指導される生産を――すなわち一握りの利潤配当者が社会全体を相手にしたこれほど露骨な収取〔搾取〕を、我慢して見ておれる筈〔はず〕がありません。そこで結局は、トラストがあると否とにかかわらず、資本主義社会の正式の代表である国家が、生産の指導に当らないではおられなくなります。この
国有化　の必要は、まず郵便、電信、鉄道などの大交通機関の上に現れます。とはいえ、株式会社やトラストへの転化も、はたまた国有への転化も、それだけでは、決して
生産力の資本性　を廃除するものではありません。このことは株式会社やトラストの場合には明白でありますが、国有化の場合にあっても、近代国家の特質から、結局同様のことがいえるのであります。これだけでは、労働者は依然として賃労働者すなわちプロレタリアであります。資本家的関係はすこしも廃除されず、むしろその頂点まで押し進められます。生産力の国有も矛盾の解決ではありませんが、しかし、これはすでに、この解決に必要不可欠な技術的条件を包蔵しているのであります。そしてこの
解決　は、たゞ近代生産力の社会的性格を実際的に承認することのうちにのみあり得るのであります。これを言いかえると

生産・領有（取得）・交換の方法と、生産手段の社会化された性質との調和

のうちにのみ存し得るのであります。（終）

解説

鯵坂真・木津力松・福田泰久

私たちは、辰巳経世の遺稿集を編むにあたって、これを三部に分けることにした。第一部は奴隷制の研究論文である。第二部は、1932年に彼が刊行していた『ファシズムの正体』を収録することにした。これは当時の労働運動に関する論文であるが、帝国憲法と治安維持法の体制下で、苦しい戦いを強いられていた状況下での辰巳経世の論文である。第三部は、彼が1935年に刊行した『資本論読本』を収録した。

第一部 「奴隷制論」

まず第一部についていうならば、どのような動機から、辰巳経世が奴隷制に関心を持ったのかは不明であり、推測するしかないが、1923年に関西大学経済学部の専任講師に採用された彼の担当科目は、「経済史」、「英語経済」などであったから、経済史家としてスタートを切った彼は、奴隷制度や農奴制度そして賃金制度などについて体系的・歴史的な研究にまい進していったものと思われる。そしてまず取り組んだのが奴隷制の歴史であったであろう。1925年7月には関西大学日曜講座の一環としての講演「奴隷制度史序説」を行っている。（会場は大阪朝日新聞社）。その間、彼が資料として使用したものは、まず大英百科事典

（encyclopaedia britanica）の中の「奴隷制」についてのJ・K・イングラムの論文であった。イングラム（１８２３〜１９０７年）は、イギリスの経済史家、ダブリンのトリニチイ・カレッジの教授で、大英百科事典の中の多くの経済項目が彼の執筆になるものであったが、この奴隷制史の論文は、この大英百科事典の文章に加筆して単行本としても刊行されていた。辰巳経世はこのイングラムの論文の抄訳を関西大学の紀要である「千里山学報」（１９２６年）に掲載した。これが長谷川如是閑の目に留まり、是非全訳をするようにと勧められたという。しかし原著が当時絶版になっており、日本では入手が困難で、やっと英国の古本屋を通じて入手してようやく全訳を果たし、１９２９年5月に大同書院から、イングラム著・辰巳経世訳『奴隷制度史』（原書のタイトルは『奴隷制度および隷農制度の歴史』）が上梓されている。

その後、１９３０年に関西大学の学生のストライキ事件が起こり、辰巳経世はこれを支援したとのかどで、免職されるという事態になる。また同じ年に岸和田紡績のストライキを支援したなどを理由に、治安維持法違反で検挙されてもいる。しかし、かれは吹田市千里山に住み続け、経済学の研究に一層の力を注いだ。１９３３年には戸坂潤を中心として、唯物論研究会が結成されると、彼は直ちにこれに参加し、会員となる。この唯物論研究会は、治安維持法体制の下で、民主主義と平和主義を守ろうとするすべての政党も労働組合もその他の文化団体なども弾圧されつくしたもとで、当時の軍国主義・ファシズムに抵抗するための最後の砦として多くの学者・研究者を結集した研究会であった。「運動体ではなく、あくまで研究会である」という建前で、彼らは公然と合法的に月刊雑誌を発行し、単行本を刊行した。辰巳経世は唯物論研究会の会員として、月刊雑誌『唯物論研究』に、奴隷制についての論文を二編執筆している。これが本書に収録した『狩猟部族と奴隷制』（１９３４年10月号・12月号）および『奴隷制度と原始キリスト教』（１９３５年1月号）

である。彼は唯物論全書の一冊となる『奴隷制』という単行本を出すことになっていた。そのことは、唯物論研究会の機関誌『唯物論研究』に出版予告も掲載されていた。しかしその後、1938年11月に唯物論研究会の関係者の一斉検挙が行われ、唯物論研究会は活動を停止することになった。そのため辰巳経世の『奴隷制』も発刊できなくなった。誠に残念なことであったが、もし当初の計画どおりこの本が『唯物論全書』の一冊として出版されていたならば上記の二論文はその中心部分をなしていただろうと思われる。

そのほか辰巳経世が生前に発表していた奴隷制についての論文は『辺境支那』という雑誌（副題に「the frontier china」と書かれている。）に掲載された論文で、「アジア後進諸部族の間における奴隷制度」㈠と㈡（1934年3月号・4月号）である。この雑誌は「辺境問題研究所」というところから出されていた月刊誌であるが、おそらく当時、大陸進出を狙っていた日本資本主義がアジア各地の情報を求めて、研究者にアジア各地の人文地理的情報を書かせていた情報誌と思われるが、当時、研究成果の発表の場を失いかけていた辰巳経世がそのことを承知の上で、書いたものと思われる。ペンネーム高野三郎が使われている。この論文もまた辰巳経世の奴隷制研究の一部として記憶されるべきものであろうと考えられるので、これも収録した。

これらの論文で辰巳経世が依拠した文献は、先に述べたイングラムの文献のほか、ニーバーの奴隷制に関する論文が多用されている。ニーバー（1776~1831年）はベルリン大学、後にボン大学の教授でローマ史の専門家である。

その他「奴隷制度と原始キリスト教」においては、カウツキーの『キリスト教の起源』や『キリスト教の成立』が用いられ、また、当時、岩波文庫で出版されたエンゲルスの『原始キリスト教史考』が使われている。

また「狩猟部族と奴隷制」では、モルガンの『古代社会』や、これに依拠したエンゲルスの『家族・私有財産および国家の起源』がよりどころとなっているが、それと同時にニーバーの文献が多用されている。

第二部は、先に記したように、辰巳経世が深い関心を寄せていて、深く関わった労働運動に関する論考である。『ファシズムの正体――労働者農民の敵か味方か』（1932年、労農書房）と題されているが、内容の性格上、雉子邑不鳴というペンネームで刊行された。その内容は、今日21世紀の状況とはあまりにも相違する社会状況から来る議論であって、今日の労働戦線にそのまま当てはめることは出来ない。ここで辰巳は労働戦線の分裂の状態を憂えて、分裂主義者をファシストであるとして、厳しく批判している。当時の労働戦線は、帝国憲法と治安維持法の体制の下で、過酷な弾圧と分裂攻撃のもとにあった。その過酷さは世界にも例を見ないと言われるほどのものであった。当時の日本の労働運動はこれを跳ね返して、団結を勝ち取ることに成功しなかった。当時は国際的にも分裂の片方の右翼的潮流を「社会ファシスト」と呼び、これを徹底的に批判するという傾向があった。1935年にコミンテルンの第7回大会で「反ファシズム統一戦線」が提唱されるが、辰巳がこの論文を書いた1932年は未だそれ以前ということもあった。

この『ファシズムの正体――労働者農民の敵か味方か』の内容については、このパンフレットを関西勤労者教育協会の「戦前の出版物を保存する会」が2015年に復刻した際に、木津力松氏が詳しい解題を書いておられるので、以下にこの解題の文章を掲載させていただくことにしたい。また『資本論読本』については、専門家でもあり、保存会会長でもある福田泰久氏に執筆をお願いした。（鰺坂真）

第二部『ファシズムの正体』

1　著者名　雉子邑不鳴について

辰巳経世は一九三二（昭和七）年八月に、小冊子『ファシズムの正体――労働者農民の敵か味方か』を出版した際に、著者名を雉子邑不鳴（きじむら　ふめい）というペンネームにしている。それには、それ相応の理由があった。というのは三二年五月には、辰巳自身が治安維持法違反で懲役二年、執行猶予五年の判決をうけたばかりであり、その直近に出版する『ファシズムの正体』が特高警察によって治維法違反の再犯であると認定されれば、執行猶予を取り消されるおそれがあった。そのために慎重を期して、実名を避けたのである。

もう一つはペンネーム使用にあたって、辰巳は、「雉子も鳴かずば撃たれまい」という古いことわざを想起し、自分のおせっかいな性分を認識しながら、現住所が三島郡山田村雉子畷（現吹田市豊津）であった地名にもひっかけて、充分な決意をこめてペンネームにしたと考えられる。もしこれが問題になる場合には、叫びをあげた雉子となる覚悟を決めていたのではないかと、想像される。とにかく、これが辰巳の使用した最初のペンネームであり、以後植田正雄、高野三郎、寺本哲夫等々を使い分けていくのである。

2　執筆の動機

辰巳は書中で、本書出版が「拙速」と言われるとしても急がなければならなかったと記しているが、そういう強い問題意識に駆られていた。それは一九三一年から三二年にかけて日本が、対外的には軍部による満州事変、上海事変への侵略戦争の拡大、国内では五・一五事件（海軍将校らによる犬養首相暗殺事件）や、陸軍将校のファッショ組織・桜会を結成してクーデター未遂事件を公然化するなどし、民間でも「血盟団」など右翼団体のテロルが噴出している情勢であった。つまり支配層は、軍部を先頭に財閥をふくめて、三一年経済恐慌の深刻な危機を抜け出すための、新しい政策路線を明らかに軍事ファシズムの強行に求めていたのであった。

これに対して左翼陣営の一部では、情勢評価を資本主義の全般的危機が深刻化し、革命前夜に接近しているかのように見る過大な認識があり、これがファシズムの危機を軽視する傾向をともなっていた。また社会民主主義勢力の一部に社会ファシズム的な潮流が現れていたとしても、それを影響下の労働組合、農民組合までをひっくるめた全体が社会ファシズム勢力であると規定し、主要打撃対象にするという左翼セクト主義の戦術的誤りをおかしていた。このような見解では、軍事的ファシズムにたいする正確な批判を行うことができなかったし、実際に随時現れてくる「社会ファシスト」に適確な打撃をくわえることもなかった。

これにかんして辰巳は、一九三二年に赤松克麿（総同盟）が社民党、全国労農大衆党の一部をまきこんで日本国家社会党を結成し、陸軍将校とも連携をもってファシスト運動に乗り出したことを、「最も警戒しなければならぬ」「この一派の欺瞞性、反革命性を、最も徹底的にばくろすることが必要である」と力説した。なぜなら社会ファシズムは中国その他にたいする侵略行為が、ある種の「社会主義」的政策に帰結するかのように宣伝し、それが天皇制支配下での「資本主義の打破、国家統制経済の実現、社会主義の樹立」であるという欺瞞的な主張をくりひろげていた。辰巳は、この「本質をはっきり知ることこそ、ファシズムに対する闘争の第一歩だ」と警告した。これが彼の『ファシズムの正体』を執筆する動機であった。

3『ファシズムの正体――労働者農民の敵か味方か』の要点

辰巳書『ファシズムの正体――労働者農民の敵か味方か』の目次をくると

一、ファシズムとは何か
二、世界資本主義は今どんな風に行き詰まっているか
三、没落に瀕せる日本資本主義
四、日本におけるファッショ運動

の各章によって構成されている。その要点を『小伝』解説から転用すると、第一に、辰巳は各章タイトルには「世界資本主義の行き詰まり」とか、「没落に瀕せる日本資本主義」というような、過激に受け取られる表現を使っている。しかしそれを説明した内容では、冒頭でコミンテルン第二回大会のレーニン演説を引用して、支配階級が「なんらかの譲歩によって」、また新しい抑圧手段によって労働運動の一部分を買収するか、「打ちのめす可能性」さえあることを述べて、くりかえし「ブルジョアジーにとって絶対に逃げ道のない情勢というものはない。」「国内では勤労大衆に対する犠牲の強要と革命運動に対する暴力的弾圧によって、外に対しては帝国主義的侵略」によって打開しようとする危険な策謀をめぐらしている。それを警戒しなければならない、これが帝国主義者の新しいファシズムの戦術を発生させている、と訴えていた。

第二に、それでは「ファシズムとはなにか」を説明している。ファシズムが最初に台頭したイタリアの言葉では「ファッシ」は戦闘的団体を、「ファシスト」はその所属員、「ファシズム」はそのイデオロギーを表すという。辰巳は「言葉はどうでもよい」、その社会的思想的に反動的な役割を果たしていることをしっかりと認識し、萌芽状態のうちに粉砕することが重要だと指摘した。とくに労働運動の内部で、赤松一派に同

調する中間派社会民主主義の全国労農大衆党（労大党）が現れてファッショ化を促進しつつある動向に、強い警戒心をそそいでいた。

第三に、辰巳は日本におけるファシズム運動が天皇制、そして日本資本主義の特殊性と結びついていることを詳しく論述した。日本資本主義が当面する昭和恐慌から脱出をはかり、満州事変にはじまる対外侵略を拡大しつつある事態は、まさに田中義一（首相）が天皇に提出した「上奏文」のストーリーに沿った軍の行動を示している。

辰巳はここで、「この侵略戦争反…中国本土に対する第三次の、今までよりも遥かに大規模な侵略戦争として始められるであろう。…情勢如何によっては日本帝国主義が対米戦争を通じて、第二次世界帝国主義戦争の立役者となるべき充分な可能性を」もっていると断定した。その後の進行過程は、日本帝国主義が三七年に日中戦争を中国全土に拡大し、四一年に太平洋戦争に突入してゆくのであり、辰巳はそれを三二年段階で予見したのである。日本ではまだコミンテルンの三二年テーゼが入手できていない時期に、このことを指摘した辰巳のパンフレットは卓見に値した。

第四に、辰巳は日本のファシズム運動が天皇主義的な右翼団体、それと直結する軍部のファッショ的グループ、その背後にあった軍首脳部、さらに一部の社会ファシストをふくんで展開されていることを分析した。

右翼団体、軍部グループは天皇主義、愛国主義、排外主義を看板にした、いわば天皇制ファシズムであった。しかし社会ファシズムは「資本主義の打破、国家統制経済の実現、社会主義の樹立等」をかかげ、その「指導者たちが、以前に無産階級運動に参加しておった経験によって、…巧みに勤労大衆を引きつける策として、こういう革命的に見えるスローガンを掲げているのだ。ここに彼らの欺瞞性があるのだ。労働者・農民は、その手に乗っちゃならないぞ。」と警鐘を鳴らした。

本書において辰巳が、講座派と解党派、労農派との論争には関与しなかった問題については別の機会に解明をゆずらなければならないが、『ファシズムの正体』出版が『日本資本主義発達史講座』発行時期に連続しており、内容上で両者間に科学的達成度の甲乙を隔てるとしても、天皇制支配権力がファシズムに針路を向けたことを先駆的に告発し、日本の独占資本主義がそれを推進した点の批判等々で、同一の方向性をもっていたことは評価に値すると考えている。

4『ファシズムの正体』刊行以後の辰巳経世

一九三二年以後にヨーロッパでは、ドイツ、イタリアでナチス政権、ファッショ政権が成立して猛威をふるい、他方で共産党をはじめとする民主勢力はフランス、スペインにおいて、選挙を通じて人民政府を樹立する前進を得ていた。中国における抗日民族統一戦線も、紅軍の長征以後に新たな発展期を迎えていた。

このような情勢のなかで辰巳経世は『ファシズムの正体』刊行以後に、どのような軌道を進んだのであろうか。彼は『社会運動通信』一九三三年五月三〇日・三一日付けで「京大問題批判　ナチスの焚書は対岸の火災ではなかった」を寄稿している。ここで京大問題としているのは有名な「滝川事件」であり、滝川幸辰教授（京大）の刑法理論が国体と相容れない赤化思想だと攻撃し、文部省が休職処分にした。これが三三年五月であって、辰巳はただちに紙上で「滝川事件」学問研究の自由に対する弾圧に抗議した。

辰巳は上記の『社会運動通信』紙上で、この「暴挙に抗議するに足るだけの力、…手段を必要」とすること、全国大学の教授、学生が結束して統一行動に決起すること、「筆者自身も亦その一兵卒たらんことを誓う」とのべた。これは内外の世辞を喚起して、萌芽的な人民戦線運動をめざしたことになるのであるが、その結末は第一に、強固であった大学教授陣の結束が次第に分裂させられるなかで、広範な知識人を結集した「学芸自由同盟」が結成されている。第二に、京大を中心とする関西地方の学生運動を高揚させた。第三に、京都を発信地とする「リアル」「世界文化」「(週刊)土曜日」「学生評論」などの民主的出版、読書会活動が展開された。これらの民主主義擁護運動が進行する過程には、辰巳の形影、相伴う動きのあったことが認められている。

三四年一一月には「唯物論研究会」第三回総会に、辰巳は大阪支部を設立して出席し、幹事に選ばれている。また体系的な「唯物論全書」が発行されるなかで、辰巳書『奴隷制度史』も予定されていたが、原稿のままで中絶していた。おそらくコム・アカデミー事件(一九三六年)弾圧の影響であったかと推定されるのであるが、最近にいたって発見された未定稿は復刻出版の企画が進んでいるという喜ばしいニュースに接している。このことは鯵坂氏によって逐次、ご教示をうけた。

一九三五年七月にコミンテルン第七回大会が開かれて、反ファシズム統一戦線の方針が発表されたことは、辰巳にとっても衝撃的な影響をもたらした。この報道記事は『改造』『労働雑誌』などが早期に紹介したが、ディミトロフ、エルコリらの報告本文はしばらく入手できなかった。(宝木寛、藤井英男がディミトロフ報告を共同して、翻訳する作業を始めたのは、三六年三月であったといわれる。宝木寛『レジスタンスの青春』九二頁)

辰巳「年譜」によれば、このとき辰巳はアメリカから入手した同大会決議の一部（米共産党機関紙「デリー・ワーカー」からであろうか）を翻訳し、灰井正二がガリを切り、奥野芳三郎が印刷するという共同作業で、秘密裏に普及している（三五年一一月）。おそらくそれが、特高資料に残っていた偽装表紙の「トランプの占い方」であり、日本共産党関西地方委員会名による序文がついていた。内容は、大会議長・ウィルヘルム・ピークによる議事報告であった。これが日本に伝えられた最初のコミンテルン第七回大会の決議原文であった。

この頃の日本共産党関西地方委員会は、分裂組織であった。「多数派」の活動家が大半、検挙され、残留部隊は「国際通信」などの批判を受け入れて「多数派」組織の誤りを清算する過程にあった。辰巳は、この関西地方委員会と何らかの連携を保持し、人民戦線の運動に協力する関係を持っていたと思われる。これが大阪港南地区における労動戦線の全的合同運動、さらに、それを人民戦線の結成に発展させようとする構想で社大党に働きかけつつあった。この陰の指導的役割を果たしていたのが辰巳であった、とされる。

大阪港南地区の労働組合の全的合同、人民戦線運動は、総同盟本部の妥協的な「全国労働総同盟」の結成をもって鎮静させられ、党関西地方委員会は一九三六年一二月の一斉検挙にあって破壊されている。辰巳経世はこの弾圧をまぬがれているが、人民戦線運動との連携はこれをもって終息して、社会運動からの窒息状態に陥らざるを得なくされた。

そのなかで辰巳は、三六年二月に行われた総選挙の結果を論評して、遺稿となる未完成論文を残しているが、それを本書第二部『ファシズムの正体』の付録として付けることにした。（木津力松）

第三部　『資本論読本』

第三部は、『資本論読本』（１９３５年10月清和書店版）である。辰巳経世は１９３５年という早い時期に、『資本論』全巻を視野に入れた解説書として、この書物を書いた。内容は小冊子ではあるが、優れた仕事であると思われる。

彼が用いた邦訳本は高畠素之訳であることは本書の注から明らかである。日本において『資本論』の邦訳が出版されたのは１９１９年からである。福田徳三門下の松浦要訳『全訳資本論　経済学の批評』（第３篇まで、第１～２分冊のみで、１９１９年９月～12月刊）が最初で、つづいて生田長江訳『資本論』（第２篇まで、１９１９年12月刊）である。第二次世界大戦以前に『資本論』全巻を完訳したのは高畠素之訳だけで、最初の翻訳は１９２０年６月～１９２４年７月（全９冊）大鐙閣（関東大震災で倒産）・而立社（大鐙閣を引き継ぐ）刊。しかしこれはかなりの悪訳であったので（高畠氏本人が認めておられる。）すぐ改訳に着手され、１９２５年～１９２６年に全巻改訳され４分冊として新潮社から刊行、つづいて新改訳版が５冊として１９２７年４月～１９２８年４月までに改造社から刊行された。この改造社版は廉価版で発行部数15万冊になったといわれている。辰巳経世が『資本論読本』で使用したのも、この改造社版である。この版は戦後も出版されている。もちろん辰巳は英語版『資本論』も使用したと思われる。

高畠訳の弱点を克服する試みは、河上肇・宮川実・長谷部文雄氏等によって行われているが、戦前は第一巻の途中で終わっていて、戦前の『マル・エン全集』（改造社版）の『資本論』も高畠訳である。『資本論』の解説書も河上肇著『資本論入門』（１９３２年）は有名であるが、他の人々（川上貫一も含めて）もほぼ第一巻の途中で終わっており、辰巳経世の『資本論読本』のみが全巻の解説を行っている。その意味で辰巳経世の『資本論読本』は偉大な役割を果したと思われる。

辰巳経世の『資本論読本』は、その序文で「何よりも一気に通読のできる、もっとも簡潔な、それでいて『資本論』の精神を誤り伝えないような、それにもう一つ、欲を言えば、読者に充分な興味を持って貰えるような『資本論』の入門書を作る」ことを執筆の動機と記している。この動機について、木津力松氏が「『資本論』の核心を把握させ、労働者階級の先進部分にその歴史的使命を自覚させようとする辰巳の熱望がほとばしっていた」（本書三三一頁）と述べておられることには同感である。

辰巳がそのために「何らかの権威ある原典に依ることが必要」であったとして、フランツ・メーリングの精彩ある解説に拠ったと書いている。メーリングの著書のなかでそれにふさわしいと考えられるのは、現在、国民文庫から出ている『マルクス伝』（2）、栗原佑訳の第9章5『経済学批判』、第12章『資本論』だと思われる。

辰巳経世がいつ頃から「資本論」の研究を始めたのかは正確にはわからないが、きっかけは、関西大学内の社研・学生運動への協力または大阪労働学校講師として労働組合運動と接触したことなどにあると思われるが、確実なことは、梯明秀、本田喜代治、川上貫一、辰巳経世の四人で1928年・29年に行われた資本論研究会だと思われる。

辰巳経世の『資本論読本』のすぐれたところを挙げてみると、先ず、冒頭の「資本主義的生産様式が支配している諸社会の富は、『商品の巨大な集まり』として現われ、この商品はその富の要素形態として現われる」を引用し、「これはマルクスが社会の一定の歴史的形態を研究していることを示すもので」あると述べている。つづいてマルクスは「ブルジョア社会の生存条件を人間一般の生存条件として深化した経済学者たちを嘲笑しています」。と記しており、これはマルクスが研究しようとしているのは、社会一般でなく、資本主義的生産様式だということを明確に指摘していて、重要である。

第2章第2節のなかで、労働日の長さをめぐる闘争（『資本論』第8章労働日）について、マルクスが「イギリスの資本家階級と労働者階級とが、労働日をめぐってたたかった50年にわたる内乱を、きわめて鮮明に描いています」と述べ、とくに「10時間法（1850年追加新工場法）の通過によって労働者階級が資本家との自由契約により自分自身や自分たち兄弟が死と奴隷とへ売り渡されることを妨げる強力な社会的防塞をたたかいとった時代」と高く評価していることも、今日の日本の「過労死」「過労自殺」の多発と関わって大切な指摘である。

第3章第5節、全三巻の総括において「日々の闘争における労働者の精神的武装」にとって「はかりがたき価値をもった洞察で充満しています」と述べ、その一例として恐慌についての誤った見解、労資協調論を克服するため「過少消費説」についてのマルクスの文章（第2巻20章単純再生産の第4節を長く引用）を引用して「恐慌は単純に、資本の運動の不可避的な結果として生ずるものであります。その資本の運動たるや、実に兇暴熾烈な蓄積への欲求、増大への欲求によって、たちまちにしてあらゆる消費の垣根を乗りこえることをつねとします」と述べ恐慌の本質に対する根本的な洞察を行うことの重要性を指摘している。この事も恐慌の理解について極めて重要である。

辰巳経世はできるだけ引用をさけ、平易な文章で書いているので八〇年前の文章だが、是非丁寧にお読み下さることをお願いする。（福田泰久）

辰巳経世の生涯と業績 —— 東の空に暁星はまたたく

木津力松

辰巳経世（一八九九〜一九四二年）の生涯をふりかえってみると、彼が社会主義的な文献に眼をひらかれて、理論活動を開始したのは一九二〇年（二一歳）頃であり、数年後には大正デモクラシー期は終りを告げて、社会全体が昭和恐慌と侵略戦争への動乱にまきこまれていく時代であった。このなかで彼は、治安維持法による弾圧や結核重症化などの試練に見舞われたが、屈せずにマルクス主義経済学の戦線に列して軍部ファシズムとたたかい、病魔に倒れたのは一九四二年（四三歳）であった。実に劇的で、科学的精神を凝縮した人生を走りぬいたのであるが、その決定的分岐点は一九三〇年であったと思われる。

前年にイングラム著『奴隷制度史』を編訳出版したばかりの辰巳は、関西大学で起こった学生ストライキを支持したことを理由に同校専任講師、第二商業学校教諭を解任され、同時に第三次共産党事件（昭和五年二月事件）に関連して治安維持法違反で検挙された（七月七日）。予審終結決定によると、彼が共産党への資金供与、被疑者（三羽嘉彦ら）を隠匿し、大阪・岸和田紡績のストライキにも関与したことが容疑事実にあげられていた。

数ヶ月におよぶ拘留、取調べで辰巳の肺結核は悪化し、年末に仮釈放、三二年五月に懲役二年、執行猶予五年を判決された。病状からみて二度目の検挙にあえば、生死の危険にさらされることが、誰の目にも明らかであった。にもかかわらず辰巳は、急迫する情勢に身を挺してペンネーム・雉子邑不鳴（きじむら　ふめい）で『ファシズムの正体―労働者農民の敵か味方か』（労農書房版）を執筆、出版した。文中で彼が、この時期に第二次世界大戦の切迫を予見していたことは、まさしく卓見であった。

これ以前の少、青年時代をふりかえると、彼は和歌山県伊都郡恋野村大字赤塚三二七番地で父田中熊吉、母マサの三男として生まれ、本名は田中常世であった（兄姉弟に一女四男）。家は貧にして、父は一九〇七年に病没し、常世は九歳で辰巳重太郎家の養子となり、奈良県吉野郡賀名生村大字老野三七番地に移った。学歴をみると田中家で、常世は恋野尋常小学校に数え年六歳（一九〇四年）で入学し、辰巳家に移って賀名生尋常高等小学校六年を卒業した（一九一〇年）。つづいて奈良県立五条中学に一年後れて二年一組に編入学したが、ここでも学費に窮して三年で中退した。養家は筏流しを業とし、常世は父と労働を共にした。

一九一四年には五条区裁判所の給仕に就職したが短期間でやめ、向学の志やみがたく、養父の貯金通帳を無断で持ち出して大阪へ出た。本屋の丁稚奉公をしたともいわれるが、この年内に大阪中央電信局給仕、翌年には大阪西部逓信局通信生養成所を経て、一六年に神戸市兵庫区和田崎郵便局、一七年に大阪中央電信局に勤務した。一八年に結核性胸膜炎を発症して入院、一年以上は療養しなければならなかった。この時に辰巳は、大阪市内での米騒動を見聞したであろうし、すでに一九年一月創刊の河上肇個人雑誌『社会問題研究』を愛読していたと推定できる。一九年夏には大阪中央電信局に復職し、関西大学専門部の入試に合格して、夜間通学（当時関西大学は実質、専門学校で福島区にあった）に励んだ。

年末には電信局を退職して、昼間は豊能郡南豊島小学校（現豊中市）の代用教員をやり、夜は関西大学に通った。二一年夏、関西大学弁論部夏季遊説隊に加わって米子、姫路で弁舌をふるうなかで、妻となる清水チエと知り合い（姫路・山陽座）、二二年一月に結婚して夫婦別姓をつらぬいた。

二二年三月に関西大学専門部経済科卒業、同校高等研究科に進み、大学が校内誌「千里山学報」を創刊すると、辰巳経世が編集主幹に就いた。編集委員・三島律夫、森川太郎、霜村盛郷、神屋敷民蔵らと学報局で活動し、「学報局は、同窓生の若い活動家たちの育成所となり、有為の人材を輩出した。辰巳はこのグループの第一の理論家であった。初期の学報には、彼の才気縦横の論文が数多く掲載されていた」（『関西大学七〇年史』五六年三月関西大学）とされている。

二三年に関西大学専任講師、この後に第二商業学校教諭を兼任し、二七年からは大阪労働学校講師として経済学、課外講座を担当した。労働学校への着任経過がよくわからないのであるが、関大内部での学連活動家との共同、社研運動の延長であったのか、労働学校講師に先行していた関西大学教授・岩崎卯一の手引きによるものであるのかなど確定しがたいが、いずれにしろこの時点で辰巳は労働組合運動にひきつけられた。同時に遭った三・一五事件にも衝撃をうけ、さらに二九年三月に労働学校第二十期終講式が行われた際には、山本宣治暗殺にたいする抗議、追悼を行う行事と重なって、校長・森戸辰男が弔辞をのべた。辰巳はこの席に連なって、自らの進路にたいする決意を新たにしたと想像させられる。これに続いて三〇年に、前記した自らの治安維持法弾圧にあうのである。

辰巳人生の後半期、一九三〇年以降の活動を回顧すると、そこには彼を敬慕した学生活動家たちとの共同、協力が、美しい師弟愛を点綴しながら展開する。辰巳は三五年を前後する期間を人民戦線の運動に集中しているが、それには数人の学生活動家、灰井正二、奥野芳三郎、桑原録郎、川上謙一郎、馬淵薫、木村繁夫らが特高警察の弾圧網をくぐりながら協力し、三六年にコミンテルン第七回大会議事録の翻訳・印刷、普及に力をつくした。

人民戦線運動の頂点を示したといわれる大阪・港南地区労働組合の合同運動、社会大衆党への働きかけ等で辰巳が指導的に活動したことが関係した諸氏によって語り伝えられ、党関係では和田四三四、吉見光凡、藤井英男、原全五、細川三酉らが辰巳とともに活動したこと、連絡していた党関係者は黒木重徳、沢田平八郎、平葦信行におよんでいる。

三七年に春日庄次郎らが日本共産主義者団を結成し、辰巳にも参加を要請するが、彼は「団」の左翼セクト主義を誤りとして批判し、春日は逆に辰巳を「解党主義者」として非難したが、論争は「団」の弾圧によって中断した。

この時期の辰巳の理論活動は、唯物論研究会（幹事）、ソヴェト友の会（幹事）などで大阪支部の活動を支え、各機関誌への寄稿には注目される提言を含んでいた。三五年には主著となる『資本論読本』を出版した。

これらの理論活動の対象は軍部ファシズムにたいする批判、京大・滝川事件への抗議運動、日本資本主義の特殊性や奴隷制度史の研究、そしてソヴェト・ロシヤの社会、経済の実情紹介・翻訳（ニューヨーク、ヴァンガード・プレス社の企画したシリーズ）など多方面にわたっていた。それには川上貫一、長谷部文雄、笠信太郎、梯明秀らとの緊密な交流が精神的実際的支柱になっていたと思われ、川上貫一の三女・千年（ちとせ）の自死にたいして捧げられた文集『川上千年』に寄せた辰巳の一文は、他を感動させるものであった。

辰巳は詩誌『詩精神』同人にも加わり、三五年愛媛県松山での療養期間につづいてまとめた詩集『東の空に』（三六年一二月　文砦社）を、ペンネーム・寺本哲夫で出版し、森山啓が序文を付した。

一九四一年一二月、太平洋戦争が勃発すると特高当局は「非常措置」による一斉検挙で、辰巳にも襲いかかった。チエ夫人が必死で抗議、しがみついて防衛したこと、警察側に関西大学卒業生がいて同調したことでどうにか難をまぬがれたが、彼は「数日前に『資本論』などを疎開しておいてよかったな」と、夫人と顔を見合わせて笑ったという。

翌四二年八月一六日、辰巳の結核症状は悪化して、臨終の時をむかえると、「経世は死んで行きますが、歴史はみじんのくるいもなく正しい方向にすすんで行くのをかたく信じて安心して死んで行きます」と語った。科学的社会主義の世界観、人生観を全うした、澄みきった境地に立っていた。これにこたえるかのように告別式案内状には、友人代表として高野岩三郎、古野周蔵、岩崎卯一が名を連ねた。

辰巳経世の研究業績

辰巳経世は自著について「…過去ニ於テ出版サレタル著書、訳書等約十種、研究雑誌ニ発表セル論文約五十篇」と記していたが、再確認すると訳書はイングラム『奴隷制度史』（一九二九年）、プレールスフォード『ソヴェト・ロシヤの政治機構』（三一年）、クラウザー『ソヴェト・ロシヤの産業と教育』（三一年）、ザピールライヒ『フロイド主義と唯物弁証法』（三二年）、リリー・ケルパー『ソヴェト女工の日記』（三四年）であり、著書では雉子邑不鳴『ファシズムの正体』（三二年）、辰巳経世『資本論読本』（三五年）、寺本哲夫『詩集　東の空に』（三六年）の八種であり、雑誌・新聞への論文掲載は「千里山学報」「婦人」「婦人運動」「社会事業研究」「社会運動通信」「社会」「今日のロシヤ」「西の開拓者」「唯物論研究」「歴史科学」「学生評論」「辺彊支那」等に、各種のペンネームを使って七五篇が数えられる。その他に相当量のノート、完成または未完成原稿を残しているが一部は逸失し、データーベース化はできていない、公刊の企画も今のところ立っていない。辰巳自身のイデオロギー、問題意識、研究成果はこれらの雑誌論文、原稿類により直截に表現されていると思うのであるが、一般に知られないままに眠っている。以下において、その骨子を紹介することで幾分でも当を得るとすれば、筆者（木津）望外の幸いとしたい。

1　初期三論文―辰巳経世の思想形成期

辰巳執筆の初期三論文というのは、いずれも未発表原稿で「教育制度寸見」（一九二〇年五月以降[1]）、「生存競争と相互扶助―ダーヰニズムの一考察」（一九二〇年一二月）と「随想録」（一九二三年三月）を指している。

処女論文「教育制度寸見」は冒頭で現行教育制度には欠陥があり、それは社会制度に根源があるとし、「今日の教育制度は富者の子弟にのみ学ぶことを許し、…社会組織は貧児に教育を受くる機会を与えざる」害悪を冒していると弾じた。彼は、人間に固有な生存権、その平等の権利を尊重することを前提として、諸個人の間に現れる自然的な身体的優劣、賢愚などの差のあり得ることは認め、それにもとづく社会的分業の合理性も承認していた。しかし現実は「貧富の懸隔…即ち各個人間に於ける経済的不平等こそ、実に一切の不合理なる社会的不平等の源泉で」あり、「教育上の不平等も亦、此の経済的不平等を根源として成立する不合理なる差別」であると結論した。「教育制度寸見」の論調は倫理的人道主義的な色彩がつよく、辰巳は自らが苦学した体験にもとづいて現存社会の根本的矛盾―経済的不平等の原因をつきとめようとする強い意欲を表していた。

二五年初めには、全関西婦人連合会が主催した女子教育にかんする報告集会に、岩崎卯一教授とともに出席した辰巳は、「教育の機会均等と女性」と題して発言した。ここでは、カントの「教育を通じて、人間は真の人間となる」を引用し、後天的教育の重要性を強調するとともに、それを阻害する要因がヨコ系列では経済的不平等の差別、タテ系列では男女差別、家父長制度によって固定されていると批判した。同時に、このような抑圧も女性・児童を低賃金労働に引き入れ、それが「下層階級における女子」の社会的独立傾向を強めるにともなって崩れてゆくことを予言し、男女の共学を支持した(2)。

第二論文「生存競争と相互扶助―ダーキニズムの一考察　附・クロポトキン相互扶助論瞥見」では、二つの問題を論じた。一つは論文執筆の動機が、同年一月に起こった東京帝大教授・森戸辰男弾圧事件であったとしている。森戸教授が経済学部機関誌『経済学研究』創刊号に掲載した「クロポトキンの社会思想の研究」が右翼の攻撃するところとなり、雑誌は発禁、森戸は編集責任者の大内兵衛とともに休職、禁錮刑、学位記返上を命じられた。このことは学校教育の不平等が経済的原因から起こるだけでなく、国家権力の政治的抑圧によって学問研究の自由が侵害されていることを辰巳に痛感させた。

もう一つは、森戸論文がクロポトキンの生物学説、経済、社会学説の断片をのべただけで、辰巳にはものたりなかった。彼は英訳原文の「相互扶助論」を入手し、クロポトキンがシベリヤで観察、研究した生物学上の成果をつきとめ、心を動かされた。自然界には生存競争とともに、相互扶助の法則が厳然と存在することを発見し、クロポトキンへの敬意をそそいだ。しかし大杉栄のいう無政府主義、クロポトキンの政治的主張には同調しなかった。

第三論文「随想録」は、冒頭で「私の精神的及び社会倫理的経験に就いて、いくらかの雑録を遺したい」と前おきし、一九二一年起筆としている。実際には「千里山学報原稿用紙」を使用していることからみて、書きためたものを二三年二月から三月一九日に改編したのではないかと思われる。[3]

「随想録」は十数項目にわたって、資本主義生産の発達史にかんする労働、流通、消費などの諸事項、アメリカの郵便制度やモスクワ大公の塩運搬にたいする意見などを書き留めている。それは古典―近代経済学の系統での経済史研究であり、当時学内では経済学部門の強化が叫ばれた時期であり、辰巳の専攻であった経済史研究は森川太郎の金融資本研究とならんで注目されていたと推測できる。[4]

以上、初期三論文に見られる辰巳の思想形成は、教養向上を通じて倫理的な社会正義の実現をめざす見地であり、当時の大正デモクラシーの高まりを吸収して、マルクス主義、科学的社会主義へ接近する途上にあったと考えられる。

2　奴隷制度史研究

辰巳経世の奴隷制度史研究はJ・K・イングラム著『奴隷制度史』（初版一八九五年）の翻訳（大同書院刊一九二九年）が知られているが、訳出は二五年「千里山学報」三二号に始まる。『資本論』研究に没頭する以前であり、この原著を辰巳は、大英百科全書一一版二五巻で読んでいた。ここには省略された部分があり、辰巳は旧九版二二巻で補充し、原著書の入手困難について記している。その後にも彼の蔵書中で原書

(大英百科全書旧九版)は発見できなかった。

同書刊行以後ではH・J・ニーバー著『産業組織としての奴隷制』(初版一九一〇年)を三二年五月から三三年三月まで『社会事業研究』誌で翻訳し(ペンネーム・植田正雄)、第一章をタイトル「奴隷制度の意義及びその類似的諸現象との差異」、第二章を「現存世界における奴隷制度の分布状態について」として連載した。ところが「最後の月に(一九三三年三月号)、大阪府社会課内に起った或る出来事に関連して」中断せざるをえなくされたとしている。ここで「或る出来事」というのは、論文掲載を斡旋した大阪府社会課にいた川上貫一の検挙事件であったと推測される。その後も辰巳はニーバー著書完訳を期して、『辺彊支那』誌(辺彊問題研究所三四年三月)で継続し、ペンネーム・高野三郎「アジア後進部族の間における奴隷制度」として連載した。

さらに戦時下の一九四一年九月までに、R・H・バロウ著『ローマ帝国における奴隷制』(初版一九二八年)の第二章第五節までを自己のノート五冊に訳しつつあった。これらの事実は研究史として、いまも記録にとどめるべき価値を有すると考えられる。

この訳業を紹介する紙幅はなく、割愛せざるをえない。ここではただ、辰巳が奴隷制史論の核心として重視した問題項目をあげるにとどめる。それは辰巳各訳書序文でもふれているのであるが、より総括的に『唯物論研究』二四号・二六号「狩猟部族と奴隷制度」(上)(下)、同二七号「奴隷制度と原始キリスト教」の二論文によって展開された。

奴隷制研究の全体を通じて彼の理論的関心は、(1)奴隷制の定義、(2)現存世界での奴隷制状況の解明、(3)奴隷制社会の階級対立、(4)奴隷解放への展望などの諸点であった。

注釈を試みると第一に、奴隷がたんに奴隷所有者の財産であるというだけでは社会科学的な定義として不充分である。近代資本主義が賃労働制度を基礎として成立したのと同様に、奴隷制度の発生、発展、衰滅を決定したのは奴隷労働の発展であり、辰巳は、その社会的労働過程を検証して、狩猟、漁労労働への奴隷使用から、定住し村落生活が一般化したこと、牧畜、農業が社会的分業として発展し、奴隷労働がそれを推し進めた発展過程の研究を重要視した。

これはエンゲルス『反デューリング論』（強力論）の奴隷制記述に合致し、辰巳が剰余価値学説史の理解を進める過程とも重なり合っていた。（同「強力論」結び、附録『反デューリング論』のための準備的労作から〈国民文庫版〉を参照されたい。[5]

第二に辰巳は、奴隷制度が衰亡してゆく各国の歴史的事実を追究するとともに中世、現代におよんで奴隷制度の残存する状況、その影響を研究した。これについて「具体的実証的基礎づけ」となる文献は希少であり、マルクス主義の陣営がより努力すべき責任のあることを彼は強調している。[6]

二一世紀の現代も奴隷は存在しており、地球上で二一〇〇万人が人身売買、児童労働、性的搾取などの奴隷状態にある（ＩＬＯ調査）とされ、国連は毎年三月二五日を「奴隷及び大西洋奴隷貿易犠牲者追悼国際デー」にきめて、廃止運動を促進している（「しんぶん赤旗」二〇一四年三月二七日）。現代史においても重要な奴隷制度にかんする研究は、戦後に刮目すべき発展をとげて今昔の感が深いが、基礎的研究において辰巳のはたした役割を忘れてはならないと思う。[7]

第三に奴隷制社会における階級対立、農奴制への法則的な発展をつかもうとする辰巳の努力は、論文「奴隷制度と原始キリスト教」（『唯物論研究』二七号）に集約されている。辰巳は、キリスト教のはたした進歩的役割を認めつつもその限界を批判し、それと対比してスパルタクスにいたる大規模な反乱が反復し、ローマ国家を動揺させた事実をあげている。時代は、エンゲルスがのべたような「奴隷制に基礎を置くあらゆる生産と、その生産に基礎を置く共同体は、この矛盾にぶつかって没落する」(8)時期を迎えていた。奴隷制内部に発展した階級矛盾はすでに、さまざまな経路で自由を獲得する奴隷の数を増加し、〝自由帽(9)〟をかぶる奴隷が増えていた。相次ぐ大規模な奴隷の反乱、そして旧体制の内部で自由を獲得しつつある奴隷各層の経済的社会的成長が隷農制へ、さらに農奴制への道を切り開きつつあった。

3　辰巳経世著『資本論読本』

辰巳経世著『資本論読本』(三和書房版)「あとがき(清水チエ)」によれば、「(結婚した一九二二年)当時彼(辰巳)は『資本論』の研究に没頭していた」と記している。関西大学戒田郁夫教授も辰巳の『資本論』研究の早期性を認めておられるが、(10)辰巳の初期論文「随想録」や教室用「経済学講義案」(一九二六年)には、『資本論』の核心的命題はまだ表われていなかった。

河上肇にも、著書『資本主義経済学の史的発展』(一九二三年)にたいする櫛田民蔵らの批判を受けてマルクス主義経済学の「やり直し」を決意し、『第二貧乏物語』(一九三〇年)、『資本論入門』(一九三二年)の発表にいたる研鑽があったように、辰巳にも二七年以後、大阪労働学校講師を経て『資本論』研究を必須とするなんらかの契機に直面したのではなかったかというのが筆者の観測である。その契機とは学内の社研、学連運動への協力や学生ストライキへの関与、または大阪労働学校で労働組合運動と接触したことがあり、二八年ごろには学内で辰巳の熱情的な『資本論』講義を聞いたという証言がある。

彼が本格的な『資本論』研究に入った、もっとも確実な時期としては梯明秀の発言がある。[11] それによると「…社会学者の本田喜代治氏と親しくなって、関西大学の辰巳常世という経済学者に紹介されました。…誰が言い出したか、はっきりと覚えていませんが、いっしょに『資本論』を読もうということになったんです。そこへ戦後に共産党から議員になった川上貫一氏が加わって四人で一緒に読むことがあった」。それが「昭和三年から四年にかけて」の資本論研究会だとされている。

余談になるが長谷部文雄宅でも昭和十年から十三年まで毎週一回、資本論研究会が開かれて、二〇人内外が集まっている。これにも梯が世話人代表で、メンバーとしては加藤正、加古祐二郎（『自然の弁証法』共訳者）や後に「共産主義者団」に関係する布施杜生、永島孝雄らがあげられているが、[12] ここには辰巳の名は見えない。同研究会への参加有無にかかわらず辰巳と長谷部、辰巳と加藤の交流は切り離し難く続いていたことは証明される。

『資本論読本』は辰巳が長谷部文雄、笠信太郎の奨めによって出版したとされるが、一面では辰巳自身がその必要を痛感し、類書の刊行状況を考慮した上でも「待ち切れなかった」ので執筆したとのべている。その理由を探究するのには、当時の『資本論』邦訳書、研究・解説書などの発行状況、各著書の特徴も理解した上で、辰巳著書との比較、再評価に進まなければなるまいと考える。

『資本論』訳書刊行は「昭和の初期、二種の邦訳本で三十数万の読者をもったといわれていた」[13] が、解説書としてはすでに河上肇『資本論入門』や向坂逸郎『マルクス経済学』その他が出ていた。にもかかわらず辰巳が、この現状にあきたらず「待ち切れなかった」というのは、どういう理由であったのか。この問題を明らかにすることが、『資本論読本』の特色をつかむカギであるように思われる。

当時の『資本論』解説書の発行状況をみると、代表的に河上著『資本論入門』の場合でも『資本論』第一巻第一部第七篇までであり、河上・宮川共訳『資本論』も第一巻第四篇第十二章で中断していた。川上貫一『経済学のＡＢＣ』（一九三四年）も、資本論第一巻第六篇労賃までで終わっている。つまり『資本論』全巻を通じる解説書は、どこからも出ていなかった。こういう状況下で辰巳は、『資本論』全巻を「一気に通読のできる、もっとも簡潔な、それでいて『資本論』の精神を誤り伝えないような、…読者に充分な興味を持ってもらえるような」解説を意図したのである（『資本論読本』清和書店版「序」）。この著述によって『資本論』の核心を把握させ、労働者階級の先進部分にその歴史的使命を自覚させようとする辰巳の熱望がほとばしっていた。

しかし、二百頁に足りない『資本論読本』で辰巳が、上記の構想を満たすのは容易でなく、欠陥をともなうことも承知の上であったと思われるにしても、『資本論』全巻の真髄を労働者に理解させるという事業は簡単なことではなかった。筆者（木津力松）に辰巳著書の完成度をうんぬんする能力は欠けるが、彼が『資本論読本』第三章で『資本論』第二巻及び第三巻を、「日々の闘争に於ける労働者の精神的武装としても、はかりがたき価値をもった洞察で充満している」（一六一頁）と推奨し、マルクスの「過少消費説批判」が労資協調論を克服する重要な指針となること（～一六六頁）を強調した重要性は、特記しておきたいと思う。

また奴隷制史研究の延長として、彼は『資本論読本』第二章で「労働日の長さをめぐる闘争」をあげ、イギリスで「労働者階級が…自分自身や自分たち兄弟が死と奴隷へと売渡されることを妨げる強力な社会的防塞をたたかいとった成果」（一〇時間労働法の獲得）を指摘している。これを『資本論』第一巻「第八章労働日」と照合すると、マルクスも恐るべき「過度労働」の本質をえぐり出している。そこには「死ぬまで労働を強制することが過度労働の公認の形態」にされ、さらに「奴隷制、農奴制などの野蛮な残虐さの上に、過度労働の文明化された残虐さが接ぎ木され」、当時でも「黒人の生命を七年間の労働で消費することが打算づく」めに制度化され、「緩慢な人間屠殺」が行われていたとされている（新日本出版社版『資本論』2 四〇〇頁）。『資本論』に見るこれらの事実は、今日の日本でも「過労死」「過労自殺」となって現れていることを痛感せざるをえない。

関連して一九三七年に辰巳は、「学生評論」五月号の良書推薦アンケートへの回答をもとめられて、次のように答えている。「…最良のものをただ一つ選ぶとすれば、私は躊躇なく『資本論』を挙げます。われわれはこの書により自分たちの生きている社会と世界を最も正しく認識し、理解することができます。ただ経済の専門書としてのみでなく、哲学書としても、歴史科学書としても、その他現代人に必要なあらゆる示唆と教訓を含み、その広さと深さにおいて古今東西この書に比肩し得るものは絶無と信じます」と記した。

最後に筆者（木津）は、辰巳が『資本論読本』で、なぜ日本資本主義分析に触れなかったのかを疑問に感じていた。河上肇『資本論入門』が野呂栄太郎らの「発達史講座」への関心を表明し、日本の社会的現実と照合しながら『資本論』を解明する方法をとっているのと比較して、辰巳『資本論読本』がまったくといってよいほど、その具体的問題に触れなかったのはなぜなのかが疑問であった。これについては彼の蔵書、遺稿整理を進めるなかで、別著『ファシズムの正体—労働者農民の敵か味方か』（一九三二年）及び未定稿の軍部ファシズム批判論文（一九三七年）を遺しているのを発見し、それを読んで氷解した。この二論文中で、辰巳は日本資本主義の現状分析を行っていた。前者では同書「三、没落に瀕せる日本資本主義」で、後者では軍部ファシズムの基盤が日本農村の封建的遺制にあることを追究していた。

4　反ファシズム、人民戦線運動にかんする辰巳経世の著作と活動

辰巳経世が雉子邑不鳴のペンネームで、『ファシズムの正体─労働者農民の敵か味方か』を出版したのは、一九三二年八月であった。同年五月に辰巳は治安維持法違反で懲役二年、執行猶予五年の判決を受けたばかりであり、ペンネーム使用は執行猶予を取消されない慎重さであった。情勢は風雲急を告げ、前年九月に満州事変、同年にはドイツでヒトラーが政権を握り、国内では犬養首相を暗殺した海軍将校らのテロル、五月事件がおこっていた。労働組合運動の内部では赤松克麿（総同盟）が先頭に立って、社民党、労大党の一部をもまきこんで日本国家社会党を結成（一九三二年五月）し、ファシスト運動に乗り出していた。辰巳は、赤松らのファシズム運動への追随を「最も警戒しなければならぬ」とし、「この一派の欺瞞性、反革命性を、最も徹底的にばくろすることが必要」であり、「拙速を以て」しても本書出版を急いだとしている。

『ファシズムの正体』は、一、ファシズムとは何か／二、世界資本主義は今どんな風に行き詰っているか／三、没落に瀕せる日本資本主義／四、日本に於けるファッショ運動の各章で構成されていた。

ここでも要点をのべるしかないが、第一に、辰巳は章タイトルで「世界資本主義の行き詰り」「没落に瀕せる日本資本主義」のような、過剰にみえる表現を用いていた。しかし中身では、冒頭でコミンテルン第二回大会のレーニン演説を引用し、支配階級が「なんらかの譲歩によって」、または新しい抑圧手段によって労働運動の一部分を買収するか、「打ちのめす可能性」があることをのべ、くりかえし「ブルジョアジーにとって絶対に逃げ道のない情勢というものはない。」「国内では勤労大衆に対する犠牲の強要と革命的運動に対する暴力的弾圧に依って、外に対しては帝国主義的侵略」によって打開しようとする危険な策謀に警戒せよ、この帝国主義者の新しい戦術がファシズムを発生させているのだと、強く訴えた。

第二に、「ファシズムとはなにか」を説明した。イタリアの言葉でファッショが戦闘的団体、ファシストがその所属員、ファシズムはそのイデオロギーを表すという。言葉はどうでもよい。その社会的思想的に反動的な役割をしっかりと認識し、萌芽状態で粉砕することが重要だと指摘した。とくに労働戦線の内部に、赤松一派に同調する中間派社会民主主義・労大党が現れ、ファッショ化を促進しつつある動向に強い警戒心を見せていた。

第三に、日本におけるファシズム運動が天皇制、そして日本資本主義の特殊性と結びついていることを論述した。日本資本主義が当面する昭和恐慌から脱出をはかり、満州事変にはじまる対外侵略を拡大しつつある事態は、まさに田中義一（首相）の天皇にたいする上奏文に沿うものであった。「この侵略戦争は…中国本土に対する第三次の、今までよりも遥かに大規模な、侵略戦争として始められるであろう。…情勢如何に依っては日本帝国主義が対米戦争を通じて、第二次世界帝国主義戦争の立役者となるべき充分な可能性をもつ」ことを予見した。事実は翌三七年に日中戦争が拡大し、四一年に日本は太平洋戦争に突入することを、予見していたのである。

第四に、日本のファシズム運動は天皇主義的な右翼団体、それと結びついた軍部のファッショ・グループ、さらに社会ファシズムとなって跳梁していることを分析した。右翼団体、軍部グループは天皇主義、愛国主義、排外主義を表にした、いわば天皇制ファシズムであることが明らかであった。しかし、社会ファシズムは「資本主義の打破、国家統制経済の実現、社会主義の樹立等」を掲げ、その「指導者たちが、以前に無産階級運動に参加しておった経験に依って、…巧みに勤労大衆を引きつける策として、こういう革命的に見えるスローガンを掲げているのだ。ここに彼らの欺瞞性があるのだ。労働者・農民は、その手に乗っちゃならないぞ。」と、辰巳は警鐘を鳴らした。

このパンフレットで辰巳は、「ファシズムに対する闘争方法を、特別に扱わなかった。だがその本質をはっきり知ることこそ、ファシズムに対する闘争の第一歩だ」。ファシズムの反革命性、欺瞞性をしっかり認識し、それにたいして階級的な諸組織を「拡大強化するに努めなければならぬ。それがファシズムに対する闘争だ。」と訴えた。

本書が発行された一九三二年八月には、コミンテルン第七回大会の反ファシズム統一戦線の方針はもとより、「三二年テーゼ」訳文も国内では入手できていなかった。その時期に辰巳が、独自に日本の政治経済、社会運動の動向を分析して、反ファシズム運動の先鞭をつけたことはまちがいなく先駆的であった。

さらに一九三三年五月には、「京大問題批判　ナチスの焚書は対岸の火災でなかった（上）（下）」を『社会運動通信』（同月三〇日・三一日付）に寄稿した。京大問題とは、右翼思想家が滝川幸辰教授の刑法理論を国体とは相容れない赤化思想だと非難し、当局が同教授らに休職処分を行った「滝川事件」である。辰巳は、これが「ファシズム支配の学問の分野への最も露骨な襲撃の第一点」であるとし、この「暴挙に拮抗するに足るだけの力、…手段を必要」として、全国の大学教授、学生が結束して、学問研究の自由をまもる統一行動に立つこと、「筆者自身も亦その一卒伍たらんことを誓う」とのべた。この言明は、その後に同趣旨をかかげた学芸自由同盟の結成（三四年七月一〇日）に際して、辰巳が賛同、参加したことを充分に推測させるのである。

三四年に辰巳は唯物論研究会に参加し、唯研大阪支部の結成を社大党市議・古野周蔵宅で協議（三四年五月）、七月に大阪支部結成、広く門戸を広げるために名称を「文理同攻会」さらに「十月会」に変えて、これを「背後から支えた」。同年一一月、唯研第三回総会には大阪を代表して小西栄治とともに出席して、幹事に選ばれている。

また京都を中心とする『世界文化』『土曜日』などの刊行グループとも連絡を持っていたとされ、辰巳が文化戦線では分散的な組織形態で参加者の幅を広げる方針を主張したといわれる。[14]

三五年以後、辰巳はコミンテルン第七回大会の方針に結集する方向をとり、日本共産党関西地方委員会が「多数派」の誤りを克服する前後の期間を通じて協力関係をもっていた。党関西地方委員会は和田四三四、吉見光凡、藤井英男ら、その後の党中央再建準備委員会では和田四三四、奥村秀松、宮木喜久雄、藤井英男らが指導部を構成していたが、この前後期を通じて辰巳は党組織と関係を保っていた。

三四年九月〜三五年には、人民戦線運動の一頂点をしめしたといわれる大阪港南地域（大正区周辺）での総同盟（組合員千六百名）、全労同盟（同三千名）の合同運動が展開され、それが全国的な組合合同、さらに人民戦線運動への展望をはらんでいたことから、社会的反響が大きかった。両組合本部は、このような下からの統一運動が全国に波及することをおそれ、安部磯雄、高野岩三郎、鈴木文治の三氏斡旋によって総同盟、全労だけの合同にとどめることで鎮静をはかった。こうして全総（全国労働組合総同盟）が結成されたのである。

この運動の中核をなした組合活動家を実地で指導していたのは、党関西地方委員会の和田らであり、辰巳は活動家の研究会講師を担当して、「陰の理論的指導者」と見られていた。その「連絡と案内同行を担当したのはもっぱら、関西大学専門部出身の桑原録郎であった」（藤井英男）[15]とされ、奥村秀松の住所、吹田市泉町は辰巳宅の近くであってなんらかの連絡をもっていたことも推測される。

辰巳は、人民戦線運動が労働戦線の統一をめざすとともに非プロレタリア層を結集する方向へ発展しなければならないとし、とくに社大党を中心とする政治戦線の統一を重視して、その実践に努力した（奥野芳三郎の回想）[16]。三六年夏に、学生時代に辰巳から教えを受けた奥野と地域の無産者クラブ組織にいた池沢一雄（歯科医）は、「まずふたりで社会大衆党に入って、反ファシズム人民戦線の基盤をつくっていけ」と彼に指導された。これにしたがって奥野は総同盟大阪府連の書記になり、幹部・金正米吉の息子の家庭教師をやり、未組織労働者の中に入って二百名ほどの組合員を拡大した経験を語っている。こういう情勢の見通しと活動家の配置、実践的な提起で辰巳が重要な示唆を周囲に与えていたことが認められる。

このような経過の後に三六年一二月五日、党再建準備委員会は他の人民戦線運動活動家とともに特高警察の一斉検挙にあい、運動は大きく後退した。辰巳の人民戦線運動への寄与も、これをもって停止した。とはいえ三七年末に、辰巳は「日本共産主義者団」からの働きかけを受け、仲介した川上謙一郎との交渉記録を残しているが、省略する。

それよりも重要なことは筆者（木津）が最近に、辰巳の遺稿整理を通じて未発表原稿（三七年総選挙後に執筆）のあることを発見した。これを一読して、反ファシズム統一戦線論を探究する彼の熱意に動かされた。同遺稿は半紙二ツ折型ザラ紙一〇頁、無タイトルで、残念ながら二カ所を欠損し、結論も逸失して断簡の形でしか残っていなかった。

結び

本年は辰巳経世の没後七三周年にあたるが、この間に彼の研究業績と活動をまとめた評伝らしきものは遂に世に出なかった。二、三の論評はあるが、断片にとどまる。まとまった再評価を行おうとしても関係者はすべて物故されており、たよるべき彼の著作をそろえることも困難をきわめる。このような現状に、いささかでも辰巳経世を記念する機縁となることを願って筆者（木津）は誤りをおそれず拙論を披露した次第であり、簡単なまとめをもって終ることにしたい。

辰巳経世がさまざまな試練をくぐりぬけて到達した研究と活動の軌跡をふりかえってみると、最初は一九二三年に関西大学「千里山学報」の編集主幹についた時に始まる。彼は「現実の人間生活を基調とした学理の究明」が大学の使命、目的であり、「教室に於ける研鑽、講義のみに依っては到底期し得らるべきものでなく、必ず何等かの方法を以て実社会の現状と接触することに依り完達せられなければならない」として、「学の実化」運動を提唱した。ここには終生を通じて、理論研究を社会的実践と結合しようとする辰巳の強い目的意識、研究方法を示していた。

しかし、この目標は侵略戦争とファシズムの嵐によって学問研究の自由そのものが踏みにじられる苦難に直面した。これにたいして辰巳は、初期に抱いていた社会的正義感、平等主義、ヒューマニズムを乗り越えて階級闘争に参加する道に進み、根本的な社会変革をめざして科学的社会主義を研究する階段を登っていった。

本稿でのべた辰巳の研究業績をくりかえすことはしないが、彼の各著作が視野の広い、問題意識の豊富な先駆性をもっていたことは、以上の業績紹介で理解していただけることを期待する。さらに辰巳は共産党再建運動、人民戦線運動などの実践においても、慎重な上にも慎重な注意をはらいつつ当局の迫害には屈しなかった。戸坂潤がある時、辰巳の「勇敢」さを評価していたのは、このことであったかもしれない。

まとめてみてなによりも惜しまれるのは、辰巳の研究が少なからず未完成で終わっていることである。彼のライフワークであった奴隷制研究をとってみても、大著なニーバー『産業組織としての奴隷制』、バロウ『ローマ帝国における奴隷制』は、どちらも二章分を訳したにとどまる未完であり、後者は死の直前まで、訳業をノートに遺していた。人民戦線の問題でも三七年総選挙後の軍部ファシズム批判が未完であった。これらの原因は、ひとえに辰巳の痼疾にあった。彼は、夫人が回顧しているように、「あ、健康が欲しい。身体が弱くては物事を深くほりさげて研究が出来ないと口ぐせのように云い、自らをはがゆがりながら」、著作を続けて終に倒れたのである。

辰巳経世が走り続けた生涯は、字義通り「犠牲（サクリファイス）」的であった。あえて外国語を使わせていただくのは、彼がなんらの名利を求めず、ひたすら労働者階級にたいする神聖な献身によって科学的真理を追究し、解放運動の事業に殉じたことを表現し、それに満腔の敬意を表したかったからである。

注

(1)「教育制度寸見」執筆時期を本稿で一九二〇年五月以降としたのは、辰巳が文中に『社会問題研究』第一五冊「脳味噌の問題」（貧富は天賦の能力の差異に本づくものでは無い）を引用していることにもとづいて、その発行年月日が大正九年五月五日であることを考慮した。

(2)「教育の機会均等と女性」（関西大学講師・辰巳経世）は、全関西婦人連合会機関誌『婦人』第二巻第二号　大正十四年二月十日発行に拠った。

(3) 未定稿「随想録」第三頁で辰巳経世は執筆を（一九二一年）としているが、使用した原稿用紙〔千里山学報原稿用紙〕の創刊が一九二二年六月であること、原稿最終頁での期日が（一九二三年三月一九日）であることを総合判断して記載した。

(4) 「千里山学報」第七〇号　辰巳経世「奴隷制度の意義」参照

(5) 『反デューリング論』下　秋間実訳（新日本出版社版）では、「附録」にこの項目が載せられていないので、旧い国民文庫版の「附録」から引用した。

(6) 前掲　辰巳論文「唯物論研究」二四号　一〇九～一一〇頁

(7) イングラム、ニーバー以後の研究書では、エリック・ウイリアムズ著『資本主義と奴隷制』（１９４４年）山本伸訳、明石書店刊があり、著者はトリニダード・トバコ独立運動（南米）を主導した初代首相、歴史家である。オクタビオ・イアンニ著　神代修訳『奴隷制と資本主義』（大月書店１９８１年）も出ている。日本では菊池謙一、本田創造氏らの研究が注目され、池本幸三・布留川正博・下山晃共著『近代世界と奴隷制』（人文書院１９９５年）があり、明治大学教養論集で福本勝清「マルクス主義と奴隷制をめぐる諸問題」が２００７年に出ている。

(8) エンゲルス『反デューリング論』（マルクス・エンゲルス全集　第20巻）六三〇～六三一頁

(9) イングラム『奴隷制度史』第三章四五頁

ローマでは奴隷を解放する場合に二種類あり、法律によらない場合では書面、または友人たちの証言で解放されるか、「奴隷の頭上に自由帽をかぶらせ」ることで解放の意思表象としたという。

(10) 関西大学経済学部報発行「香ふや菊」所載　戒田郁夫教授論文

(11) 未来社『未来』誌１９７２年11月号　座談会「京都哲学左派の形成過程」によると、梯明秀の発言で一九二八年から一九二九年にかけて辰巳らと「資本論研究会」を開いたとしている。

(12) 長谷部文雄『資本論随筆』（青木書店一九五六年）一六八頁

⒀ 鈴木鴻一郎『「資本論」と日本』一頁

⒁ 『運動史研究10』（三一書房一九八二年八月刊）対談「大阪港南の合同運動とその時代」四一頁、宮西直輝発言

⒂ これにかんしては『運動史研究』1で原全吾が四五頁で、同5で藤井英男が三六頁でふれており、それをうけて『大阪労働運動史研究』第一四号で葉武権次郎氏が桑原録郎の役割を記した（四三頁）。

⒃ 前掲『大阪労働運動史研究』第一四号（一四頁）

辰巳経世　年譜

（辰巳経世の出自にかんする）　田中家家系図　一部

田中久太郎
長男　弥吉―長男　弥之助
二男　熊吉（父）
妻　マサ（母）―長女　サザ
長男　周弥
二男　亮一
三男　常世（のちに辰巳経世）
四男　昌明
五男　靖一
三男　富士夫
四男　留吉
五男　辰蔵

一八九九（明治三二）年一月一日　和歌山県伊都郡恋野村大字赤塚三二七番地に父田中熊吉、母マサの三男常世として出生。現在は同所に旧田中家家屋は存在せず、本家筋にあたる田中昭男氏に係る農地になっている。

一九〇四(明治三七)年 四 月　和歌山県伊都郡恋野村中道尋常小学校入学。当時は通常、数え年七〜八歳で入学したが、田中常世は六歳で就学。同小学校は一九一六年に、火災にあって学籍簿を焼失、常世は小学四年まで同校に在学したと推定される。

一九〇七(明治四〇)年 九 月一五日　父・熊吉病没す。

一九〇八(明治四一)年 四 月　奈良県吉野郡賀名生尋常小学校五年生に編入。授業料月額二十銭。

同年 九 月 三 日　常世九歳、戸籍は「奈良県吉野郡賀名生村大字老野三七番地　辰巳重太郎養子縁組」となっており、辰巳家へ入籍した。

一九〇九(明治四二)年 四 月　小学六年の学籍簿では身長一二五・八cm、体重二一・八kg、胸囲六〇cmであった。

一九一〇(明治四三)年 三 月二五日　賀名生尋常小学校卒業。成績は、図画乙を除いて全科目甲。

一九一一(明治四四)年 四 月　奈良県立五条中学校二年一組に編入学。

一九一二(大正 元)年 九 月　五条中学三年で中退。理由は、学費に窮したことと思われるが、以後は父と農作業、筏流しの労働を共にした。

一九一四(大正 三)年 四 月　奈良五条区裁判所に給仕として短期間勤務した。その後に貯金通帳から二百円を引き出して大阪へ出奔した。一年後に使い果たして老野の養家に帰ってきたが、父に叱責されて再出奔し、大阪にいた親戚の手づるをたよって本屋の丁稚奉公、次に大阪中央電信局給仕の職についた。

一九一五（大正四）年一月　大阪西部逓信局通信生養成所へ入所。官費支給をうけて短期間の電信技術を学ぶ。

一九一六（大正五）年六月　養成所を修業後、神戸市兵庫区和田岬郵便局に勤務。

一九一七（大正六）年四月　大阪中央電信局へ転勤。

一九一八（大正七）年一月頃　結核性胸膜症にかかり、奈良県五条町字須恵の米田病院へ入院、加療。小康を得て退院後は、同町十輪寺の僧坊で静養した。

同年　夏　大阪市北区芝田町、和田家に寄宿し、中央電信局に復職、当時某夜間学校に通学していたとつたえられている。夜間学校に入学した保証人は、大阪市北区芝田町一六九番地　田中弥之助（従兄弟）であった。

一九一九（大正八）年三月二七日　関西大学専門部経済学科（以下は略称　関大とする）を受験して合格。同時に勤務先は北浜郵便局に移った。

一九二〇（大正九）年四月　関大専門部経済科二年、下宿先を北区上福島中通三丁目、正念寺向いの家屋に移り、同年一二月には北中島高須、現淀川区西三国町四丁目一二　浜田氏宅の離れに住んだ。浜田氏縁故者の紹介により南豊島小学校（現豊中市立豊島小学校）代用教員に就職した。

同年　八月初旬　関大弁論部夏季遊説隊員として姫路・山陽座で「人間の機械化と個性

同年　一二月　の権威」を演説。この時、辰巳の演説に手を振って応援した女性があり、それを機に清水チエと交際を始めた。
「生存競争と相互扶助―ダーヰニズムの一考察」を執筆。また、この頃のアルバムをみると講演する辰巳の着尺地姿が写っており、その後ろには「論題　危険人物論―偶像と実体―辰巳経世」の垂れ幕がある。

一九二一（大正一〇）年　一月　清水チエと結婚。新居は豊能郡利倉（現豊中市利倉二丁目）豊田氏宅の離れであった。

同年　四月　関大専門部経済科三年、学友会幹事に就任。

同年　七月　関大弁論部夏季遊説隊に加わり、米子・朝日座で「社会改革の第一歩と新国家の建設の基調」の論題で演説した。

一九二二（大正一一）年　三月　関大専門部経済科卒業、高等研究科へ進む。

同年　六月五日　関西大学は、「大学令」による大学へ昇格。六月一五日、「千里山学報」が創刊され、辰巳経世が主幹に就き、「発刊の辞」を掲載。

一九二三（大正一二）年　一月二四日　関大千里山学舎でドイツ領事（神戸駐在）G・シュペッカー氏講演を辰巳が通訳した。

同年　四月　辰巳は関大専任講師に就任。

一九二四（大正一三）年　四月　大阪府三島郡吹田町へ転居、清水チエが菓子小売店「鶴鳴堂」を開く。

同年　五月　辰巳は関大第二商業学校教諭を兼任した。

同年　七月二一日　関大日曜講座活動の一環として講演「奴隷制度史序説」（大阪朝日新聞会場）を行う。

一九二六（大正一五）年 四月　吹田町字西庄、泉殿宮神社へ転居。

同年　一〇月　辰巳は教室用『経済学講義案』三分冊を印刷（第二分冊は欠）。

一九二七（昭和 二 ）年一〇月 三日　大阪労働学校第一六期開講式に出席。辰巳は特別講座「無産者の政治観」を担当した。

一九二八（昭和 三 ）年 一月一六日　大阪労働学校第一七期開講式。辰巳は特別講座で「勤倹貯蓄と無産者」を講義した。この頃に梯明秀、本田喜代治、川上貫一と辰巳経世の四名で「資本論研究会」を形成し、翌年まで継続した。労働学校第一八期で受け持った「経済学」六回講座には、資本論研究会の成果が盛り込まれたと思われる。

一九二九（昭和 四 ）年 一月一四日　労働学校第二〇期で辰巳は「経済学」四回を担当した。この頃には、組合活動家との接触を深め、岸和田紡績の争議を支援していた。

同年　三月二七日　労働学校終講式では、直前に暗殺された山本宣治を悼んで記念講演がおこなわれた（森戸辰男）。これには高野岩三郎、小岩井浄、村島帰之、斎藤廣とともに辰巳も列席した。

同年　五月　J・K・イングラム著　辰巳経世訳『奴隷制度史』（大同書院）を発行した。

同年　八月二四日　和歌山市公会堂で、第一回郷土訪問学術講演会が開かれ（関西大学・福島学舎、千里山学舎共同主催）、弁士一九名、辰巳は「思想問題批判」を講じた。

一九三〇（昭和五）年　四月　関西大学昼間部専門部（第一部）設置される。夜間部が第二部。辰巳は第二部経済科で「英語経済」「経済史」及び商学科「英語経済」を担当した。辰巳は「英語による経済学」の科目でマルクス『賃金、価格および利潤』の英語版、「経済史」の科目でブハーリン『唯物史観』（広島定吉訳）をテキストにし、「講義は常に満席。聴講生のなかにざんぎり頭や和服姿あり、論旨一貫、熱情溢れる語り口に講義中に拍手」が出たといわれる（川上謙一郎談）。また、辰巳が「授業中せきこみ、タオルで口を押さえ、じっと手もとの」喀血状態をみつめることもあったという（同）。

同年　六月一七日　関西大学史上、最大とされる学生ストライキが起こり、第二商業学校も同調する。辰巳はこれを支持してたたかい、六月二六日同校専任講師、第二商業教諭を解任される。さらに学生活動家をかくまい、同時期に起こった岸和田紡績のストライキを支援していた事実も追及されて、治安維持法違反による検挙にあう。

同年　七月七日　和歌山県木之本村、木之本八幡宮司宅で逮捕される。これを予期した一九三一（昭和 六 ）年 七 月二七日　辰巳は、紹の羽織、袴の正装であったという。八月一五日、馬淵薫、原口登、三羽嘉彦とともに起訴される。年末に病状悪化し、保釈される。

同年　一〇月 六 日　大阪地裁予審終結決定。

一九三二（昭和 七 ）年 五 月一六日　辰巳公判、開かれる。この頃に、「ソヴェートの友の会」大阪支部の創立に参加し（後に「日ソ文化協会」と改称）、幹事となる。

同年　八 月　辰巳にたいする大阪地裁判決は、治安維持法違反により懲役二年、執行猶予五年が言い渡された。

同年　九 月二六日　辰巳はペンネーム・雉子邑不鳴（きじむら　ふめい）で『ファシズムの正体―労働者農民の敵か味方か』を執筆、発行した。
「日ソ文化協会」例会で、辰巳「ソヴェート・ロシヤの政治機構」、同年一二月には同協会講座で「世界経済におけるソヴェート経済の地位について」、同協会大阪支部でも「ソヴェートとは何か」を講演した。一一月二四日、同協会大阪支部総会でも辰巳は幹事に再任された。この頃に辰巳は、ニューヨーク、ヴァンガードプレス社と契約して、同社がソヴェート・ロシヤの政治、社会・経済、農業問題、女性問題、そして平和政策についての資料をシリーズで紹介しているのを翻訳しようとしていた。しかし、これも健康悪化で一部分にとどまった。

一九三三（昭和八）年五月三〇日
三一日

日刊「社会運動通信」に、辰巳は「京大問題批判　ナチスの焚書は対岸の火災ではなかった」（上・下）を寄稿した。「滝川事件」にたいする機敏な抗議であり、学問の自由を守る統一戦線の必要を訴えた。この直後には未定稿「私立学校解剖　関西大学の巻」を書き、関大の滝川事件にたいする適切な対応を評価し激励した（原稿のまま未発表）。

同年　七月

日本プロレタリア科学同盟・関西地方協議会が機関誌「西の開拓者」（特集　京大問題）を創刊すると、辰巳はこれにペンネームで巻頭論文「労働者農民はソヴェート同盟を充分理解せよ」を寄せた。執筆者名は大島環であるが、同氏は辰巳に協力した後輩で早世し、文面、内容から辰巳の執筆と判断される。また同年七月、京都で雑誌「世界文化」「土曜日」が発刊されて反ファシズムへの世論を喚起したが、これにも辰巳の支持のあったことが証言されている（宮西直輝）。

同年　秋

辰巳は「唯物論研究会」（以下は唯研）に参加した。同年九月頃から「大阪地方における理論的研究の立ち遅れを痛感」して、内山文六らと唯研大阪支部を結成する準備を進めたとされている。辰巳経世が機関誌『唯物論研究』に掲載した跡をたどってみると、二四、二六、三〇、三三、三九号に寄稿しており、「奴隷制度と原始キリスト教」（二七号）が代表作であったと考えられる。

一九三四（昭和九）年五月

大阪市会議員・古野周蔵（社大党）宅で唯研大阪支部結成を協議し、会の名称も「唯研の如きは非大衆的名称」であるとして採用せず、大衆的参加を得やすい「文理同攻会」、後には「十月会」に改めている。支部創立大会は三四年七月、大阪北区堂ビルで開催し、責任者に内山文六、会計に小西栄治、幹事に池田博康ほか二名をきめ、辰巳は背後から支える立場をとった。

同年一一月

唯研第三回総会には同会大阪支部を代表して辰巳経世、小西栄治が出席し、幹事にえらばれた。

この時期に辰巳は、ニーバーの大著『産業組織としての奴隷制』の翻訳に取り組み、川上貫一の斡旋によって雑誌「社会事業研究」にペンネーム・植田正雄で連載し、川上が弾圧された影響で打ち切られると、次には雑誌「辺彊支那」にペンネーム・高野三郎で連載（三五年）を続けた。

一九三五（昭和一〇）年一月

前年九月に関西大風水害があって後に、大阪港南地方で全労港南支部、総同盟港南支部連絡会の活動家一〇数名が集まって「労働問題研究会」を計画し、第一回は笠信太郎、第二回は辰巳経世を講師にして学習、研究を継続し、三五年四月一〇日にはそれが両組合合同促進協議会の結成に結実した。

同年　一〇月

辰巳は以前から、この運動を実質的に指導していた和田四三四(党再建準備委員会メンバー)らと接触があり、特高警察は、党組織及び労働組合運動への辰巳の関与、理論的指導を監視していた。

辰巳経世著『資本論読本』(清和書店)発行。かねてより長谷部文雄、笠信太郎から出版を奨められていたといわれるが、当時には長谷部宅で「資本論研究会」がつづいており、辰巳は会に加わっていなかったが長谷部、梯、加藤正らとの交友が続いていた。

同時期に辰巳が、アメリカから入手したコミンテルン第七回大会議事録を翻訳して灰井正二がガリを切り、奥野芳三郎が印刷をして普及したといわれている。それがどういう文書であるのかが明確でないが、ディミトロフ報告は宝木寛、藤井英男が訳したと証言し、「日本の共産主義者への手紙」なら翻訳する必要はなかったので、コミンテルン議長・ピーク報告ではないかとの見方がある。とにかく深夜まで電灯に暗幕をかぶせて、辰巳が翻訳し、その場でガリを切り、別の場所で奥野が印刷した。それが奥野は二百部であったといい、灰井は千部であったというパンフであり、長谷部もトンビコートの下に抱えて帰ったといわれている。

一九三六(昭和一一)年　一一月

大阪港南地方の全労、総同盟支部が提唱した全的合同運動は、この時

同年七月　に両組合だけの合同という「成果」にとどまり、全日本労働総同盟(全総)が結成された。しかし大阪では同年二月の総選挙で候補者全員が当選し、「大阪府無産団体協議会」の強化、恒常化が進んだ。

こういう人民戦線運動のまっただ中にあって辰巳は、関大を卒業する奥野芳三郎、歯科医を開業していた池沢一雄に、「二人で社会大衆党に入って反ファシズム人民戦線の基盤をつくっていけ」と指導した。

奥野は総同盟の書記になり、金正米吉子息の家庭教師を兼ねて信頼を得、二百名くらいを新組合員に獲得したという。

コム・アカデミー事件があり、唯研、講座派研究者への弾圧が襲った。これは辰巳の身辺にもただならぬ危険を感じさせた。彼は、前年から遠地輝武、小熊秀雄らの『詩精神』同人に加入し、人民戦線的文化運動とも連絡をもっていた。このなかでペンネーム・寺本哲夫を使って『詩集　東の空に』(文祟社版　三六年一二月)を出した。また、リリー・ケルパー著　寺本哲夫訳『ソヴェート女工の日記』(ナニハ書房)を著し、著者の来日を機に交流を深めた。同書出版記念会(ドンパル　大阪?)を開き、二人を写した映像が残っている。この時、辰巳は四国・松山を訪れて道後温泉でいくらか長期の療養をしている。

同年一二月五日　日本共産党再建運動と人民戦線運動にたいする一斉検挙がおこなわれ

たが、辰巳に難はおよばなかった。灰井証言によれば、その頃には「日本共産党関西地方委員会の活動に関与して」、沢田平八郎とか和田四三四など関西地方委員会のメンバーが「辰巳さんの家にしょっちゅう出入りして」いた。しかしそれが、辰巳の四国・松山の療養期間と前後したためか、彼は一斉検挙にあわなかった。

一九三七（昭和一二）年春

この頃に辰巳が書いた無題、無署名の遺稿（軍部ファシズム批判）が残っているのを読むと、彼は、同年総選挙で社大党の前進に国民意識の健全な動向を読み取り、軍部ファシズムが農村を基盤としていることに日本資本主義の特徴を分析し、それにたいする闘争方向を模索していた。

また特高資料によれば、吹田町内の一、二ヶ所で一〇数回にわたって秘密に読書会、研究会を開いていたとされる。テキストには、マルクス『賃労働と資本』、山田盛太郎『日本資本主義分析』、戸坂潤『日本イデオロギー論』等があげられていた。

同年　末

春日庄次郎らが「日本共産主義者団」（略称「団」）を結成すると、その指導部には辰巳後輩にあたる川上謙一郎、正見兄弟が参加していたことから、辰巳にも加入が働きかけられてきた。しかし辰巳は、「団」が反ファシズム統一戦線の方針に、むしろ反していると批判して拒否した。春日は、辰巳を解党主義として攻撃して論争が続いていた。川上証言によれば、辰巳の主張は「この戦争はいずれ敗北するのであるから、今はコミンテルンの理論を研究し、力を蓄えるべきだと説いた」という。「辰巳はフランス人民戦線戦術についても通じていたしその点については、日本共産主義者団のなかでもしばしば議論になった。」「辰巳は昭和五年から十三年までの間の左翼陣営に関するニュースに通じていたこと、黒木重徳、山田六左衛門等と交流が」あり、「関西地方に残存した最後のベテランシンパサイザー」として党を支えていた、と語っている。

一九三八（昭和一三）年　九月　日本共産主義者団にたいする特高警察の弾圧で一三四名が一斉検挙され、川上謙一郎も投獄されたことに、辰巳は差入れその他の救援をつくした。

同年　四月　唯物論研究会は解散をよぎなくされ、機関誌『唯物論研究』は『学芸』に後継したが、まもなくこれも停止した。なおかつ一一月には、岡邦雄、戸坂潤、古在由重ら三五名が検挙されて、活動は停止せざるをえなかった。唯研大阪支部も年月は不詳であるが、この頃に閉鎖している。

一九四一（昭和一六）年　辰巳は、生命保険代理店を営業することにして、挨拶状を関係方面に送った。また某氏との動産・不動産譲受「証明書」を交わしたなかで、「…辰巳ハ数年来、病気ノタメ研究著述ヲ差控へ、専ラ静養シテイマシタガ、最近健康回復ニ伴ヒ、古代社会史、特ニアジア的古代、西南太平洋諸部族ノ間ニ於ケル奴隷制等ノ研究著述ヲ進メテ居リマス。」とのべていた。
実際に、同年初めから九月までに辰巳は、R・H・バロウ著『ローマ帝国における奴隷制』一九二八年出版）の訳出に取り掛かり、第二章までをノート五冊にまとめていた。

同年　一二月九日

太平洋戦争開戦の翌朝、特高警察は全国一斉に「非常措置」として特別要視察人リストの全員を検束した。この時、辰巳経世宅にも警察官一〇人が襲いかかった。チエ夫人が身をもって病床の辰巳を擁護し、「すでに病床にある辰巳を連行すれば、あなた方は警察で殺すだろう」と必死に抗議し、警察官中に関大出身者がいて「病人を連れて行っても仕方がない」と同調したので、あきらめさせられたという。

一九四二（昭和一七）年八月一六日夜

辰巳は臨終をむかえて、チエ夫人に「経世は死んで行きますが、歴史はみじんのくるいもなく正しい方向に進んで行くのをかたく信じて、安心して死んで行きます。どうか皆様によろしく云ってください。そしてあなたは元気でがんばって下さい。」といったのが、最期の言葉であった。享年四三。

同年　九月一七日　告別式を千里山西五丁目四三（旧三島郡新田村字下新田一ノ六）で行なった。告別式案内状には、遺骸は「故人の遺志により、研究資料として阪大病院に寄贈致しました」とし、遺族である妻清水チエとならんで友人総代に高野岩三郎、古野周蔵、岩崎卯一が連名した。

〔以上は、葉武権次郎氏作成の「辰巳経世　年譜」に依拠しましたが、要約、補正した相当部分があり、全体の文責は木津力松にあることを記します。〕

編者紹介

鰺坂　真（あじさか・まこと）

1933年　京都市に生まれる
1956年　京都大学文学部哲学科卒業
1961年　京都大学大学院博士課程単位取得後退学
　同年　玉川大学文学部専任講師
1965年　大阪千代田短期大学助教授
1967年　関西大学文学部助教授
1974年　関西大学文学部教授
1999年　関西大学名誉教授

著書

『ヘーゲル論理学入門』（共著）有斐閣新書
『自由について』大月書店
『現代思想の潮流』白石書店
『現代哲学の課題』新日本出版社
『マルクス主義哲学の源流』学習の友社
『時代を開く哲学』新日本出版社
『哲学のすすめ』学習の友社
『科学的社会主義の世界観』新日本出版社
『ドイツ古典哲学の本質と展開』関西大学出版部

辰巳経世著作集

2019年１月10日　発行

編　者　鰺　坂　　真
発行所　関　西　大　学　出　版　部
〒564-8680 大阪府吹田市山手町3丁目3番35号
電話 06(6368)1121 / FAX 06(6389)5162
印刷所　株式会社 図書印刷 同　朋　舎
〒600-8805 京都市下京区中堂寺鍵田町2

ISBN978-4-87354-682-7　C3030　落丁・乱丁はお取替えいたします。